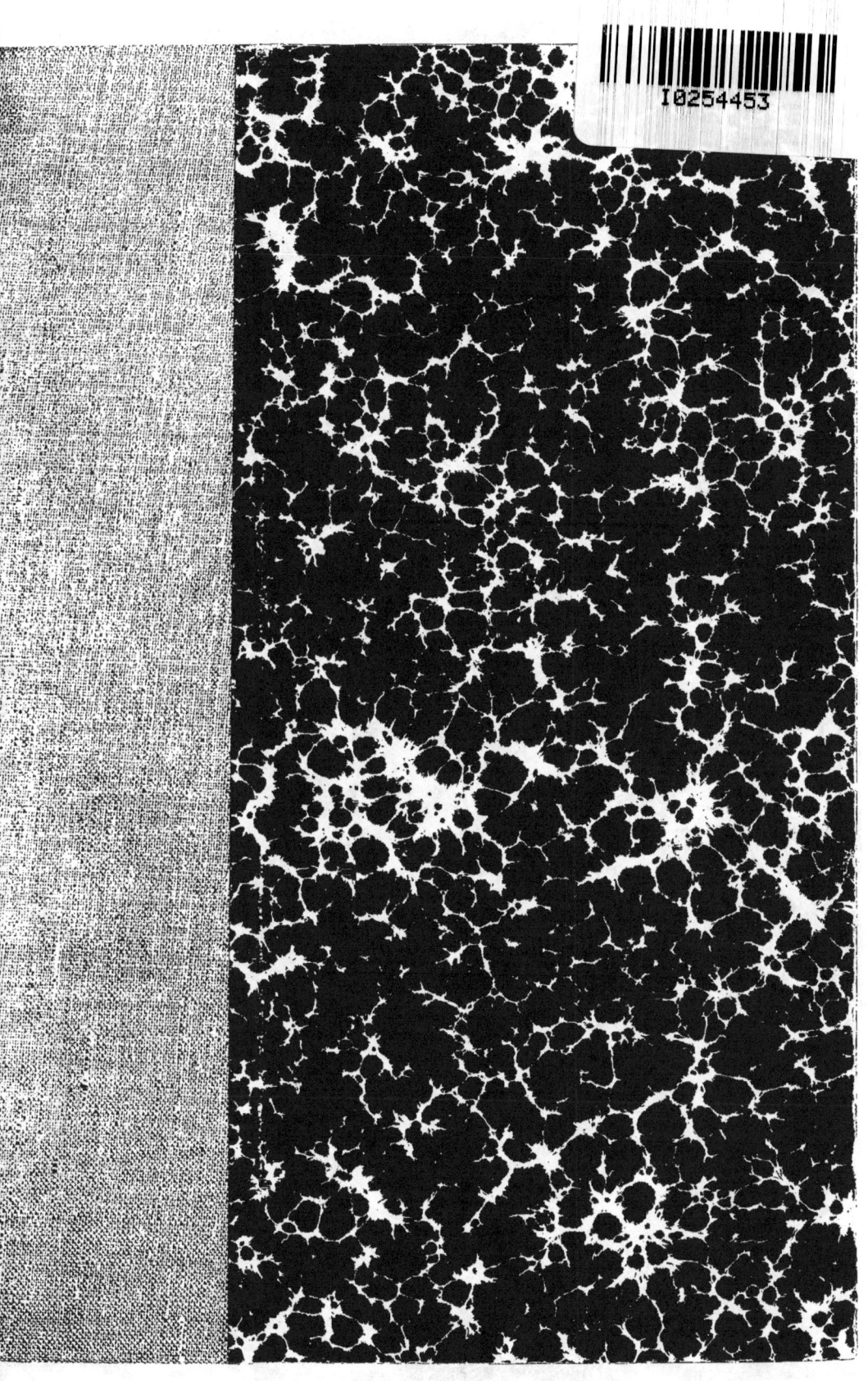

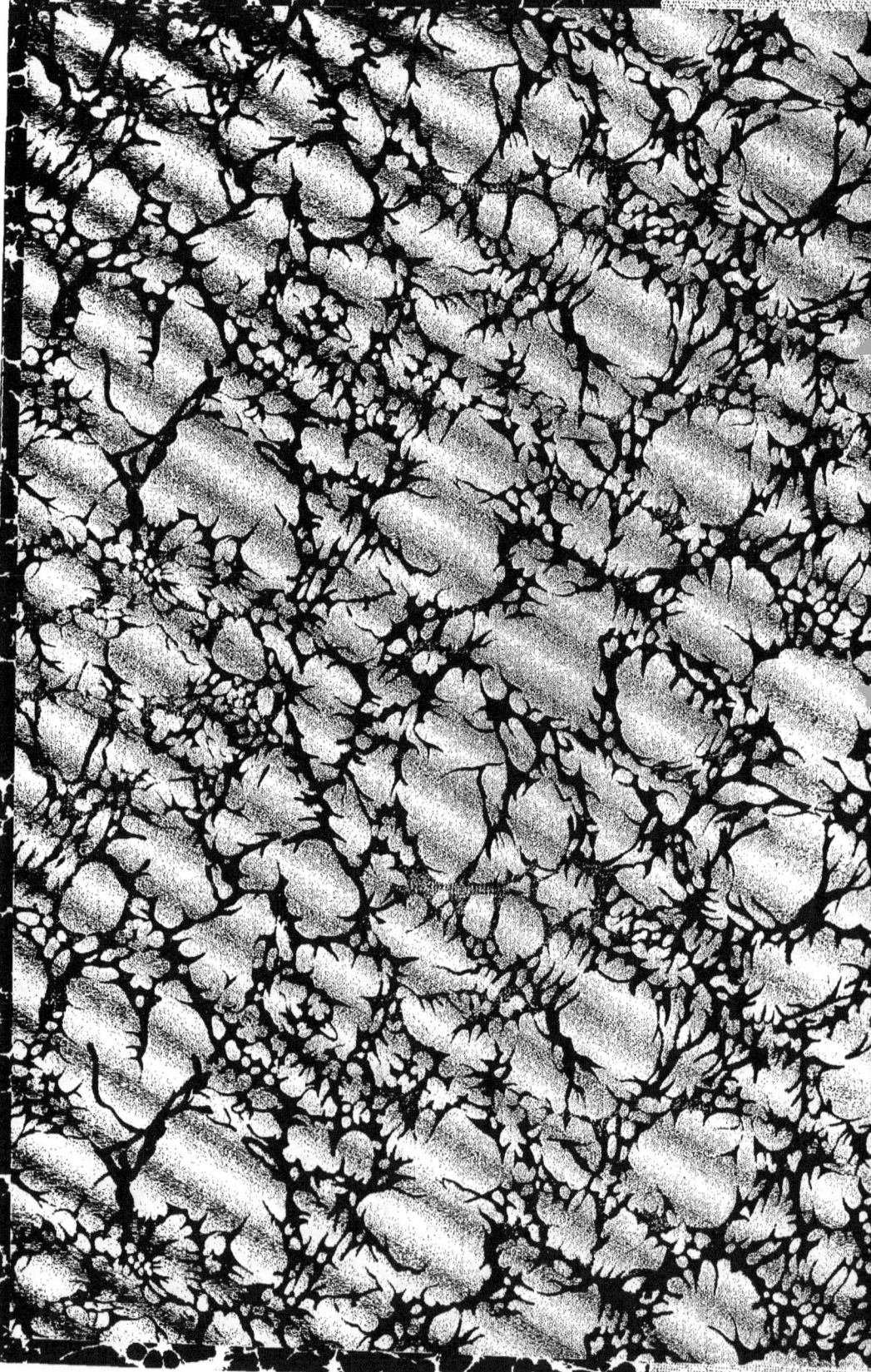

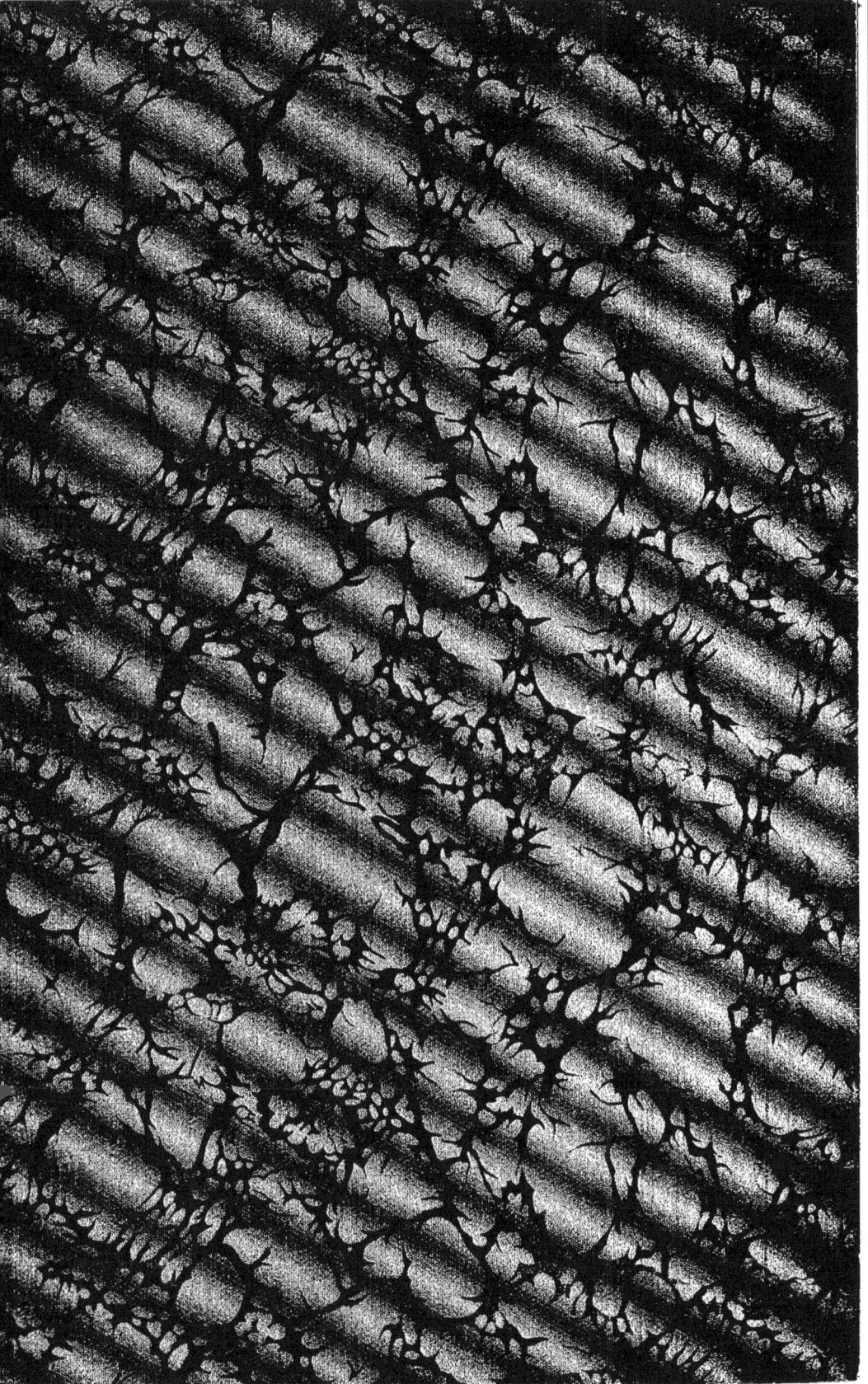

LE DOUARIN RBL

# EXPLORATIONS
## A TRAVERS LE MONDE

PETIT IN-FOLIO

Les ours polaires. (P. 30.)

LES VOYAGEURS DES TEMPS MODERNES

# EXPLORATIONS
# A TRAVERS LE MONDE

PAR

Charles de FOLLEVILLE

Vingt-et-une gravures

LIMOGES
EUGÈNE ARDANT ET Cⁱᵉ
ÉDITEURS.

LE POLE ARCTIQUE.

Partout des couloirs que le navire ne peut franchir qu'à grand'peine. (P. 18.)

# EXPLORATIONS A TRAVERS LE MONDE

### Voyage au Pôle Arctique du commandant docteur J. Hayes

Upernavik est un village du Groënland habité par des Esquimaux. Quelques misérables huttes, dont les possesseurs font, avec les navires qui abordent tout exprès, le commerce de l'huile et des peaux de phoques, composent cette petite bourgade passablement pittoresque mais fort sale. En effet, sur ses rochers, on ne voit que détritus en décomposition. Mais là réside le chef danois du district; là s'élève une assez belle église, un joli presbytère, et alors il suffit de cette magnificence pour qu'on apprécie mieux le repos que peut prendre un navire à Upernavik.

L'esquisse jointe à cet ouvrage peut donner au lecteur la faculté de suivre, autant du regard que de l'intelligence, le récit que nous entreprenons du voyage au Pôle Arctique ou Boréal, à la recherche de sir John Franklin, commencé le 6 juillet 1860, sous les ordres et la direction du savant médecin Jean-Jacques Hayes, commandant de la goëlette *les Etats-Unis d'Amérique*.

La navigation de J.-J. Hayes s'est faite en quarante jours, à partir de Boston, dans les Etats-Unis, à Upernavik. Avant d'arriver à cette station chez les Esquimaux, les explorateurs ont croisé le premier glaçon des mers polaires, et, la veille de leur passage sous le cercle polaire arctique, ils ont rencontré le premier *iceberg*. Iceberg est le nom que l'on donne à une montagne de glace. Cette première montagne offre à leurs regards l'aspect d'une pyramide irrégulière d'à peu près cent mètres de largeur sur cinquante de hauteur. Le brouillard en enveloppe la pointe extrême : mais un coup de vent permet de la contempler à l'aise, sous forme d'un pic éblouissant.

Rien ne peut donner une idée de la magnificence de ces montagnes de glace, qui affectent les formes les plus capricieuses, depuis des coupoles gigantesques de temples, des façades merveilleuses de cathédrales, des voûtes élancées d'édifices, décorées de splendides et fantastiques retombées, jusqu'à des cônes aigus, des pyramides, des clochetons, etc. On dirait que la nature s'amuse à reproduire avec la glace les plus curieux monuments de notre monde réel, le Colisée de Rome, par exemple, son château Saint-Ange, des citadelles, des enceintes de remparts et de bastions. Ajoutons que certains de ces *icebergs* ont la blancheur mate du marbre de Paros, les uns; les autres scintillent des feux de diamants, de rubis, de topaze : ici et là, des perles colossales paraissent adhérer aux parois, et des pierres précieuses, qui paraissent disposées sur les crêtes, s'irisent de jets de flammes alors que le soleil s'enfonce dans les profondeurs de l'horizon.

En approchant du Groënland, certains indices moins poétiques avaient révélé aux navigateurs l'approche de la terre, dans les parages de Prœven. C'étaient d'abord des aboiements de chiens, mais aussi, mais surtout, une intolérable odeur de poisson gâté, corrompu.

Un dédommagement à cette souffrance les attendait, d'autre part : je veux dire que l'arrivée de la goëlette *les Etats-Unis* y fut accueillie par une flottille groënlandaise de nombreux *kayaks*. On donne ce nom à la plus légère et la plus frêle des embarcations à laquelle l'homme puisse confier sa vie. Vous connaissez ce que nos marins d'eau douce appellent yole, périssoire, etc.? Mais yole ou périssoire de nos canotiers, c'est du bois, tandis que le kayak des Esquimaux-Groënlandais est en peau, peau tendue sur une carcasse de bateau de cinq mètres de longueur sur quarante-cinq centimètres de largeur, se terminant à chaque bout par une pointe aiguë et recourbée. C'est le phoque qui fournit cette peau sèche et raide. Les femmes du pays ont le talent de la coudre si hermétiquement, que l'eau de mer ne peut jamais suinter à l'intérieur. Ce sont les veaux marins, dont les nerfs servent de fil, qui font tous les frais de ces kayaks. Un siége, disons mieux, un trou, est réservé au pêcheur au milieu de l'embarcation, et une fois entré dans cette ouverture, le Groënlandais y attache si parfaitement sa vareuse, faite également de peau de phoque, que l'eau de la mer, comme l'eau du ciel, n'ont aucune prise sur l'homme et son canot. Alors, armé d'un seul aviron, qu'il manœuvre de droite et de gauche, comme l'aile d'un moulin, le hardi pêcheur se lance bravement au milieu de la tempête, qu'il affronte, et se glisse à travers les écueils, sans les craindre jamais.

Dans ces parages voisins du Pôle Nord, quelquefois les navigateurs longent sans le savoir des terres qu'ils ne voient point, voilées qu'elles sont par d'immenses brumes épaisses. Puis il arrive que tout-à-coup l'enveloppe de nuages se déchire, et apparaissent avec une magnificence incomparable des sites austères et sauvages, dont les vallées profondes, les hautes chaînes de montagnes, les roches sombres menaçant de leurs assises fantastiques d'énormes fissures du sol, frappent d'épouvante autant que d'admiration. Selon que les brouillards se dissipent, en roulant par larges vagues à la surface des paysages et en permettant de saisir tous les accidents de cette nature polaire si désolée, et cependant si merveilleuse, on reconnaît une contrée où toutes choses prennent une physionomie féerique.

C'est ainsi que, vers le soir, souvent, l'Océan devient calme et poli comme un lac. Pas une ride, partant point de vent : pas la moindre vague. On est ravi d'aise, en voyant le soleil projeter ses rayons jusqu'aux dernières lignes des perspectives, qui estompent en noir les limites de l'horizon sur l'éther bleu, sur les nuages, sur la mer profonde. Les montagnes affectant les formes les plus capricieuses, saillent en des reliefs étranges, tout en émergeant de larges zones ruisselantes de teintes de cramoisi, et nuancées de pourpre et d'or.

Tel apparut le Groënland à nos pérégrinateurs, alors qu'ils se trouvaient au sud de l'île de Disco, à la sortie du détroit de Davis, près de la rade de Godhaben, le 1ᵉʳ août de cette année 1860.

Les plus curieux des hommes de l'expédition songent peu au travail. Ils sont le plus souvent en contemplation devant les montagnes de glace ou icebergs, dont l'ombre injecte d'un vert émeraude les eaux qui les portent. Ils comparent ces icebergs à des îles de cristal, sur les pentes desquelles se précipitent en frémissant des centaines de cascatelles aux teintes délicates les plus charmantes.

Ce sont, en effet, de véritables glaciers erratiques, qui ont aussi leurs dépôts de neiges et de glaces fondant pendant le jour. Il arrive fréquemment que des contreforts de ces masses gigantesques se détachent et glissent dans l'abîme avec un bruit inexprimable d'artillerie en éruption, tandis que la lame continue à rouler majestueusement à travers les arceaux rompus de l'édifice aérien.

On est à Upernavik, ai-je dit, et puisque c'est de là que va se faire l'expédition, comme dans le drame et la comédie, il est bon de présenter au lecteur les personnages qui feront les premiers rôles de la pièce.

Honneur au chef de l'entreprise, le commandant en premier, docteur Hayes.

Après lui, vient le commandant en second, Sonntag, astronome distingué.

Puis l'officier de manœuvres, Mac Cormich.

Ce sont ensuite W. Dodge, H. Radcliffe, C. Starr, et deux volontaires, et enfin cinq matelots.

F. Knorr est le secrétaire de l'expédition.

Le plus instruit de ces divers acteurs est Aug. Sonntag.

— Glaçons à ranger le bord !... entend-on dire à chaque instant, à l'approche d'un iceberg, dont l'altitude égale celle du plus haut des mâts, et dont il est urgent de garantir la goëlette.

C'est un pilote de Prœven, vêtu de peaux de phoques en lambeaux, et répondant au nom d'Adam, qui fait manœuvrer le bâtiment jusqu'à Upernavik, dont un récif rend assez peu commode l'entrée du port.

On jette l'ancre au côté d'un brick danois, *le Thiasfe*, en chargement pour Copenhague de peaux et d'huiles de phoques. Depuis les embarcations de Terre-Neuve, c'est le premier vaisseau que rencontrent nos gens des *Etats-Unis*. Aussi profite-t-on de sa présence et de son départ prochain pour envoyer des nouvelles de l'expédition.

Deux navires dans le port d'Upernavik, c'est un spectacle délirant que ne se refusent pas les groupes les plus étranges d'hommes, de femmes et d'enfants, dans les costumes les plus excentriques, descendant en longues files de la steppe de mousses qui s'étend en pente douce de la ville d'Upernavik à la mer.

Prœven et Upernavik se ressemblent : des huttes sur une colline du rivage, et autour des huttes de gros et safranés Esquimaux qui vont et viennent. Tel est le tableau. Pourtant, jolie petite église, et charmant presbytère. Dans le presbytère, lourde et jaune Esquimaude, aux cheveux noirs comme la nuit, en blouse et pantalon de peaux de phoques, mais les jambes enfouies dans des bottes, tout comme Bastien. Seulement, ses bottes, à elle, sont écarlates et brodées de fils blancs. Quelle excessive propreté dans cette demeure du ministre protestant! Parfums de roses, de résédas, d'héliotrope, ne vous déplaise! Et, pour musique, un canari qui chante et un matou qui fait la basse.

Salut au maître de céans, M. Anton! Il y a aussi une madame Anton et une demoiselle Anton. C'est à qui, dans la maison, fera le meilleur accueil aux visiteurs de la goëlette *les Etats-Unis*. Bonne table, Médoc, oui, Médoc délicieux, café, et le reste.

On est quelque peu civilisé, au presbytère d'Upernavik!

Hélas! il s'agit d'obtenir les services du ministre pour un pauvre matelot du bord, G. Caruthers, que l'on a trouvé mort dans son cadre... C'est une perte, une grande perte même, car Caruthers connaissait mieux que personne les mers arctiques!

Enfin, le pauvre homme est transporté du navire au cimetière d'Upernavik. Quel cimetière! On ne peut rien voir de plus sinistre, de plus désolé. Et cependant il est situé sur la colline, au-dessus de la bourgade : mais on n'enterre pas dans ce cimetière, attendu que la terre fait complètement défaut. On dépose les défunts dans un pli de rochers, et on le couvre de tous les débris possibles de roches effritées. C'est une couche bien dure : mais au moins les vagues de l'Océan font monter jusque-là leur grande voix, qui berce les cadavres, et leur chante un *requiem* perpétuel...

La grande affaire, à Upernavik, est de se procurer des chiens pour servir d'attelages, lorsque l'expédition atteindra les neiges du Pôle. Et puis des vêtements de peaux de rennes, de chiens et de phoques, sont indispensables. Enfin il faut remplacer Caruthers, et pour cela on engage un interprète et deux chasseurs d'abord; puis, deux marins danois s'attachent à la goëlette, comme auxiliaires.

Donc, actuellement, vingt hommes composent le personnel du bâtiment :

P. Jensen, l'interprète;

Olsurg et Pétersen, matelots; et les trois Esquimaux, conducteurs de chiens et chasseurs, Peter, Marc et Jacob.

En attendant un vent propice, fête à bord, offerte en échange des civilités reçues, à la famille Anton, au résident de l'Etat, M. Hansen, etc. Mais tout à coup s'avance un contre-maître, parlant au nom de l'officier de quart : — « Les chiens sont à bord, dit-il, et maintenant le vent souffle du sud... On lève l'ancre à l'instant... »

Les convives s'entassent dans les canots; ils s'éloignent. Le cabestan accomplit son œuvre, et la goëlette *les Etats-Unis* se met en mouvement.

Un esquimau et son chien.

Jusqu'à Upernavik on fait encore partie du monde civilisé. Au-delà, plus rien que des glaces, les icebergs que vous savez, glaces monstrueuses; et puis des neiges amoncelées, des mers inconnues, fantasques, avec des dangers sans nombre et de tous les instants.

L'horizon, il n'y en a plus! Partout des montagnes de glaces, des amoncellements formidables de neiges reposant sur les glaçons; partout des couloirs que le navire ne peut franchir qu'à grand'peine.

Et puis, un froid horrible, inexprimable.

On entre en pleine mer de Baffin, vaste golfe ouvert de l'Atlantique, et ainsi nommée de Baffin, habile pilote anglais, qui la visita le premier, sur la côte de l'Amérique du Nord. Elle communique à l'Atlantique par le détroit de Davis, à la mer d'Hudson par ceux de Cumberland et d'Hudson, et à l'océan Glacial-Arctique par le détroit de Lancastre et Barrow.

Tout est sinistre à bord; on ne voit que des hommes gelés, nonobstant leurs peaux de phoques. Tout est plus sinistre sur la mer : des murailles de glaces entourent le navire. A peine si l'on peut avancer de quelques kilomètres à certaines heures : à d'autres, le navire s'arrête et demeure immobile, fixe comme le dieu Terme.

Mais voici venir les courants.

On observait le moindre indice de vent, lorsque, tout-à-coup, on avise que la vague a changé de mouvement et qu'elle pousse le bâtiment à la rencontre de massifs de banquises placées sous le vent. Il se présente même une de ces banquises tellement perforée de fissures, d'érosions, d'alvéoles innombrables, que l'on peut craindre, à raison de sa hauteur prodigieuse, qu'elle ne dévale au moindre choc, en enfouissant la goëlette sous ses débris. Et, cependant, le courant s'impose, il ne permet pas de lutter contre sa violence. Que faire? On met un canot à flot, et on tente de fixer un câble à un bloc échoué. Cette opération réussit à souhait.

Le bâtiment touche bien et le choc détache d'innombrables fragments dont la plus forte avalanche se rue plus loin dans la mer.

En effet, une portion de la banquise, plus forte que la goëlette de douze à quinze grosseurs, s'enfonce dans le gouffre en projetant au loin d'immenses gerbes d'écume. Mais, comme on se félicite de cet avantage, on sent aux frottements de la quille qu'une partie aiguë de l'iceberg peut crever le navire. Aussitôt, on a recours aux gaffes, et à l'aide de ces perches on repousse la goëlette aussi loin que possible de ce dangereux glaçon.

En ce moment, une épouvantable détonation se fait entendre. C'est le géant qui, séparé en deux, ébranle la masse entière qui reste, et ses parties les plus colossales se détachent et roulent dans la mer. Les navigateurs se croient perdus.

Heureusement Dodge veille, lui, du canot dans lequel il est allé attacher une ancre dans le glaçon échoué. Alors il s'écrie :

— Tirez sur le câble, tous !

On exécute son ordre, et, soudain, la goëlette s'éloigne lentement d'abord, majestueusement ensuite. L'équipage est sauf.

Il était temps, car en cet instant même l'énorme banc de glace s'affaissait, subissant la rupture tant redoutée, et la portion gigantesque de l'iceberg la plus rapprochée du vaisseau se détachait avec un épouvantable craquement, en faisant rejaillir sur le pont et l'équipage d'incommensurables nappes d'écume.

Enfin, dégagés des parages si redoutables, les expéditionnistes commencent à entrevoir, au levant, de nombreuses petites îles formant des taches sombres et capitonnant les eaux resplendissantes de la mer Arctique. Il y a bien encore des banquises de toutes formes et de toutes grandeurs, qui, accumulées dans les détroits qui séparent ces îles, semblent défendre l'accès d'une plaine couverte de givre et de neige, formant bourrelet à son extrémité et se perdant au loin dans la perspective d'une étroite bande d'un blanc léger nuancé de bleu.

Les alternatives de terreur et d'espérance sont à leur fin. Il ne reste plus qu'à s'oublier dans l'admiration du spectacle présenté par la ligne ruisselante de lumière qui sert d'auréole aux dentelures sombres de la crête fermant l'horizon. Il est facile de reconnaître la grande mer de glace qui enveloppe la terre verte du Groënland. Les pentes blanchâtres s'inclinant vers les rivages, ne sont autre chose que assises d'un glacier titanique, fleuve de cristal envoyant ses icebergs et banquises à la mer de Baffin. Et c'est au milieu de leur dédale que la goëlette *les Etats-Unis* venait de braver les plus grands dangers.

Enfin, vers le soir du 21 août, les amoncellements de glace se dispersent peu à peu sous le souffle du vent du midi, et les navigateurs peuvent aller s'embosser dans une petite anse de la côte, que signale un village esquimau, celui de *Tessuissac*. C'est une agglomération de quelques huttes de peaux, d'un aspect assez propre. Des herbes et des mousses recouvrent plusieurs de ces huttes, et l'une d'elles est la propriété de Jensen, le nouvel interprète.

Le séjour à Tessuissac doit être de deux heures au plus. M. Sonntag en profite pour aller fixer la position de cette côte à l'aide de ses instruments. Puis, on a donné quelque liberté aux chiens sur la terre ferme. On reste plus longtemps, car d'autre part une banquise vient fermer le port. Toutefois on rassemble les chiens : on fait quelques échanges avec les naturels, et la goëlette s'éloigne.

Voyez-vous le tableau : trente chiens sur le pont ! Or, ces quatre attelages sont logés dans des cages, comme les fauves des jardins zoologiques. Ils sont affolés par la peur, souvent aussi une bataille s'engage. Alors quel bruit, quel tapage, quels hurlements !

On ne peut perdre le temps parce que la saison s'avance. Un vapeur, *le Fox*, était bloqué par les glaces, le 26 août 1857. Or, on est au 22. Aussi, c'est avec bonheur que nos marins voient leur goëlette s'avancer à travers les couloirs sinueux des îlots et des banquises, ayant le cap sur la baie de Melville.

Mais déjà les nuits sont très sombres. On use de la plus sérieuse vigilance.

Tout-à-coup, le vent souffle, la mer se fait houleuse. Un nuage épais se répand sur le zénith du navire. Impossible de plus rien voir.

Comment diriger la marche? D'une extrémité à l'autre du bâtiment, on est plongé dans un brouillard impénétrable. Avec cela, la neige tombe, la grêle ruisselle, le vent fait rage, et les vagues déferlent sur le pont. Un bruit affreux frappe toutes les oreilles.

— Qu'y a-t-il? demande le commandant Hayes à la vigie.

— Je ne sais... réplique le matelot.

Soudain, voici que, dans la brume, se dresse une blancheur qui prend corps. C'est un formidable iceberg, dont on ne peut juger les contours. Impuissant à rien ordonner, le commandant se fie à la Providence, et il fait bien. La goëlette glisse, en frôlant la monstrueuse banquise, et elle échappe ainsi au choc qui devait anéantir l'équipage et le bâtiment. Tout au plus les marins sont-ils couverts de l'embrun des lames, tandis que le glaçon colossal se replonge dans l'obscurité d'où il avait si inopinément émergé.

On arrive au cap York. Là, doit se trouver, on le suppose, un chasseur groënlandais du nom de Hans, qui a voyagé pendant deux ans avec le docteur Kane. Mais, arrivé dans ces parages, une belle Esquimaude a séduit son cœur, et Hans a quitté le docteur Kane, pour aller planter sa tente au milieu de celles des sauvages habitants des côtes septentrionales de la mer de Baffin.

Hans est-il encore sous l'influence des charmes de l'Esquimaude? On espère que non. Aussi le commandant Hayes se hâte d'aller à la découverte, car le chasseur est un homme précieux.

Qui se présente soudain, à la descente du canot abordant la côte, et au milieu d'une bande d'Esquimaux appelant à eux les navigateurs? Hans lui-même, Hans tout joyeux de revoir MM. Hayes et Sonntag, dont il n'a pas oublié les noms. Mais Hans n'est pas seul. Sa grosse moitié est là, portant un enfant sur le dos, dans sa capeline de peau de phoque. A ses côtés se tiennent aussi un frère de sa femme, la mère de sa femme. Tout ce monde, nonobstant son état sauvage, fait des avances aux marins. Hans leur offre les reliefs de sa table, sous la hutte qu'il a élevée au sommet de la côte. De là, depuis longtemps déjà (la lune de miel dure si peu, même chez les Esquimaux), le Groënlandais, qui s'ennuie fort, guette le passage d'un navire. Six ans d'observatoire !

Alors, on lui fait la proposition de s'enrôler dans l'équipage. Il accepte; mais il emmènera sa femme, elle le veut! Il faut en passer par cette condition. Certes, il l'eût laissée volontiers, avec la mère, le frère et le poupon, aux bons soins de la tribu. Mais madame Hans ne veut pas quitter son mari, et on les embarque.

Inutile de raconter ici que pour admettre la nouvelle famille aux honneurs de partager la table et les cadres, les matelots du bord se font un devoir de laver, à grande eau, les membres improvisés de l'équipage. C'est à moitié du goût de madame Hans, qui pleure et se débat. Toutefois, l'opération se fait, après quoi on habille le père, la mère et l'enfant de la chemise rouge traditionnelle, et on lui offre une garde-robe de peaux de phoques.

Cependant le vent souffle, tournant au N.-E. Peu à peu les nuages sont déchirés, s'envolent, et on aperçoit la terre, à savoir le cap Alexandre. Ce sont de hautes falaises qui signalent l'entrée du détroit de Smith.

La goëlette s'avance dans un chenal que bordent le rivage, d'une part, et, de l'autre, un interminable champ de glaces. Le vent tombe, et le bâtiment s'arrête. Néanmoins une nouvelle poussière de forte brise fait avancer vers le détroit, appelé de tous les vœux.

On y entre à peine que l'on voit accourir une incommensurable banquise, composée des plus effrayants champs de glaces que jamais navigateurs aient trouvés sur leur chemin. On n'en voit point la fin. Les glaçons ne comptent guère que soixante centimètres au-dessus de la mer, mais ils resserrent constamment l'espace. Aussi ne sait-on que devenir, d'autant plus que le vent, venant de la côte, interdit tout mouvement du côté de la terre.

C'est le 29 août, dans l'après-midi, que nos marins sont livrés à cette triste situation. Elle s'aggrave encore. Voici qu'une indescriptible tempête fond sur la mer, et la position est des plus critiques. La côte, dont les falaises comptent à peu près quatre cents pieds d'altitude, et dont les sommets sont blancs de neige toute fraîche, ne présente que des aspects sinistres. La tourmente échevelée, furieuse, s'agite par-dessus les crêtes de ces falaises et se rue sur la pauvre goëlette, qui n'en peut mais.

Viennent dix heures du soir. Que c'est horrible d'être en mer, pendant la nuit, alors que mugit et gronde la tempête. A peine avance-t-on de quelques mètres. Oh! c'est un drame d'une irrésistible puissance et d'une horrible magnificence, assurément. Mais il est plus beau à contempler de la terre ferme!

Comme consolation, du reste, ceux qui ne veillent pas au salut commun se donnent à leur tour les jouissances d'une cabine bien chaude, celle des officiers, où le feu pétille, où le thé fume, où on lit, où on sommeille, où le maître-coq apporte, au grand risque de chavirer sur le pont couvert de verglas, les gâteaux sortant du four.

— Quel temps, messieurs, quel temps! fait-il en poussant un soupir prolongé. Si je savais seulement où nous sommes, ajoute-t-il, et si nous pêcherons bientôt des phoques; car ils me disent là-bas, les matelots, que nous sommes ici pour la pêche...

— Des phoques? lui répond-on en riant. *Ils* vous attrapent là-bas, mon bon chef, nous ne venons pas ici pour des phoques; nous allons au Pôle Nord, et il nous faut franchir encore quinze cents kilomètres pour l'atteindre.

— Le Pôle Nord!... murmure le naïf cuisinier...

Pourtant le vent a fraîchi, et la goëlette a fait quelques brasses.

On est au 1er septembre. Hélas! le navire est encore repoussé du détroit de Smith. Un iceberg a brisé sa vergue de misaine.

Puis, voici les champs de glace qui se resserrent et circonscrivent l'espace réservé au navire. L'infortunée goëlette s'agite et fait entendre des craquements plaintifs. Sa taille svelte est trop à l'étroit, sous l'étreinte de la glace. Ses flancs vont-ils donc céder? On voit s'infléchir les rivures du pont et devenir béantes les coutures des bastingages. Soudainement, le navire est soulevé par une pression violente : on craint qu'il ne tombe sur le côté. Il n'en est rien. L'action de la glace cesse de se produire : la goëlette reprend lentement son équilibre, en retombant dans son petit hâvre, tandis que les glaçons s'enfoncent bruyamment sous sa quille. Mais l'eau monte dans la cale; mais le gouvernail est crevassé; mais des portions de la pièce courbe qui forme la proue, l'étrave, s'en va en morceaux.

Enfin on répare le tout, et, dans l'impossibilité d'aller en avant, on songe à retourner en arrière.

En effet, la goëlette *les Etats-Unis* s'achemine vers un groupe d'îles qui clôturent la baie de Hartstène, et là, se glissant par l'une des passes qui y conduisent, on jette l'ancre dans une anse minuscule que l'on baptise du nom de *Foulke*, l'un des partisans dévoués de l'expédition; on amarre le bâtiment abrité contre les vents aux aspérités d'une chaîne de rochers, et on attend.

Presque aussitôt les passes sont solidifiées par la gelée, et le navire est emprisonné pour longtemps.

Alors le commandant Hayes organise l'hivernage.

Knorr, Radcliffe et Starr, dont on donne les noms à trois îlots généralement appelés les *Trois Jouvenceaux*, à l'entrée de la petite baie, adoptent comme chef M. Sonntag, et sous sa direction se livrent à des études scientifiques, dans le voisinage de la terre ferme.

Jensen, Hans et Peter entrent en fonctions comme chasseurs.

M. Dodge en tête, les autres hommes de l'équipage transbordent la cargaison sur le rivage, où l'on édifie, en pierres sèches, ayant pour toiture des voiles au rebut, une tente qui devient le magasin général.

Quant à Mac Cormich, aidé du charpentier, il fait la toilette d'hiver à la goëlette, dont on enlève tout ce qui peut subir des avaries. Le pont est aménagé de manière à former, avec une couverture de planches, une chambre commune assez vaste, bien aérée, et donnant,

Hivernage de la Goëlette *les Etats-Unis* au port Foulque. (P. 24.)

par quatre fenêtres, accès à la lumière, tant qu'il y aura de la lumière, car le soleil s'éloigne, et son rayonnement est déjà bien faible. Enfin, de la cale on fait une cabine pour les matelots, et on y dispose le fourneau du maître-coq.

Le 1ᵉʳ octobre, grande fête à bord : on pend la crémaillère. Pâté de gibier, saumon d'Upernavik, gibelottes de lapins, cuissot de renne, tel est le menu du festin. Comment ne pas se divertir quelque peu? Les provisions abondent, la chasse est productive. Les haubans portent saignants douze magnifiques rennes : lapins et renards sans nombre sont accrochés aux agrès. Jensen fait en outre des réserves cachées de son gibier, en certains endroits des terres, car on rencontre fréquemment des troupeaux de vingt, trente et cinquante rennes, dans les plaines. Mais n'oublions pas qu'il y a bien des chiens à nourrir, et quel appétit à satisfaire! Bref, on peut espérer de mener l'hivernage à bonne fin.

Mais, hélas! voici venir maintenant la lutte contre l'envahissement de l'obscurité. La nuit arctique succède au crépuscule, car le soleil... disparaît complètement le 15 octobre, derrière le rideau de collines du sud. On ne le verra plus avant quatre mois. Quatre mois de ténèbres! Ainsi l'équipage des *Etats-Unis*, séparé du reste du monde, se trouve enfoui dans les profondeurs du désert Polaire Arctique.

Pourtant, on fait des courses dans un but de découvertes.

Deux traîneaux, attelés chacun de douze chiens, rapides comme le vent, franchissent, en vingt-huit minutes, onze kilomètres, en longeant les bord d'un golfe, au nord du port Foulke, et le retour se fait en trente-trois. Jensen conduit M. Hayes. Sonntag, dans l'autre traîneau, est distancé de quatre minutes.

Le fouet joue un grand rôle dans cette rapidité vertigineuse. Les Esquimaux excellent à faire courir leurs chiens, et c'est à grand renfort de coups. Le fouet esquimau est terminé par une lanière de peau de phoque, avec laquelle le conducteur peut faire couler le sang de l'animal et surexciter son ardeur. C'est cruel, mais il n'est pas d'autre manière de vaincre la résistance du pauvre chien, qui tantôt est détourné de la voie par un renard qui muse, par un ours qui dévale, par un oiseau qui piaille. Aussitôt le fouet le rappelle au devoir, et les chiens de voler à travers neiges entassées, crevasses, glaçons, aspérités de toutes sortes.

Ces courses se répètent fort souvent : c'est tantôt un point, tantôt un autre que l'on a pour but de visiter.

On découvre ainsi une large vallée, romantique autant que peut l'être un paysage sans soleil, bordée d'une haute chaîne de rochers, et terminée par un glacier dont la base est baignée par un délicieux petit lac sombre et rêveur. Le vent a fait disparaître la neige de la plaine, et on voit sur la steppe verte des bandes de rennes broutant le gazon rougi, dont on surprend quelques-uns.

Ce lac reçoit le nom d'*Alida*, et la vallée celui de *Chester*. C'est le vœu des deux cœurs de M. Sonntag et de M. Hayes, en souvenir de quelque tendre affection.

Vers le 20 octobre, découverte d'une inimitié profonde entre Hans et Peter, les deux chasseurs groënlandais.

Peter est le favori de M. Hayes, car tout Esquimau qu'il est, Peter est propre, adroit, sculpteur habile des défenses de morse, et, offrant de ses œuvres au commandant, le commandant lui fait don d'habillements en drap, de chemises rouges, etc.

*Inde irœ* de la part de Hans, qui, du reste, est jaloux de tous ses congénères. Hans boude, Hans se tient à l'écart.

Tel est le caractère esquimau : pas de querelles, pas de rixes. On a un rival ; un vieillard vit trop longtemps ; une femme passe pour s'adonner aux maléfices, etc. ; on s'en saisit dans l'ombre, et... le tour est joué. La mort vous débarrasse...

A cette occasion, je citerai ce passage de la *Revue britannique*, qui révèle les tristes mœurs des Esquimaux.

Chez eux, « une femme malade et qu'on juge n'être plus bonne à rien, est enterrée *vivante*. Un jour, M. Hall, visitant une malade à laquelle il avait donné ses soins, trouva ses voisins occupés à lui bâtir un *iglou*, c'est-à-dire une hutte de glace et de neige. Il apprit que cela devait servir de tombeau à la malade. En effet, Nouketon fut transportée dans l'iglou neuf, étendue sur une couche de neige, et enfermée par des blocs de glace. M. Hall l'alla voir encore. Elle était calme, résignée, et même reconnaissante de ce traitement. Elle savait que la hutte devait lui servir de tombeau : mais elle était de sa race, et, devenue un fardeau pour les autres, n'ignorant pas que ses jours étaient comptés, elle acceptait cette mesure comme un acte juste auquel personne ne pouvait trouver à blâmer; elle sentait de la gratitude envers ceux qui avaient pris tant de soins pour rendre heureux ses derniers instants... »

Donc, maître Hans est en rivalité avec Peter, et en lui toute sensibilité s'éteint sous le frisson de la haine. Eût-on donné à Hans les plus belles choses du navire, il fût resté jaloux. Pour détruire sa sourde colère, le seul moyen serait de faire un paria de Peter.

Et pourtant Hans a une tente à lui seul, dont madame Hans, jadis mademoiselle Merkut, fait l'ornement et la joie, aussi bien que Pingasick, leur poupon. Or, notez que madame Hans est passablement gentille... pour une Esquimaude, et quand, tous les mois, elle consent à se débarbouiller, sur sa peau jaune on est tout surpris de voir s'étendre un soupçon de nuance rosée.

Enfin, en présence de cet état de choses, que faire?... Attendre, et veiller !

Le 21 octobre, en quarante minutes, le traîneau de Hans conduit M. Sonntag, et celui de Jensen M. Hayes, au glacier dit du *Frère John*. C'est à proprement parler un iceberg sur terre : surfaces irrégulières, tailladées, crevassées, déchiquetées partout, avec longues lignes perpendiculaires creusées par la fonte des neiges, aux beaux jours de l'été; et, au dos de cette montagne de glace, pentes abruptes, puis descente rapide dans la mer, vers le levant.

Il s'agit de pénétrer dans une gorge étroite, sinueuse, et d'aller voir si ce glacier est mobile et marche, comme d'autres glaciers. Mais laissons nos savants à leurs observations.

Six rennes ont été tués par Barnum : Hans en a immolé neuf, et deux ont été les victimes de Jensen.

C'est d'à-propos, car, ce jour-là, sur le pont de la goëlette on célèbre l'anniversaire de la naissance de Mac Cormick, comme on fête celui de tous les officiers du bord, à tour de rôle.

Pour cette circonstance, Mac Cormick a déployé tout ce qu'il a de talent et d'intelligence : billets d'invitation rédigés en très beau style; cartes du menu, auxquelles Radcliffe a prêté l'originalité de ses dessins; salle richement tapissée; chaleur douce et tempérée; éclairage *à giorno*. Et, sur la table, où étincellent les cristaux, où brille l'argenterie, où se dressent des flacons de Xérès, de Madère, de vins du Rhin, de Champagne et Bordeaux, mis en ligne comme des soldats à la parade, foisonnent, disposés par Mac Cormick, qui s'est fait le Vatel du jour, potage à la jardinière, saumon bouilli mollement étendu sur une nappe blanche comme la neige du dehors, cuissot de renne avec entourage de canards aux groseilles, légumes frais quoique conservés, plumpudding noyé dans un embrasement de vieux rhum, mayonnaise de gibier glacé, etc. J'en passe, et des meilleurs... C'est à n'en plus finir, et certes on ne se croirait pas dans le voisinage du Pôle Nord. Plaignez donc nos marins de leur long hivernage!...

Je ne vous décrirai pas les péripéties d'une autre excursion au glacier du Frère John, excursion que Sonntag et le commandant Hayes faillirent payer de leur vie, en s'enfonçant dans une des grandes crevasses de l'iceberg. Pour racheter les ennuis de cet enfouissement, ils eurent la jouissance d'incomparables perspectives... au clair de lune. Elevés à une altitude de plus de quinze cents mètres au-dessus de la mer, et à cent vingt kilomètres de la côte, ils purent contempler l'immensité sans limites d'un désert de glaces, dans les détails duquel se perdait la vue.

Une cruelle tempête s'éleva dans le moment même où la lune achevait sa course quotidienne, et sa pâle lueur, sur laquelle d'étranges vapeurs secouaient leur crêpe funèbre, les contraignit à errer à l'aventure à travers des plaines infinies. Alors, dans les régions supérieures, le vent faisait rage et tourbillonnait la neige fouettée par la rafale, tandis que les nues, chargées de givre, couraient affolées au milieu de l'espace, semblables à d'impétueux fantômes.

A cet instant même, alors que l'ouragan se déchaînait et que le glacier du Frère John ruisselait des paillettes d'argent de l'astre des nuits, une mince aurore boréale illuminait les rivages de la mer, et, à l'horizon, s'estompaient les silhouettes de montagnes aux aspects fantastiques.

Je ne puis m'arrêter ici à parler des fleuves de glace et de leur marche continue, incessante. De même que dans nos Alpes, du sommet de leurs montagnes, des vallées polaires descendent lentement, mais sans que rien les arrête, les glaciers, cherchant les niveaux inférieurs. Arrivent-ils à la mer? ils prennent leur flottage dans les eaux et deviennent des icebergs effrayants d'altitude, et de formes colossales, des banquises gigantesques, ou des champs de glaçons.

C'est après avoir pénétré, à diverses reprises, dans le glacier du Frère John, que nos savants marins tirent les conclusions rigoureuses que j'analyse.

Or, ce Frère John sera quelque jour, dans 600 ans peut-être, un iceberg. Qui vivra le verra se promener majestueusement sur les eaux du nord.

— Et des nouvelles de Hans et de Peter?... me direz-vous.

Ah! le commandant n'a pas confiance dans la voix doucereuse et l'œil malin du hideux Esquimau. Mais Sonntag le préfère à Peter. On s'attend à un drame.

Quant à madame Hans, jamais au monde plus énervante paresse. Et entêtée donc! De son mari, elle a pris la bouderie taciturne. Elle boude même son mari, qui s'en inquiète peu ou prou. Elle déserte même, un jour, la tente conjugale. Plus de madame Hans! Hans n'en trouve que plus savoureuse l'âcre odeur de sa pipe, et se fie au froid du dehors pour ramener sa chère moitié, et il est dans le vrai.

Règlement sévère à bord pour le lever, le coucher, la propreté quotidienne du navire et des personnes, les repas, les exercices, les chasses, les sorties, et les fonctions confiées à chacun. On entretient en miniature les usages de la patrie et les bons rapports entre gens qui se respectent.

Le dimanche se passe comme à Philadelphie, comme à Boston, dans les prières et les lectures. Bref, l'hivernage n'est point une occasion de relâchement.

Un jour, dans une chasse, on avise une ourse et son ourson. Les traîneaux volent : les chiens veulent se jeter sur la bête, qui fuit vers la mer, son salut. Mais, soudain, on dételle les meutes, et les chiens en fureur se précipitent vers leur proie. Pauvre mère! quand elle voit qu'elle ne réussira pas à atteindre les glaces flottantes, elle s'arrête, se rassemble, serre contre sa poitrine son ourson, et se dispose à la lutte. Les chiens fondent sur le groupe comme une légion de démons. De ses pattes crispées, l'ourse divise en deux parts les assaillants, et les rejette à droite et à gauche. C'est un vieux chien qui dirige l'attaque : mais un plus jeune se jette résolûment à la tête de l'animal. Il retombe sans vie. Un autre veut prendre sa place et saisir l'ourse au poitrail. Celle-ci se retourne... Mais alors son ourson, qu'elle oublie un moment, est mis à découvert et enlevé. Exaspérée, la mère aux abois fait reculer l'audacieux ennemi, lui reprend son petit, tout sanglant, et le replace sous son ventre. Mais, à cet instant, une décharge de carabines fait son œuvre et tue l'ourson.

Jamais tableau plus touchant d'amour maternel ne fut donné à des chasseurs. L'ourse saisit son petit, et nonobstant les mille morsures qui lui déchirent les flancs, elle se prend à lécher avec une inexprimable tendresse l'infortunée victime que la mort a saisie. Vous devinez le reste.

Eh bien! le drame a eu lieu, mais il est très mystérieux et demeure inexplicable. Plus de Peter! Peter a disparu : il s'est sauvé, on en a la preuve, mais où va-t-il? Hans se justifie de toute attaque : il s'efforce même de retrouver son ennemi. A l'aide de lanternes on fait des recherches à de grandes distances. Un sac à habits retrouvé, voilà tout. Evidemment le malheureux Peter perdra la vie, car on est à plus de quinze cents kilomètres des Esquimaux, et les tempêtes se succèdent sans interruption. L'épée de Damoclès est suspendue sur la tête de Hans, à savoir la corde de pendaison.

Huttes de neige.

La contrée polaire où gisent nos marins des *Etats-Unis* est plongée dans la plus profonde obscurité désormais, à partir de la fin de novembre. Aussi, les étoiles brillent sans discontinuer.

On est en pleine nuit d'hiver arctique, trois mois de ténèbres!

Seule, pendant les jours de sa course lumineuse, la lune s'avance majestueusement au-dessus de la région, brillant d'un éclat qu'on ne lui connaît pas ailleurs. Par leurs reflets, les immenses espaces de neige ajoutent à son magnifique rayonnement.

Néanmoins, jours et mois passent péniblement.

Mais voici qui agite et éprouve cruellement nos désolés hivernants : la peste se déclare parmi les chiens! On sait, par Hans, que les Esquimaux en ont perdu beaucoup précédemment. Aussi use-t-on de toutes les précautions voulues pour circonscrire le fléau : mais le mal ne s'arrête pas. Presque tous les précieux animaux sont enlevés, et c'est une grande perte pour l'expédition, car comment tenter des explorations sans attelages et sans traîneaux? Alors on se décide à se rendre à la côte, où l'on peut espérer rencontrer des Esquimaux, afin de se procurer d'autres chiens.

On est au 22 décembre, le minuit du Pôle Arctique.

Hans se prépare à conduire, avec le traîneau que peuvent tirer encore quelques chiens, M. Sonntag à la découverte des Esquimaux. Pour cela, on emporte des objets capables de séduire ces braves gens.

Le commandant fait un rêve affreux : il voit, dans une zone lumineuse, s'estomper le traîneau, les chiens, Hans et Sonntag : mais tout-à-coup celui-ci est englouti dans les eaux noires d'une mer en tempête!... Que conclure d'un rêve?... M. Hayes se rassure.

Le 24 décembre est venu. C'est du bonheur, de la joie partout, dans le monde civilisé. Hélas! c'est seulement en esprit que nos hommes de mer revoient les splendeurs de cette fête chrétienne : c'est seulement en esprit qu'ils entendent ses joyeux carillons. Les jaillissements de lumière et les chants des cloches leur feront défaut!... Et les repas de famille, et les cadeaux, et les promenades au soleil d'hiver!...

Eh bien! l'on sort pourtant de sa torpeur, à bord, sous la grande Ourse! Voici que chacun trouve moyen d'échanger des étrennes, selon l'usage d'Amérique. Grâce au commandant, la soute aux provisions a ses secrets, et, en ce jour de Noël, elle sort de sa réserve!

Le 25, tout d'abord on a hissé la cloche de la goëlette au sommet du grand mât, et elle a retenti dans la solitude glacée des steppes : mais elle a fait battre le cœur de nos marins, car elle joignait alors ses notes grêles à celles du grand concert des autres cloches du monde annonçant la venue du Sauveur. Puis on a tapissé de drapeaux le local de la fête. Tout chacun a mis ses lampes en bon état, et on a illuminé la salle. Enfin on a prié Dieu, après quoi, le commandant salué de trois hurrahs, on s'est mis à table. Oui, à table, et cette fois elle est encombrée d'un festin qui, par ses richesses culinaires, dues aux bons offices de Mac Cormich, a dépassé les merveilles des bouquets précédents.

1861!... Autre solennité, annoncée, cette fois, par le canon de la goëlette *les Etats-Unis*...

Feu d'artifice, ensuite. On n'a pas eu besoin d'attendre la nuit, pour en faire mieux ressortir les splendeurs : elle était toute venue, la nuit, et qu'elle était noire!

Le 5 janvier voit mourir... le dernier des chiens!

Le temps se passe à élever et éduquer un renardeau, très fûté, trop dégourdi, qui répond au nom de Birdie.

Rafales et tempêtes, sans discontinuer.

Pas d'aurores boréales, et cependant on est là dans leur patrie!

Que c'est horrible... une nuit profonde, épaisse, de trois mois et plus! Comme on songe au gai soleil que l'on n'a plus! Comme on aimerait une occupation quelconque, en pleine lumière! que c'est bon la lumière! Il est si doux de voir la famille, les amis, aller et venir, vous sourire et vous serrer la main!

Tandis que, sous le Pôle, quelle écrasante et sinistre solitude! L'intelligence en est affectée! On écoute, on voudrait entendre. Rien! pas un murmure, pas un gazouillement d'oiseau! On ouvre les yeux, on voudrait voir! Rien! Tout est noir!... C'est à frémir d'épouvante...

Un mois déjà, depuis le départ de M. Sonntag.

Le 27 janvier, tempête violente, qui empêche de sortir.

Le 29, calme relatif. On s'enveloppe de fourrures et on va partir lorsque survient le matelot en vigie :

— Deux Esquimaux, monsieur Hayes!...

— Deux Esquimaux?...

Ils ont pu arriver sans être vus, cela se comprend. Ils sortent des ténèbres, et les voici en pleine lumière de la lampe.

Destin fatal!... Sonntag, le savant Sonntag, le dévoué Sonntag est mort!...

Hans arrive par petites étapes, car il est mort plusieurs de ses chiens. Il amène avec lui beau-père, belle-mère, toute la famille Merkut...

Enfin, voici Hans : il entre dans de longues explications :

Ayant eu froid, l'infortuné Sonntag s'est mis à courir à côté du traîneau. Mais son pied mal assuré glisse dans une fissure à peine couverte d'une glace très mince. Il tombe dans l'eau. Maladroitement, Sonntag ne veut pas changer de vêtements, et il court de nouveau à la suite des chiens, pour se réchauffer, et enfin remonte dans le traîneau. Mais, arrivé à Sorfalik, l'imprudent ne peut plus parler, tant le froid a roidi son corps. C'est là qu'il meurt, dans une hutte de neige...

Alors Hans va droit aux Esquimaux de Netlik, les trouve abondamment pourvus de phoques, fait curée avec eux, leur raconte que M. Hayes a besoin de chiens, leur partage généreusement les dons apportés par Sonntag, et, dit-il, leur fait promettre d'amener des attelages nouveaux.

En attendant, voici Tcheitchenguak, voici Kablunet, les auteurs de la vie de madame Hans, et Angeit, son frère, qui viennent avec lui apporter le secours de leurs efforts à l'expédition.

Qu'y a-t-il de vrai dans ce récit?...

Cependant les ténèbres du long hivernage se teintent peu à peu d'un léger reflet blanchâtre. Le soleil se rapproche du Pôle Nord. D'après les calculs de M. Hayes, l'astre du jour, tant désiré, doit faire son apparition le 18 février.

Que le temps semble long à l'attendre, et combien battent tous les cœurs dans les poitrines émues, aussitôt qu'un vif rayon de feu, parti du levant, vient faire clignoter tous les yeux, mouillés au préalable de doux pleurs d'espérance et d'attendrissement.

— Le voilà! le voilà! s'écrie-t-on de tous les points culminants de la côte, où se sont hissés tous les hommes du bord.

En effet, après une éclipse de cent vingt-six jours, le soleil, le bon soleil de Dieu, va rendre la vie à toute cette partie du monde engourdie, affaissée dans d'épouvantables et sinistres ténèbres.

Hans a dit vrai. Surviennent trois Esquimaux, en deux traîneaux, dont les attelages de l'un sont pleins de feu, de santé, de bonnes dispositions, et ceux de l'autre paraissent chétifs et malingres. Ils arrivent de loin, en une seule traite, et cependant les premiers paraissent à peine fatigués.

Kalutunah, Tattarat et Myouk sont les noms des trois personnages. Peaux jaunes, nez écrasés, joues pendantes, yeux petits et noyés dans un orbite que laisse à peine entrevoir une fente très serrée, cheveux noirs et luisants, de barbe peu ou prou, tels sont ces Esquimaux. Mais Kalutunah est propre, presque distingué. Les deux autres sont sales et grossiers. Le dernier est encore plus paresseux que la brune Merkut, et ce n'est pas peu dire!

Quel formidable appétit, du reste. On le comprend, ils viennent de loin, et nul restaurant sur leur longue route. Impossible de donner entière satisfaction à leur estomac, nonobstant de pleines coupes d'huile de morse qu'ils s'administrent largement pour faciliter l'œuvre de la mastication.

On leur achète leurs chiens, et ces Esquimaux s'en retournent vers leur tribu, heureux d'emporter du fer, des couteaux, des aiguilles.

Mais quelques jours après, revient Kalutunah avec sa femme, avec quatre enfants, avec six nouveaux chiens. Ensemble, ils se mettent à la disposition de l'équipage des *Etats-Unis*.

On accepte sa proposition; on lui prépare une hutte de glace; et toute la famille Kalutunah s'y installe. Ce sont de bonnes gens, bien dévoués, bien travailleurs, une excellente acquisition pour nos explorateurs.

Mais, jugez ici du caractère esquimau! le sale et paresseux Myouk a suivi de près, avec tous les siens également, c'est-à-dire une inerte et obèse Esquimaude et un poupon dégoûtant, le bon Kalutunah, et, sans que celui-ci le repousse, nonobstant la gêne et l'étroitesse d'une hutte en commun, sans que M. Hayes le congédie, le voilà qui s'introduit audacieusement, avec sa lourde moitié, près de ses frères de la tribu, et se met à y vivre grassement et lâchement aux dépens des voyageurs...

Grâce à Kalutunah, on sait enfin ce qu'est devenu Peter. Il a été trouvé, par un Esquimau, près de Peteravik, mais à l'état de momie. Ce qui a permis de le reconnaître, c'est que son cadavre portait des vêtements d'homme blanc.

Mais cela ne dit pas pourquoi Peter s'est enfui...

La goëlette compte bientôt six Esquimaux, quatre Esquimaudes, sept petits Esquimaux et dix-sept chiens.

Il est alors question d'aller chercher la dépouille mortelle de M. Sonntag. Ce n'est pas sans peine qu'on le trouve sous les amoncellements de glaces qui se sont produits. Il est ramené dans la grande pièce où il aimait à se livrer au travail. On enveloppe son cercueil du drapeau de la patrie, et, une fois descendu dans le lieu de son dernier séjour, on grave cette inscription sur son tombeau :

A. Sonntag, mort en décembre 1860,<br>
a l'age de 28 ans!

Quelques jours à peine se sont écoulés, et la mort pénètre dans la hutte de glace de Tcheitchenguak, le beau-père de Hans. Sa vieille compagne Kablunet, aussi ardente au travail que sa fille Merkut est paresseuse et indolente, est enlevée par une pneumonie.

Une heure après, Hans cousait le corps de l'infortunée dans une peau de phoque et l'emportait, encore chaud, dans un vallon du voisinage, où il le déposait dans le pli d'un rocher, en le couvrant d'une quantité de pierres. Après quoi Merkut, la fille de la défunte, versa des larmes, en tournant autour du tombeau de sa mère, et en déclamant des phrases qui sans doute faisaient l'éloge de la pauvre vieille. Bref, la cérémonie était close par le dépôt, sur les pierres du sépulcre, d'un couteau, d'aiguilles et de fil de phoque.

Le 3 avril est venu.

Trois traîneaux vont emmener les principaux personnages de l'expédition américaine. Fait partie du voyage un bateau en fer, destiné à tenter une traversée sur la mer du Pôle. Son mât est surmonté d'un pavillon qui a déjà flotté dans ces régions arctiques

Impossible d'analyser les souffrances que bravent alors les intrépides explorateurs. Elles sont telles que les plus résolus s'affaissent et ne veulent plus lutter. L'un d'eux semble même satisfait de mourir, et dit avec indifférence :

— Voilà que je gèle!

Et, en effet, sa chair prend la nuance du blanc graisseux de la chandelle. Il faut lui faire violence pour le contraindre à sortir de sa torpeur et à rappeler la vie par le mouvement.

On est enfin dans le détroit de Smith, mais en traîneau, et non par la goëlette. Après une nuit assez calme, rugit une tempête effroyable. Ce qu'il faut d'énergie, de volonté, de résolution, pour triompher des difficultés d'une traversée sur des traîneaux dont les chiens, plus encore que les conducteurs et les hommes, sont épuisés par des courses folles en zigzags, est inimaginable.

Le 24 avril, à peine si l'on s'est avancé de cinquante à cinquante-cinq kilomètres.

Pourtant, au nord, la Terre de Grinnell a l'air de faire des signes d'encouragement et des avances de bonne amitié.

Nonobstant ce, à raison des obstacles imprévus et s'accumulant sans fin, la caravane se sépare en deux

Les uns retournent pour préparer la goëlette, au cas d'une débâcle.

Les autres, le commandant en tête, tous tristes de leurs tristes adieux, s'avancent toujours vers le nord.

Des traîneaux brisés par les glaces, des chiens estropiés par la fatigue, des étapes qui font parcourir sept et huit kilomètres à travers des amoncellements indescriptibles de glaçons énormes, et qui ne vous avancent que de trois, tel est l'emploi des journées, tel est l'emploi du temps.

Par bonne fortune, le 29 avril on trouve une caverne et on en fait un lieu de repos.

Le 30, on y soigne les chiens, car que deviendrait-on sans eux? On leur donne des aliments à foison, et cependant, si l'on n'y veillait, ces pauvres animaux, affamés toujours, dévoreraient jusqu'à leurs harnais.

Pendant plusieurs jours, une nouvelle et plus violente tempête retient les explorateurs dans leur caverne. La faim fait pousser d'affreux hurlements aux chiens. Ils ont déchiré un traîneau et mangé toutes ses courroies.

Bien des douleurs à endurer, le 5 de mai. Jensen est souffrant, plus que souffrant, il a une jambe bien malade. Knorr ne se soutient que par la volonté la plus énergique. Mac Donald n'en peut mais. Quant aux malheureux chiens, ils détruisent et absorbent tout ce qu'ils trouvent, jusqu'à des sacs de tabac.

Enfin, le 11, on campe sur la terre ferme.

Cent trente et un jours à parcourir ainsi ce détroit de Smith!

Le bateau en fer a dû être abandonné.

Et puis, il le fallait, la caravane s'est partagée encore une fois en deux parts, l'une allant en avant, l'autre stationnant et reculant peu à peu.

Après un bon repas donné aux attelages, sur le cap Harrow, les voyageurs gravissent la côte. Les hommes qui restent, même le commandant, s'attachent aux traîneaux.

Nulle imagination humaine, sans les avoir vus, ne peut se figurer les entassements de glaces qui occupent les attaches du cap Napoléon Il est indispensable, pour avancer et monter, de creuser à la hache le passage dans les glaçons. Mais tout labeur a sa récompense, et bientôt les explorateurs peuvent atteindre les glaces de terre, et les chiens y courent comme en rase campagne. Aussi, en peu d'heures, arrive-t-on au cap Frazer, où l'on construit une hutte de glace pour s'abriter.

Découverte d'un camp esquimau abandonné, d'une part.

De l'autre, plus de glaces nouvelles à franchir. Vers le Pôle, le canal semble offrir peu de difficultés. L'air est assez calme, et les perspectives les plus étendues se déroulent vers le levant.

On fait une nouvelle étape. Malheureusement la glace de terre devient presque aussi pénible à franchir que la glace de mer.

Jensen, à sa blessure de jambe, ajoute une chute qui complique étrangement sa position. Aussi le commandant le livre à Mac Donald, et continue, seul avec Knorr, son acheminement vers le Pôle Arctique.

Cinq chiens sont laissés à Jensen, avec des provisions, et, après cinq jours de repos, son compagnon et lui devront rebrousser chemin vers le port Foulke.

Pour M. Hayes, il s'agit toujours d'avancer vers le nord, pour atteindre le Pôle.

Un jour, après dix heures de marche, et après quatre heures, le lendemain, les deux intrépides investigateurs atteignent la pointe méridionale d'une anse, d'un golfe plutôt, si étendu, qu'il leur paraît plus simple de le traverser par sa ligne diagonale, que d'en longer les contours sinueux. Mais point. Impossible d'aller plus loin, car le champ de glace se termine presqu'à l'entrée du golfe, et la glace n'offre plus de solidité. Le traîneau atteint une glace nouvelle sans consistance : ce que devine immédiatement l'instinct des chiens, car ils se refusent à avancer davantage.

Alors le commandant ne voulant pas faire le tour du golfe, qui semble avoir un parcours de trente à quarante kilomètres, l'état de ses provisions ne lui permettant pas ce voyage, se décide à gravir une colline, dont il escalade en effet les pentes abruptes. Là, sur le plateau, se trouve un massif de roches qu'il scande de même, et du haut duquel il domine l'océan Glacial de deux cent cinquante mètres.

Les glaces lui présentent les mêmes aspects qu'à l'entrée de la baie, en plongeant son regard vers le point polaire, et dans tout l'horizon circulaire qui l'entoure et qu'il contemple. Mais, au milieu du golfe, s'ouvre béante une vaste fissure s'acheminant vers la mer, du côté de l'orient. Cette fissure triangulaire, dont la plus grande pointe s'élance vers le Pôle, est radiée d'autres crevasses de moindre dimension. C'est comme un fleuve grandiose, avec affluents, qui va se perdre dans l'océan Polaire, et qui laisse échapper un reflet lumineux sous le sombre firmament recouvrant toute la partie septentrionale de cette incommensurable et sinistre solitude.

Au loin, sur les brumes grises de la perspective, s'estompe la silhouette blanchâtre d'un promontoire sourcilleux.

A n'en plus douter, c'est le point le plus septentrional du globe, c'est le pivot du nord, c'est le Pôle Arctique.

Entre ce promontoire aux blancs reflets et la colline devenue l'observatoire de M. Hayes, se dresse comme un autre pic.

Et, plus près encore, une montagne altière se dresse avec majesté et porte jusqu'au ciel sa cime ceinte d'un bandeau de neiges éternelles.

Nulle autre terre visible, sur aucun autre point.

Au-dessous de la colline, la mer étend son immense et large nappe, diaprée de blanc, de gris, c'est-à-dire de parties de neiges et de glaces fondues.

Ces nuances diverses se multiplient dans les profondeurs de l'horizon, et paraissent plus foncées. Aux dernières limites de la perspective elles se confondent avec la bande du firmament qui reflète leurs eaux.

Ainsi, le commandant de la goëlette *les Etats-Unis* est arrivé aux rivages du bassin polaire Arctique.

L'océan Glacial du nord est là qui dort à la base de la colline au sommet de laquelle il fait ses observations.

Il est impossible de gagner un point plus rapproché du Pôle. Les glaces peu consistantes s'y opposent, et des laquets s'ouvrent en mille endroits de leur surface, laissant voir les eaux sombres du sombre abîme.

Et puis voici des guilleminots qui voltigent par bandes nombreuses et s'abattent sur les eaux du gouffre.

Enfin, des mouettes passent également au-dessus des glaces, cherchant des eaux libres, c'est-à-dire sans glaçons, et capables de leur fournir leurs aliments. C'est là qu'elles fixent leur séjour. Or, dans ces lieux reculés que fréquentent ces palmipèdes, après les premiers jours de juin plus de glaces!

Le but de l'expédition est donc atteint.

Il ne reste plus aux deux vaillants champions qu'à songer à retourner en arrière, pour rejoindre leurs compagnons, leur porter la bonne nouvelle, et retrouver la goëlette, qui attend au port Foulke.

Mais, avant de s'éloigner, en témoignage de leur découverte, deux pavillons aux couleurs des Etats-Unis sont hissés sur un cairn, ou amas de pierres, que dressent au sommet du rocher les deux voyageurs. Enfin, sous le cairn, M. Hayes dépose un flacon renfermant un papier, écrit et signé de sa main, lequel certifie à tous que ce point culminant, le plus septentrional que jusque-là on ait pu atteindre, a été visité, étudié et signalé par lui, J. Hayes, et par F. Knorr, les 18 et 19 mai 1861, après un pénible voyage en traîneau attelé de chiens.

Alors les deux hardis et braves explorateurs retournent sur leurs pas, et, le 5 juin, rentrent au port Foulke, qu'ils avaient quitté le 3 avril, après avoir parcouru deux mille quatre cents kilomètres au milieu des glaces et de périls inexprimables.

De merveilleuses colonnes entièrement ciselées..... (P. 78.)

# EXCURSIONS DANS L'ASIE-MINEURE

## A TRAVERS LA BITHYNIE, LA LYDIE, L'IONIE, etc.

### A la suite de M. le comte de Moustier, en 1862.

## I

Ce qu'on nomme l'Orient. — Les beautés de l'Asie en général. — Les splendeurs de l'Asie-Mineure en particulier. — Contrées de l'antique Orient. — L'Orient moderne. — Ses aspects, ses montagnes et ses fleuves. — Célébrité constante de l'Asie-Mineure. — Les drames dont elle fut le théâtre. — Souvenirs des Apôtres. — Départ de Constantinople. — Navigation sur la mer Noire. — Entrée dans l'Anatolie. — Où l'on évoque la mémoire d'Alcibiade. — Le *Tumulus* d'Annibal, le Carthaginois. — Chalcédoine. — Ancyre. — Nicomédie. — Souvenirs qui se rattachent à ces villes. — Kiosque du Sultan. — Croquis de Nicomédie. — Ce qu'on appelle *zaptiés*, en Orient. — Sabandja. — Paysages. — Le khan de Sabandja. — Le lac de Sophon. — Fleuve Sangarius. — Pont sur le Sangarius. — Rencontres des voyageurs. — Hospitalité turque. — Ada-Bazar. — Gorges et passages du Sangarius. — L'antique Tottœum. — Ak-Séraï. — Le sélennik du chef de la contrée. — Repas du soir. — Repos de la nuit.

De tous les voyages, ceux qui intéressent davantage et qui instruisent le plus, sont bien certainement les pérégrinations à travers les contrées devenues célèbres par leurs magnifiques paysages, mais aussi rendues illustres entre toutes par les événements historiques dont elles ont été le théâtre.

A ce point de vue, est-il contrée plus admirable et plus fameuse que l'Asie?

Et, dans l'Asie, l'Asie-Mineure ou l'Orient, comme on aime à l'appeler?...

Par opposition à l'Asie-Majeure ou Grande-Asie, on donne ce nom d'*Asie-Mineure* à la presqu'île la plus occidentale de cette seconde partie du monde, le berceau des nations, le point de départ des peuples. Voyez s'il fut jamais région plus avantageusement placée. L'Asie-Mineure était bornée :

Au nord, par la mer Noire ou Pont-Euxin;

A l'est, par l'Arménie et la Syrie;

Au sud, par la Méditerranée;

A l'ouest, par la mer Egée.

Elle est traversée par plusieurs chaînes de montagnes détachées du Taurus et du Caucase.

Elle est arrosée par le Méandre, l'Hermus, le Sangarius, l'Halys et l'Iris.

On y distinguait onze contrées principales :

A l'ouest, la Mysie, la Lydie, la Carie, la Lycie;

Au nord, la Bithynie, la Paphlagonie, le Pont;

Au sud, la Pamphylie, la Pisidie et la Cilicie;

Au centre, la Phrygie et la Cappadoce.

Tout le rivage occidental était occupé par les colonies grecques :

Les Eoliens, au nord; les Ioniens, dans la Lydie; les Doriens, au sud.

Ces derniers avaient fondé des villes qui, pour la splendeur, la puissance et la civilisation, étaient devenues les rivales des cités de la Grèce : Ephèse, par exemple, puis Phocée, Milet, Cnide, Halicarnasse et Lampsaque.

Les autres villes de grand renom étaient :

Troie, l'antique capitale de la Troade, dans la Mysie,

Et Sardes, la capitale du riche Crésus, dans la Lydie.

Puis, c'étaient : Pergame, la gloire des Attales, dans le royaume de ce nom; Pruse, Cyzique, Amasie, Sinope, Nicée, Nicomédie, Chalcédoine, etc., au nord;

Ensuite, dans la Phrygie, Ancyre, Apamée, Laodicée;

Césarée, Sébaste et Melitène, dans la Cappadoce;

Et enfin, au sud. Stratonice, Tarse, Séleucie, etc

Les îles principales qui dépendaient de l'Asie-Mineure sont celles de Lesbos, Chios, Cos, Samos, Rhodes, sur la côte occidentale; et Cypre, au sud.

L'Asie-Mineure a été célèbre dès le début des âges.

N'est-ce pas dans ses régions que les dieux et les héros ont accompli leurs merveilleux exploits?

Dès les premiers temps de l'histoire, ses pages nous signalent le passage et la présence, dans l'Asie-Mineure, des hommes les plus illustres et des peuples les plus vantés.

N'est-ce pas dans l'Asie-Mineure que se firent cette guerre formidable et ce siége prodigieux de la ville de Troie, chantés jadis par Homère, le premier des poètes, et qui servent de point de départ à tant de faits historiques?

N'est-ce pas sur les rives du Simoïs, du Xanthe et du Scamandre, au pied du mont Ida, dans la vaste plaine qui regarde Ténédos, sous les yeux de la Grèce attentive de l'autre côté de la mer Egée, qu'eurent lieu ces luttes colossales dont la cause fut une femme, le moteur un jeune prince, les victimes toute la famille de Priam et d'Hécube, et les grands acteurs Agamemnon, roi d'Argos, Ménélas, souverain de Sparte, Ulysse, monarque d'Ithaque, et Achille, le bouillant Achille, et Ajax, et Diomède, et Patrocle, etc.?

Ce fut là, sur le territoire de cette Asie-Mineure, que le grand Pharaon Sésostris, il y a de cela 3000 ans, vint se heurter contre les Scythes échappés aux steppes des régions septentrionales.

Ce fut là que naquirent, vécurent et s'illustrèrent par les œuvres de leur génie Thalès; le philosophe, Esope, l'intelligent fabuliste; Hérodote le père de l'Histoire; Apelles, le peintre ingénieux, et nombre d'autres grands hommes.

Et, quand une fois l'éclatante lumière de l'Evangile se prit à luire sur le monde, ce fut là aussi, là avant tout, que Paul, sur le chemin de Damas, reçoit du ciel la vision qui en fait le plus ardent disciple du Sauveur Jésus, et le fait parcourir toute la contrée, avec l'apôtre

Barnabé, pour y répandre la doctrine nouvelle et moissonner des âmes à la foi du Christ.

C'est dans l'Asie-Mineure que saint Jean, le disciple bien-aimé, vient occuper le siége de la grande cité d'Ephèse, où le suit la sainte Vierge, mère du Crucifié, et là qu'il proclame les destinées grandioses des sept Eglises d'Asie.

C'est à Nicomédie que l'empereur Dioclétien, le dernier des persécuteurs, dépouille les insignes de l'Empire;

Et tout près de Nicomédie que vient mourir Constantin.

C'est à Nicée que se tient le premier Concile œcuménique;

Puis Ephèse et Chalcédoine reçoivent tour à tour les Pères de l'Eglise, qui leur font entendre les vérités évangéliques.

Mais, hélas! vient ensuite un temps fatal, où sur les débris des temples grecs et sur les arceaux brisés des églises chrétiennes, l'étendard de Mahomet est audacieusement planté par de redoutables envahisseurs!

N'ai-je donc pas raison de dire que l'Asie-Mineure est la contrée du monde qui mérite le plus la visite des voyageurs, tant au point de vue des scènes historiques, qu'à celui des splendeurs de la nature, montagnes sourcilleuses et sombres forêts, fleuves merveilleux et lacs rutilants, et puis ici, là, partout, des ruines incomparables et d'éloquentes leçons d'histoire données par elles à l'humanité qui passe et s'arrête un moment?...

Donc, quittons Constantinople, à la suite de M. le comte A. de Moustier et de son secrétaire, et, pour mieux saisir l'intérêt de leur voyage, étudions la carte des régions qu'ils vont parcourir.

Prenons bien note, en outre, que l'Asie-Mineure d'autrefois porte actuellement le nom d'ANATOLIE.

C'est le 24 septembre 1862 que nos deux voyageurs français, M. le comte de Moustier et le secrétaire d'ambassade, M. de Vernouillet, prennent place, dans le port de Constantinople, **sur le vapeur** l'*Ajaccio*

Leur suite se compose d'un unique domestique, également français, et d'un interprète grec, tout à la fois leur fournisseur de vivres et même, au besoin, leur cuisinier. Pas de tentes, mais quelques bagages et des lits de repos, tel est leur attirail. Dans toute l'Asie-Mineure, on trouve à se loger, et nos excursionnistes comptent sur une bonne réception partout, attendu qu'ils ont en mains un firman qui émane de la Sublime-Porte. Or, qui oserait résister aux ordres du sultan de Constantinople?

En longeant le rivage oriental de la mer de Marmara, les voyageurs saluent la vénérable cité de Chalcédoine, devenue la modeste bourgade de Kadi-Kouï, et ils évoquent les souvenirs des nombreux siéges qu'elle eut à supporter de la part de Pharnabaze, satrape de Phrygie, vers 410 avant J.-C., puis d'Alcibiade, alors que l'illustre Athénien était l'hôte de Pharnabaze, et enfin du roi de Pont, Mithridate.

Sur le même rivage, dont les beautés rappellent celles du Bosphore, on entrevoit, émergeant des bosquets, un *tumulus* verdoyant qui signale Lybissa, maintenant Guébisé. D'après Pline, qui nous dit l'avoir visité, ce tumulus renferme les restes du célèbre Annibal, disgracié par les Carthaginois. Le grand général s'empoisonna, dit l'histoire, dans la maison qu'il occupait à Lybissa, pour se soustraire à la vengeance de Rome, qu'il avait mise, par la bataille de Cannes, à deux doigts de sa ruine.

C'est à Chalcédoine que l'on admirait la splendide Rufinapolis, la villa princière de l'extravagant Rufin, l'indigne ministre de Théodose et Arcadius. De nos jours, pas le moindre vestige de ces magnificences interlopes, leurs débris ayant été employés à la mosquée de Soliman.

En 431, Chalcédoine vit un concile œcuménique, assemblé dans ses murs, condamner l'hérésie d'Eutychès, dont les erreurs spécieuses sont encore répandues dans l'Orient.

Assez près de Nicomédie, on aperçoit Ancyre, où Constantin-le-Grand s'était fait construire une villa qui fut témoin de sa mort.

Le 25, l'*Ajaccio* s'avance majestueusement en plein golfe de Nicomédie, et, dans un lointain vaporeux, on voit s'étager, sur une colline escarpée, les tours, les édifices et les clochers de la ville de ce nom, qui lui tiennent lieu de piédestal.

Tout à l'entour du golfe, que l'on nommait *Astracus-Sinus*, au temps des empereurs de Bysance, ont pris la place des charmantes villas d'autrefois et nagent dans un océan de verdure rutilant des feux du soleil, des villages tapis sous des arbres séculaires, villages inconnus à présent, et dont les noms cependant furent jadis bien fameux.

Une fois en face de Nicomédie, actuellement Isnikmid, et alors que le bateau à vapeur a stoppé dans le port, on est frappé de l'aspect charmant de la ville, qui, plongée dans la verdure comme dans un bain, fait émerger ici et là les joyaux de ses coupoles, de ses minarets et de ses brillants palais. Sur le penchant de la colline, on avise le kiosque qui appartient au sultan. Assurément cet édifice produit un certain effet, mais il n'éveille pas dans la mémoire le souvenir du palais de Dioclétien, dont il occupe l'emplacement, et qui fut livré aux flammes du vivant même de ce farouche empereur. Tout au plus aperçoit-on quelques pans de murailles de l'ancienne ville, et reconnaît-on des vestiges d'aqueducs, d'égouts, etc.

Nicomède I$^{er}$ est le fondateur de Nicomédie, qu'il édifia vers 400 de notre ère. Pline-le-Jeune, préteur au nom de Trajan, l'a singulièrement ornée et enrichie. Mais ce fut à Dioclétien surtout qu'elle dut, par sa magnificence, de devenir la capitale de la Bithynie.

Nos voyageurs ne mettent pas un long temps à parcourir et à connaître Nicomédie. A peine entrés dans la ville et mis en règle au vis-à-vis du kaïmakam ou chef de la province, auquel ils font voir leur firman et qui leur fait la politesse du café et des tchibouks, ils s'éloignent, accompagnés d'une escorte de deux *zaptiés*. Les zaptiés sont les gendarmes du pays, mais gendarmes portant un uniforme turc tout de fantaisie, et néanmoins généralement de bon goût. La grande affaire du zaptié est d'être en possession d'un cheval plein de feu, de porter des armes étincelantes et de fumer. Manger une poule et du pilaw, c'est-à-dire du mouton au riz, est leur plus grande satisfaction. Les denrées sont à très-bas prix dans l'Anatolie, aussi le zaptié n'a guère que quinze francs de paie. C'est à celui qui a recours à ses services de se montrer généreux, pour augmenter cette pauvre solde.

D'Isnikmid, le comte de Moustier se rend à Sabandja, et il suffit de six heures pour avoir raison des trente kilomètres qui séparent ces deux points. Il est évident qu'il s'agit d'un voyage à cheval. On chevauche sur une voie romaine qui, partant de la Syrie, traverse l'Anatolie du sud-est au nord-ouest, en rattachant à la capitale les villes les plus importantes de l'Asie-Mineure, de la Mésopotamie et de l'Arménie. Mais cette voie antique, large de quatre mètres, est certainement bien déchue de sa grandeur première, et on marche bien plus sur les côtés que sur la route elle-même. Aussi se trouve-t-on fréquemment en présence de groupes de bœufs pataugeant dans la fange pour en faire sortir des charriots chargés de bois et autres matériaux, ou bien par des caravanes de chameaux, cherchant à franchir les mauvais pas. D'autre part, l'œil se repose volontiers sur des bocages de vignes vierges, d'où s'élancent de vieux platanes, dont les trous creusés par le temps offrent un abri aux chameliers de passage, ou aux pâtres qui conduisent leurs troupeaux sur des pelouses qui, ici et là, servent de bordure.

Il est nuit lorsque nos touristes pénètrent dans Sabandja, petite bourgade dont les maisons turques sont construites de manière à former saillie dans leurs étages supérieurs, ce qui rétrécit d'autant l'espace réservé à l'air et diminue la lumière du jour, en arrêtant le rayonnement du soleil. Les rues de Sabandja sont donc obscures généralement, et surtout fort étroites : ajoutez que la circulation est souvent interrompue par mille obstacles.

Pour atteindre l'auberge principale ou *khan*, il faut que les voyageurs traversent toute la ville, qui heureusement est très-restreinte. Quelle auberge! pas un meuble dans les chambres. Que dis-je, chambres! C'est à peu près un hangar dans lequel, une fois installé, celui qui s'y abrite doit pourvoir à sa nourriture et à tous ses besoins. Par bonne fortune pour nos compatriotes, le séjour ne peut se prolonger beaucoup à Sabandja. Aussi, après le repos de la nuit, et un repas composé d'une poule au riz et d'une omelette, la petite caravane reprend son vol, avec des chevaux choisis et deux nouveaux zaptiés.

De Sabandja, — Sophon de nos jours, — au lac de ce nom, trois cents mètres peut-être, et du lac au fleuve Sangarius, une distance double.

A l'époque où Pline-le-Jeune possédait la préture de la province, il fut question de faire communiquer le golfe de Nicomédie avec le Sangarius, actuellement le Sakaria, par le lac de Sabandja, qui occupe entre les deux un point culminant.

Ce Sangarius est un fleuve violent qui roule ses eaux entre deux falaises escarpées et les porte vers la mer Noire. Sur ce courant rapide chevauche un pont, le pont de Sophon, construit jadis par Justinien. C'est un viaduc de quatre cents mètres de long, composé de douze arches à plein-cintre, dont le tablier offre une surface couverte d'un beau dallage. Mais des atterrissements successifs ont comblé le lit de l'ancien fleuve transformé en marais, et, une opulente végétation aidant, ils atteignent la courbure des voûtes, ce qui nuit nécessairement à l'aspect de cette construction grandiose, dont les beautés architecturales sont voilées par des massifs de figuiers et d'arbustes de toute sorte.

Du côté de Sabandja, les alluvions du fleuve ont enveloppé d'un ample manteau de fange un arc de triomphe qui était visible encore il y a quelque vingt ans; mais, à l'autre extrémité, on retrouve un édifice que couronne une coupole, et qui se dresse à l'angle droit de deux voies se dirigeant, l'une vers la chaîne du Taurus, l'autre vers les rivages du Pont-Euxin.

Rien de plus pittoresque que le lac et la route de Sabandja. Vont et viennent, par longues files, et par groupes bizarres, piétons et cavaliers des deux sexes, qui à âne, qui à cheval, qui en voitures et à pied, se rendant à un pèlerinage voisin. On s'extasie en regard de l'étrangeté des costumes et des manières excentriques de ces pèlerins bavards, et dont l'œil ardent brille en vous toisant de haut.

Bientôt, au-delà d'un vallon charmant, à l'extrémité d'un sentier qui sillonne des bois de lentisques, se montrent, s'estompant en gris sur l'éther bleu du firmament, les minarets du village de Ada-Bazar, placé en éclaireur sur la rive gauche du Sangarius.

Là, délicieux accueil de la part du magistrat de la cité, chez lequel café, cigares, confitures, etc., sont offerts avec un abandon parfait. Le haut personnage fait ensuite conduire ses hôtes à l'église grecque, salle immense peinturlurée de tons criards, et dont l'autel est dissimulé par une grille, et, derrière la grille, par un ample rideau très-mystérieux. Vous n'êtes pas sans avoir vu des images russes, pauvres peintures pailletées de points d'or et de pierreries fausses. On retrouve ces mêmes peintures, en grand, dans cette église, et inspirées par le même goût byzantin.

Chemin faisant, on rencontre des Grecques et des Arméniennes, vêtues de petites vestes de couleurs vives, et de larges pantalons. Leurs longs cheveux sont flottants, ou divisés par tresses auxquelles sont adaptés de minuscules coquillages. Le tout est recouvert du bonnet turc que vous savez, sorte de calotte rouge appelée *fez*, autour duquel les femmes disposent un foulard en manière de turban. Des colliers et des résilles de pièces d'or ornent le cou et le front de plusieurs des jeunes femmes, tant il est vrai que la coquetterie se retrouve dans toutes les contrées de la terre.

A la sortie d'Ada-Bazar, le 27 de septembre, les voyageurs s'acheminent à travers des landes sauvages d'où émergent des noyers millénaires, à en juger par leur taille colossale. Il paraît qu'on utilise le bois de ces vieux arbres à faire des crosses de fusil, que l'on expédie pour l'Europe. Il y a grand plaisir à marcher sous l'épais feuillage de ces noyers et à contempler de loin, marquetés d'ombre et de lumière, les pacages et les cultures de cette région qui offre bien le caractère oriental.

Voici le village de Kizé-Kéni, qui dort dans la plaine, au doux murmure d'un ruisseau dont les eaux baignent le pied des maisons.

Puis, c'est une gorge effrayante vers laquelle on s'avance, et bientôt on reconnaît l'impétueux Sangarius qui s'y démène avec fracas. Le chemin suit alors la rive du fleuve, qui se dirige à travers une vallée fort resserrée que surmontent de toutes parts des cimes sourcilleuses, auxquelles de nombreux sapins et des essences à feuillages donnent une physionomie des plus sauvages. La voie, qui laisse passage à deux cavaliers tout au plus, se trouve taillée dans le massif rocheux qui sert de bordure au Sangarius, et, de cette sorte de corniche, on domine le cours du fleuve. Qu'il survienne une caravane, et les voyageurs sont contraints de se garer, comme ils peuvent, dans les anfractuosités des parois.

Heureusement, après trois ou quatre kilomètres, la vallée prend du large, et l'on atteint un pont de quinze arches ogivales d'ouvertures disparates, dont deux sont éventrées, et qui fut construit, vers 1396, par Bajazet Ier, le vainqueur de la bataille de Nicopolis. Un immense caravansérail, des plus curieux à connaître pour ses plans bizarres, précède ce pont. Ce n'est qu'une longue écurie de cinquante mètres, séparée d'un passage de même parcours, et formée d'une balustrade derrière laquelle sont disposées des chambrettes munies de cheminées qui ont pour destination de servir aux opérations culinaires des très-nombreux chameliers de ces parages.

Une fois de l'autre côté du Sangarius, on arrive à un village qui fut l'antique Tottœum, mais qui, de nos jours, sous le nom de Ghéïvé, est renommée fort au loin pour ses melons délicieux.

Cependant les montagnes qui enserrent le fleuve se sont petit à petit écartées de ses bords, et une plaine se montre au large, marquetée de vignes plantureuses, capitonnée de mûriers, et zébrée de cultures de coton et de plantations diverses.

Partout, autour de soi, grande fertilité du sol.

Sur un point de la plaine s'étale nonchalamment une bourgade dont les tons gris et les nuances sombres, de loin, attristent l'esprit et n'inspirent pas une grande confiance à l'endroit du confort. Ak-Séraï n'est, en effet, qu'une agglomération de masures. Encore plus délabré le caravensérail ou hôtel du lieu : néanmoins, comme la nuit approche, il faut prendre gîte dans ce khan de sinistre apparence. Mais grâce à la bonne étoile de nos Français, voici que les zaptiés viennent les chercher pour les conduire au *konak*, l'habitation du *mudir*. Le firman de S. H. lui est présenté, et le vieillard vénérable s'empresse de le porter à sa tête en signe de respect. Aussitôt circule le café, sont allumés les tchibouks, et on fait tous les honneurs possibles aux étrangers, dans le *sélamik*, c'est-à-dire la pièce réservée aux hommes, car jamais nul ne pénètre dans le *harem* ou appartement des femmes.

Ce sélamik est orné avec un certain luxe : bahut élégant, divan disposé dans toute la longueur de la salle, flambeaux assez semblables aux chandeliers de nos églises et posés à terre, sur un tapis qui couvre toute l'étendue de la pièce.

Après que l'on a dressé un trépied sur lequel on dispose les éléments du repas du soir : minuscules morceaux de mouton grillé, viandes roulées dans une enveloppe de feuilles de vigne, riz cuit avec de la graisse, c'est-à-dire le fameux *pilaw*, le mets par excellence des Arabes, gâteaux, crèmes, lait caillé, aubergines, melons énormes et succulents, etc., on vient inviter les deux excursionnistes à prendre place à la table basse, trop basse du sélamik.

Pour eux, c est une opération peu commode que de dîner assis à la façon des tailleurs, à l'entour de cette table : mais aussi, mais surtout, ce qui leur semble encore plus incommode, c'est que les plats sont communs et que tous les convives doivent à tour de rôle plonger leurs doigts dans les mets pour s'en attribuer une part. Quant aux aliments liquides, on se les administre à l'aide d'une cuillère d'ivoire ou de bois. Aucun vin! N'oublions pas que le Coran l'interdit aux disciples de Mahomet : mais de l'eau... à discrétion. Fort à propos, après le repas, on donne aux convives le moyen de se laver la bouche, le visage même, et les doigts.

Avant de se livrer au repos, et alors que le soleil s'est couché dans une admirable et grandiose alcôve d'or et de rubis, que lui composent des montagnes nageant dans les plus riches teintes d'améthistes et de saphirs, sous le bleu pavillon du firmament, voici que tout-à-coup une illumination jaillit sur la place qui précède le konak et permet de se récréer les yeux, en contemplant dans des flots de lumière les jeunes gens de la bourgade, en longs cafetans de bayadères et d'almées, se livrant à leurs danses nationales, avec accompagnements de flûtes et tambourins.

Enfin le sélamik, salle d'audience d'abord, ensuite salon, puis salle à manger, devient chambre à coucher. On y a placé matelas et couvertures, pour le plus grand agrément des voyageurs.

— Dormez maintenant, si vous voulez; dormez, si vous pouvez!...

# II

Où l'on quitte le *Château Blanc*. — Adieu au Sangarius. — Passage de mauvais renom. — Les brigands de Karamoussal. — Lac de Nicée. — Paysages. — Nicée jadis Antigonie. — Comment on arrive au pied de ses murailles. — Les hommes célèbres de Nicée. — Conciles de Nicée. — Où les croisés français figurent à l'entour de la ville. — Souvenir mystérieux de notre Normand Robert-le-Diable. — Photographie de Nicée. — Monuments anciens. — La ville moderne. — Comment la végétation orientale se dispute aux richesses de l'art. — Mosquées et minarets. — Où les Turcs se rendent maîtres de Nicée. — Pruse ou Brousse. — Excursion à Brousse. — Surprises des voyageurs. — Courtoisie d'un kaïmakam. — Esquisses et perspectives. — Yéni-Schéher. — Physionomie de cette ville. — Brousse et la vallée de Brousse. — Magnificence des sites. — Histoire de Brousse. — La Grande-Mosquée. — Splendeurs architecturales. — Superbes minarets. — Mosquées incomparables. — Kiosques ou tombeaux des sultans. — Les bains de Brousse. — Où paraît Abd-el-Kader. — Le mont Olympe. — Ascension du cône. — Charmantes visions. — Curiosités de cette montagne.

Le 28 septembre, nos excursionnistes s'éloignent d'Ak-Séraï, mot qui signifie bien à tort *Château Blanc*, et, abandonnant la vallée pittoresque du Sangarius, à laquelle ils tournent le dos, escaladent les talus escarpés d'une montagne capitonnée de grès énormes. C'est un passage de mauvais renom, et souvent des brigands de la contrée, en embuscade derrière les rochers, attaquent, tuent et détroussent les voyageurs qui ne sont pas sur leurs gardes. Un Français y perdit la vie peu auparavant, et d'autres encore ont été victimes, dans ces gorges qui occupent à peu près le milieu entre Nicée et Karamoussal. Mais les zaptiés font bonne garde et la caravane échappe à tout danger.

On franchit donc, sans mauvaise aventure, la forêt qui couronne le plateau de la montagne, et, par de douces pentes fort ombreuses, on descend bientôt vers un lac aux rives fleuries, dont les eaux calmes ruissellent des feux du soleil.

C'est le lac de Nicée, que les Latins nommaient *Ascanius*, et que les Turcs appellent Isnik-Gueul.

En effet, sous une inextricable clairière d'arbres séculaires, de la coupole de verdure desquels émergent à peine quelques flèches et des crêtes de monuments, dort l'antique et célèbre cité de Nicée, dans la plaine inférieure, voisine du lac.

Jadis Nicée porta le nom d'Antigonie, d'Antigone, son fondateur; puis, ayant été agrandie par Lysimaque, ce prince, du nom de sa femme l'appela Nicée.

On arrive au pied des murailles de cette ville grecque sans s'en douter. Aucun murmure, nul mouvement n'en signale l'approche. Et cependant de grandes gloires forment l'auréole de Nicée, car ce fut elle qui donna le jour à l'astronome Hipparque, à l'historien Dion Cassius.

Elle est surtout célèbre par le second Concile œcuménique, qui s'y tint sous Constantin, en 325. On y dressa le fameux symbole des apôtres, dit *Symbole de Nicée*, et on y condamna la doctrine d'Arius. En 787, le huitième Concile œcuménique fut également convoqué à Nicée sous l'impératrice Irène et son fils Constantin V, et les iconoclastes ou *briseurs d'images saintes* y furent anathématisés.

Nicée a été le théâtre de grands faits historiques. Ainsi, elle fut prise par Soliman, en 1076. En 1097, elle reçut les croisés, qui s'en emparèrent et en firent don, en 1204, à Louis de Blois.

En 1206, Lascaris en fit la capitale de l'empire de Nicée, qui fut ensuite réuni à celui de Constantinople, par Michel Paléologue.

Les Turcs s'emparèrent de Nicée en 1333.

Notre ville française de Nice, dans les Alpes-Maritimes, a eu pour marraine la ville de Nicée.

Une fois Nicée découverte par le voyageur au milieu du fouillis de verdure qui l'entoure et l'enserre, on s'extasie en présence de ses ruines, ruines grandioses, charmants spécimens de l'art le plus pur, pittoresques débris. Si cette antique cité n'avait eu à souffrir que des tremblements de terre, peut-être nombre de monuments seraient-ils encore debout. Mais les Scythes et d'autres barbares ont passé par là : mais elle a eu à subir des siéges cruels, et les édifices de ses premiers âges ont disparu. Tout au plus en retrouve-t-on des fragments recommandables. C'est ainsi que, le long de ses remparts, on avise, ici, des colonnes servant de linteaux à des poternes; là, des chapiteaux grecs du plus admirable corinthien; puis des tombeaux ailleurs; et partout des reliefs d'architraves, de pilastres, de marbres les plus rares et les plus précieux.

Mais ce qui offre le plus d'intérêt, c'est l'enceinte continue des murailles : elles datent du IV° siècle et forment une double ligne de fortifications, la seconde plus basse que celle de l'intérieur, et l'une et l'autre appuyées de deux cent quatre-vingt-trois tours, tantôt rondes, tantôt carrées.

Ces murailles sont percées de portes, dont les deux plus remarquables, la porte de Constantinople et la porte de Lefké, ont été décorées par l'empereur Hadrien d'arcs de triomphe du plus beau marbre blanc. Chose superbe! à Nicée, la verdure, une verdure opulente, s'unit à toutes les ruines et se confond avec elles. Ces portes de la ville sont amplement pourvues des plus charmants effets de végétation. Ce que l'on regrette, ce sont les créneaux de l'enceinte, qui ont complètement disparu.

On retrouve aussi le théâtre de la vieille cité, construit sur un point culminant en face du lac. Il fut érigé à l'époque de Trajan. Mais dans l'exubérante végétation qui s'est emparée de ces débris grandioses, on n'entrevoit guère que des arceaux éventrés, des gradins rompus, des colonnes brisées. La nature y dispute à l'archéologie les merveilles de cet antique monument.

L'édifice qui porte le nom de Cathédrale date du XII° siècle, et on y voit des peintures qui remontent au Bas-Empire et ne sont pas dépourvues de mérite.

Une autre église, du VI° siècle, Sainte-Sophie ou *Aghia Sophia*, œuvre de Justinien, est dépossédée du dôme qui la couronnait, et les arceaux de la nef principale ont disparu. Néanmoins, on peut apprécier certains fragments de mosaïques, en écartant les branches d'arbrisseaux qui les recouvrent de leurs feuilles jalouses.

Le premier Concile œcuménique eut lieu dans le palais impérial de Nicée : mais comme il ne reste aucune trace de cet édifice, nul ne peut désigner le lieu qu'il occupait.

Une des merveilles de la ville est la mosquée de Véchil-Djami, ou Mosquée Verte, dont le minaret, tout en faïence émaillée, récrée le regard par les plus vives et les plus charmantes couleurs. On y retrouve le style arabe dans toute sa fraîcheur et son éclat. C'est l'œuvre des Seljoucides d'Iconium. On ne peut rien imaginer de plus exquis, et les monuments des Maures de Grenade ne surpassent point la délicate magnificence des balustrades clôturant les portiques et les arabesques ciselées dans le marbre du frontispice.

A la sortie de cette mosquée, on est ravi d'aise en présence de ruines grandioses qui conservent leurs coupoles, mais dont les murailles de briques sont perforées en tout sens. C'étaient jadis des Thermes.

Dans l'étendue de Nicée, il y a bien d'autres restes d'édifices romains, grecs, musulmans, etc., et on est frappé des contrastes qui se produisent alors. L'œil se promène avec délices sur les frontons tombés, les balustrades rompues, et les ogives des arceaux qui s'écroulent. Mais on ne peut s'arrêter ici à peindre ces effets de l'art qui tend à se plonger dans les massifs de verdure. On ne peut que les admirer et dire que là se trouvaient debout des joyaux que le bras inflexible du Temps fauche sans pitié et qu'il couche chaque jour sur le sol.

A l'aide de l'imagination, relevez toutes ces enceintes de murailles de la grande Nicée; redressez ses palais impériaux, ses églises, ses monuments, ses édifices; dans les rues tortueuses qui la composent maintenant, remettez debout toutes les maisons dont la splendeur était proverbiale : et puis, au sein de cette brillante cité d'autrefois, voyez, à la parole de Constantin V, s'assembler jusqu'à trois cents évêques de tout l'univers catholique, pour composer un Concile œcuménique et veiller aux intérêts de l'Evangile du Christ. Certes, ils ne sont plus jeunes, ces pontifes : ce sont de beaux et énergiques vieillards qui se rendent à l'appel du souverain pour régler les choses de l'éternelle vérité. Et à qui peuvent-elles être mieux confiées qu'à ces généreux confesseurs, mutilés pour la plupart, sur les arènes et dans les cirques de l'Empire, qu'ils ont rougis de leur sang, et à ces savants illustres qui ont blanchi sur les articles de la foi chrétienne, dans les veilles et un travail constant. Et alors, dites-moi si la doctrine d'Arius ne fut pas battue en brèche et déchirée par ces voix éloquentes des docteurs, et cette ardente conviction des martyrs ?

Nicée n'a-t-elle vu que ces majestueuses scènes autoritaires de la religion ? Oh ! elle fut aussi témoin des incursions des Arabes, qui, au nom de l'islamisme, l'attaquèrent bien des fois, sans succès, d'abord ; mais ensuite elle devint la proie des Turcs seljoucides, et le croissant de Mahomet remplaça la croix du Christ, sur ses étendards, ses monuments et dans ses temples.

Réveillez vos souvenirs. Ne voyez-vous pas, l'Histoire à la main, arrivant en ces lieux, de son altier château de Normandie, Robert-le-Diable, dans le but de faire un pèlerinage en Terre-Sainte, afin d'expier les violences coupables de sa vie ? Or, c'est ici, à Nicée, sous les murs de la ville, qu'une mort entourée de mystère couche dans la poussière le terrible duc normand.

Puis, voici venir les Croisés de la France, avec Godefroi de Bouillon à leur tête. Mais je ne puis vous redire en ces pages les luttes vaillantes de la Foi, qui font que l'Occident tout entier se heurte contre l'Orient soulevé. Sur ce vaste théâtre des glacis qui entourent Nicée, la France triomphe dans une longue bataille qui humilie les Musulmans, en 1097, et nos braves phalanges s'emparent de cette ville, d'Edesse, d'Antioche et de Jérusalem.

Alors le résultat de cette première Croisade, qui sera suivie de cinq autres, est de former à Jérusalem, sur le tombeau du Sauveur, un royaume chrétien, dont on défère la couronne à Godefroi de Bouillon, tandis que plusieurs autres chefs des Croisés occupent les autres villes voisines.

Hélas! en 1330, Nicée retombait au pouvoir des Turcs, et depuis lors elle n'a cessé de leur appartenir.

Tout au plus compte-t-elle deux mille habitants, mais au moins sont-ils restés fidèles à leur croyance, car ils sont tous chrétiens.

Que vous dirai-je de plus sur Nicée? Ce n'est plus qu'une cité déchue. Ses maisons sont enfoncées dans de vastes jardins, dans d'immenses vergers. A part les ruines signalées précédemment, et des aqueducs antiques permettant aux belles eaux des montagnes voisines de venir rafraîchir les habitants, on se croirait dans un village entouré de marécages : aussi la *mal'aria*, comme en Italie, donne-t-elle de trop nombreuses fièvres à une population chétive.

On n'a même pas le courage, dans le peuple de Nicée, de se livrer à la pêche sur le lac, qui cependant abonde en poissons de toutes sortes, et qui offre aux touristes de charmants paysages, en face desquels il se surprend souvent en extase.

C'est en longeant ce lac, à l'orient, que l'on s'éloigne de Nicée pour s'acheminer vers Brousse, l'antique Pruse, nom commun à deux villes de Bithynie, fondées par l'un des deux Prusias, rois de cette contrée, de 237 à 148 avant J.-C.

L'une de ces villes était *Pruse ad Hypium*, sur la côte, entre Héraclée et Nicomédie;

L'autre, *Pruse ad Olympum*, c'est-à-dire au pied du mont Olympe, aujourd'hui Brousse, à l'ouest de la précédente.

C'est vers Brousse que se dirige la petite caravane des zaptiés et de nos Français.

Une fois au pied des montagnes qui étalent leur large éventail au midi de la contrée, par un étroit chemin creusé dans le tuf, les voyageurs scandent péniblement l'escarpement des hauteurs qui leur font face.

Mais alors les zaptiés et ceux qu'ils conduisent sont fort étonnés de voir à distance, sur le plateau supérieur, un groupe de cavaliers en observation, et qui, en les apercevant, piquent aussitôt leurs montures et arrivent sur eux à fond de train. Serait-ce des brigands, comme il s'en trouve entre Nicée et Karamoussal? Non, grâce à Dieu! C'est le chef, le kaïmakam de la contrée, qui, averti de la venue des étrangers, arrive, avec une suite, à leur rencontre, pour leur faire honneur.

En effet, voici que l'on atteint une ville, résidence du kaïmakam, la ville de Yéni-Scheher, au milieu d'une plaine fertile, après que l'on a franchi de profonds ravins et traversé d'épaisses forêts.

Esquisse de Yéni-Scheher : maisonnettes en terre, rien de plus primitif; konak ou résidence du chef à l'état de masure. Heureusement, comme dédommagement, on y reçoit les hôtes avec tous les égards possibles. Pour se rendre à cette demeure, masses de curieux à refouler; bandes d'enfants de tous les degrés, en costumes bizarres; hommes collés silencieusement contre les parois des rues; femmes lorgnant sans répit les illustres Français. Mais qu'importe que cette mise en scène ne soit que de peu d'éclat? A Yéni-Scheher, l'air est bon, salubre le climat, fertile le territoire. Du reste, les voyageurs se contentent de passer la nuit dans cette bourgade.

Le lendemain 30, toute la garde du kaïmakam est sur pied de bonne heure, pour accompagner M. de Moustier et son secrétaire, jusqu'à un kilomètre de la petite ville. Là, trois zaptiés se détachent de la troupe, pour suivre les touristes et former leur cortége.

On traverse la plaine, ce qui demande trois ou quatre heures. On gravit des monticules et on en atteint le faîte. Alors, subitement, font leur apparition les sommets du mont Olympe, le long duquel se creusent les pittoresques perspectives de la riche vallée de Brousse.

Vue de loin, Brousse produit l'effet d'un long feston de coupoles de minarets, de monuments élancés, qui s'appuie aux rampes du mont Olympe. Pour l'atteindre, la caravane chemine sous les grands ombrages de vieux châtaigniers, que l'on est heureux de trouver, à la descente d'un sentier abrupte ; la vallée tout entière est fourrée de bocages en pleine végétation, de mûriers, de mille sortes de plantes que sillonnent ici et là des champs cultivés, ou bien le lit desséché de torrents, ou encore d'anciennes voies tracées jadis par les maîtres du monde.

Un spectacle inattendu récrée nos voyageurs : c'est un jeune couple, marié du matin même, qui passe sur le sentier vert, étalant ses beaux habits qui flottent au vent, suivi de leurs familles en liesse, et précédés de joueurs de flûtes et de tambourins. Le joyeux époux monte un cheval qui semble fier du choix que l'on a fait de lui, et la jeune femme et ses damoselles d'atour cheminent portées mollement sur les tapis d'une charrette décorée à cet effet.

On est aux portes de Brousse, mais le soleil est couché, mais la nuit tombe, mais il faut escalader une rue escarpée, glisser sous les arcades d'un bazar, et s'enfoncer dans des ruelles indescriptibles. On n'y voit point : pas un lumignon pour éclairer la marche dans la traversée de la ville. Certes, les Turcs ne se ruinent pas en luminaire ! Souvent les chevaux trébuchent et tombent : il s'agit de se relever.

Enfin, voici la caravane à l'hôtel de l'Olympe, dans un des faubourgs, malheureusement celui qui est à l'opposé du point d'arrivée.

Je dis *hôtel,* car Brousse a des hôtels, comme Smyrne, et c'est un immense avantage sur toutes les autres villes de l'Anatolie, qui ne possèdent que des khans.

C'est bien le moins que Brousse ait cet avantage. Au moins, dans ces demeures installées à la façon européenne, on a des lits à soi, des chambres à soi, des tables, des siéges, de l'eau, que d'autres ne profanent pas.

C'est une ville qui a son prix. Brousse, l'antique Pruse, la résidence actuelle du vaillant et fidèle Abd-el-Kader, avant qu'il ne se retirât à Damas. Les forêts et le rideau des montagnes de l'Olympe la garantissent contre les effluves brûlantes du midi : elle domine la plus agréable des vallées ; elle a des eaux délicieuses. Et puis le souffle de la mer la rafraîchit ; les brises des hauteurs y tempèrent la chaleur. Elle est entourée d'une admirable ceinture de platanes, de cyprès, de lentisques, de marronniers ; et, au centre même de la ville, des bois de diverses essences abritent ses mosquées, dont les minarets et les coupoles percent avec effort le riche et vert feuillage.

Dans Brousse, vous rencontrez des gens instruits qui prétendent que ce fut Annibal lui-même qui traça le plan de la ville de *Pruse ad Olympum*, alors que régnait Prusias, le prince qui lui donna asile dans ses Etats. Pline-le-Jeune, qui habita Pruse, écrivait à son empereur Trajan que les bains de la ville avaient grand besoin d'être reconstruits. Ils le furent, et néanmoins, dans toute la ville, on ne rencontre les vestiges d'aucun monument de l'époque romaine.

Après avoir été la capitale de la Bithynie, Brousse appartint aux Romains, puis aux empereurs grecs jusqu'en 1325, époque à laquelle Orkhan s'en empara et en fit la ville principale de ses Etats. Elle fut brûlée par Timour, en 1377, rasée ensuite par son fils, puis rebâtie par Mahomet II, prise de nouveau et incendiée par Soliman, et enfin presque détruite par un violent tremblement de terre, en 1855. C'est ce qui contraignit Abd-el-Kader à se réfugier à Damas, qu'il habite actuellement.

Pruse ou Brousse fut jadis un point stratégique d'une incontestable importance. Actuellement encore, elle possède une population considérable. On y compte cinquante mille habitants, Turcs, Grecs, Juifs, Arméniens, etc. Il y a trois grands faubourgs. On y retrouve des portions de murailles antiques. Elle a même un château fort. Mais ses rues sont fort étroites : le terrain qu'elle couvre est inégal. Beaucoup de mosquées, presque toutes en mauvais état.

Du reste, le commerce y est fort actif, surtout avec Smyrne et Alep. On y fabrique des soieries qui jouissent d'une certaine réputation.

Brousse compte bien une lieue d'étendue, et s'étale fort à l'aise sur une suite de mamelons qui servent de contre-forts au mont Olympe.

C'est sur le plus élevé de ces mamelons que se dresse le château fort ou citadelle : il est flanqué de courtines, de tours massives, et domine au loin la contrée. C'est au-dessous de cette forteresse que se trouve la cité moderne qui n'a d'autres obstacles à son développement qu'un large rideau de végétation.

La ville haute, ou *Hissar*, est encore entourée en partie des vieilles murailles d'autrefois. Cet Hissar est fier de ses deux mosquées, les plus anciennes de la ville. Elles renferment les sépultures d'Osman et d'Orkhan, aussi bien que le tombeau de Mourad Ier ; mais le tremblement de terre de 1856 leur a nui considérablement. Néanmoins, c'est parmi ces ruines que les sectaires de Mahomet étudient sans relâche les mystérieuses leçons du prophète.

L'un des plus grandioses sanctuaires de l'Orient est sans contredit la Grande-Mosquée de Brousse. Mourad Ier en posa la première pierre et Mohammed Ier la dernière. C'est un quadrilatère de cent mètres sur chaque face, que quatre rangées de pilastres partagent intérieurement en cinq nefs. La nef médiane est percée à son sommet d'une ouverture qui laisse passer l'air du dehors. Immédiatement au-dessous se trouve un vaste bassin de marbre qu'alimente une eau pure, et que remplissent de mouvement et de vie de nombreux poissons très-variés.

Deux minarets, jadis émaillés, servent d'acolytes à la porte principale : ils sont fort endommagés par le phénomène de 1856. Toute la mosquée a dû subir une réparation que n'ont pas dissimulée les couches successives de peintures dont on l'a cuirassée, et sur lesquelles courent, tracées en bleu, des sentences du Coran.

En mosquées de premier ordre encore, dans les faubourgs à l'est de la ville, la mosquée de Bayérid ; à l'ouest, la mosquée de Mourad, placées sous le dôme grandiose de cyprès énormes, aussi beaux que les édifices, et de platanes gigantesques, font la gloire et l'ornement de l'antique cité de Brousse.

Mais elle se fait encore bien plus honneur de son *Yéchil-Djami*, soit la mosquée de Mohamed Ier, dont on admire le splendide portique. Ses murailles, au-dehors, sont enrichies de marbres sur lesquels on a gravé les plus délicieuses arabesques, tandis que, à l'intérieur, les mêmes murs sont ornés de faïences émaillées, du plus bel effet. Toutefois, là aussi, le tremblement de terre dont nous avons parlé a laissé de bien fâcheux stygmates de son passage.

Je dois signaler à l'entour des mosquées principales de Brousse, des kiosques de toutes formes, rangés avec art sous la verdure, recouverts de coupoles élégantes, dont l'intérieur est disposé avec un grand luxe, et que l'on nomme *tarbès*. Ce sont les tombeaux des sultans et de certains membres de leurs familles.

Brousse a des bains, des bains que connaît tout l'Orient. Ces bains sont installés sous de vastes pièces voûtées, autour desquelles règnent des divans; et, au centre, se trouvent les piscines alimentées par des sources d'eaux froides ou chaudes. Les Orientaux font leurs délices des bains, aussi n'est-on pas étonné que les thermes de Brousse soient très-fréquentés. On les doit à la générosité du grand vizir de Soliman II, Roustem-Pacha, au moins le magnifique bain qui a nom *Yeni-Kaplidja*.

Dans l'Anatolie en général, et en particulier dans les environs de Brousse, les terres sont d'un excellent rapport, et cependant les produits de ces terres se vendent à des prix fabuleux de bon marché.

La soie est l'industrie principale du pays. On la travaille avec un art qui, à cette heure, est en possession d'une grande renommée.

Les marchés ou bazars de Brousse sont richement fournis de provisions de toute sorte, d'objets de commerce et de marchandises réservées à l'exportation.

Dans l'antique Orient, les populations crédules plaçaient le séjour des dieux sur le sommet des montagnes.

Ainsi, dans la Thessalie, en Grèce, l'Olympe, d'après les mythologues, était habité par les douze grands dieux et une infinité de petits.

Dans la Galatie, en Asie, se trouve aussi une montagne qui porte également le nom d'Olympe. Elle fut même le spectateur de la célèbre bataille que remporta le consul Manlius sur les Gaulois, qui ont laissé leur nom à la Galatie.

Mais, avant ces deux Olympes, l'Olympe de la Bithynie a un degré supérieur de renommée, au moins aux yeux des touristes, car il n'est pas un voyageur, dans l'Anatolie, qui ne s'empresse de faire l'ascension de cette fière éminence, dont les premières assises composent le glorieux piédestal de Brousse.

Cette excursion, du reste, n'est pas difficile : on peut s'en tirer en un jour. Pourtant, afin d'éviter la fatigue, nombre d'excursionnistes vont faire la couchée à mi-côte, sous la toile des campements de bergers qui y surveillent les troupeaux abandonnés au pâturage pour plusieurs mois.

Par une allée charmante ombragée de superbes châtaigniers, d'où la vue s'étend sur la ville et la vallée, on contourne tout d'abord les rampes de la montagne, vers le couchant. Au loin, le regard plonge jusque sur le golfe de Mondania, dont la ligne miroitante révèle la présence de la mer. Alors, après que l'on a cheminé pendant deux heures, le pied léger du promeneur commence à scander l'escalier très-escarpé de roches superposées. A droite, si on longe les pentes vertigineuses d'un horrible précipice, à gauche les escarpements du mont Olympe sont revêtus de végétation et couronnés du plus opulent feuillage des grands arbres supérieurs.

Vient la région des pins. Là, ce qui est très-ordinaire en Turquie, où messieurs les Turcs se jouent de mettre le feu aux forêts, se présente tout un bois, bois immense, qui a été livré aux flammes. C'est un contraste frappant que les troncs d'arbres carbonisés, confondus avec des troncs aux pousses exubérantes, et gisants, tout noirs, sur des lits de verts herbages, du milieu desquels émergent les spectres les plus étranges de roches granitiques, de toutes les formes et de toutes les grandeurs.

Succèdent ensuite quatre kilomètres de plaine, autre contraste fort étrange, à cause des perspectives qui se produisent. Cette plaine apparaît capitonnée de massifs de genévriers et des redoutes ou forteresses de roches grises des plus fantaisistes.

Enfin se montre, comme une muraille éblouissante, une accumulation de marbre cristallin, dans la paroi duquel se sont fichés des dykes, que leurs pointes aiguës font ressembler à de colossales crêtes de coq, dont la montagne altière est couronnée comme d'un diadème.

On appelle *dyke* ou *dike*, mot anglais qui signifie *digue*, dans le langage de la minéralogie, la masse de filons et de roches aplaties en forme de muraille, qui remplit l'intervalle entre les deux parois d'une fracture, et qui, se prolongeant presque toujours en ligne verticale, interrompt ainsi la continuité des couches de part et d'autre. Ces dykes sont formés par des matières d'origine ignée ou analogues aux roches volcaniques, telles que les porphyres, les basaltes, etc.

De sorte que l'on peut dire que l'accumulation de matières ignées composant le noyau de cette montagne de l'Olympe, en s'épanchant, n'a pas uniquement interrompu et repoussé les couches superficielles où le calcaire se montrait dominant, mais qu'elle en a arraché et refoulé une partie notable ayant conservé sa position horizontale, et apparaît à la cime des éjaculations les plus élevées du granit. Aussi, les arêtes du mont Olympe, spécialement sur le versant méridional, présentent-elles aux regards du minéralogiste des tranches éblouissantes de ce genre de marbre.

Un talus escarpé et sur lequel le pied de l'explorateur foule constamment des fragments de ce marbre, permet d'atteindre la partie la plus ardue du mont Olympe.

De ce point culminant le touriste jouit des plus admirables perspectives qui puissent récréer l'œil humain. On découvre un pays sauvage d'un effet grandiose. Terrains ondulés, escarpements montagneux, que couvrent de leur ombre majestueuse d'immenses forêts peu foulées par le passage des amateurs de la belle nature, et enfin lacs endormis, mais brillants des feux d'un soleil implacable. De l'homme, pas une trace, pas le moindre vestige. On dirait qu'il n'existe pas et que jamais la curiosité n'a osé profaner ces solitudes aériennes.

Lisez les récits des voyageurs : ils vous parleront tous des neiges éternelles de l'Olympe de Bithynie, et on n'en découvre pas le moindre vestige. Lucas, l'illustre voyageur Lucas, signale les ruines de superbes monuments antiques capitonnant les cimes du mont Olympe : pas une pierre ! si ce n'est celles que certains dévots musulmans aiment à entasser en l'honneur de leurs santons bien-aimés. Du reste, les fleurs du mont Olympe méritent que l'on célèbre leur nombre et leur beauté.

Dans les forêts dont je parle plus haut, il y a des ours : dans la région inférieure, on rencontre des cerfs et de très-nombreux sangliers. Il paraît même qu'on y a tué une panthère.

Mais assez sur le chapitre du mont Olympe. Descendons maintenant dans la plaine.

## III

Splendeurs solaires de l'Orient. — Couchers de l'astre du jour. — Rêveries rétrospectives. — Effets de crépuscule. — Visions du soir. — Processions fantastiques. — Impressions de voyages. — Chasse aux faisans. — Tombeaux phrygiens. — Aizain. — Stade, théâtre et pont antiques. — Temple de Jupiter. — Chaîne du Tmolus. — Le Pactole et ses paillettes d'or. — Apparition de Sardes. — Colonnes du Temple de Cybèle. — Bas-relief de Sésostris. — Chaîne du Tmôle. — Mont Sypyle. — Ce qui fait la gloire de Sardes. — Evénements dont elle fut le théâtre. — Magnésie. — Salut à Smyrne. — Fleuve Mèlès, dont les rives furent témoins de la naissance d'Homère. — Lauriers-roses de la plaine de Smyrne — Pont des Caravanes. — Hôtel des Deux Auguste. — Aspects de Smyrne. — Tumulus de Tantale. — Smyrne antique. — Smyrne moderne. — Chemin de fer. — Découverte de l'*Omérion*. — Fleuve Méandre. — Ruines. — Le Caïstre. — Aya-Slouk. — Sa mosquée. — Colonnes du Temple de Diane d'Ephèse. — Ephèse. — Sa physionomie. — La plaine où fut Ephèse. — Le célèbre Temple de Diane à Ephèse. — Agora. — Gymnase. — Théâtre, point précis des prédications de saint Paul, à Ephèse.

Il n'y a rien de féerique et de splendide comme les couchers de soleil dans les contrées de l'Orient!

Rien ne prête davantage à des rêveries rétrospectives et à des visions qui remettent en scène les choses du passé.

Il arrive souvent que l'astre du jour, à son déclin, éclaire les voies et les carrefours des villes d'autrefois de ses dernières lueurs, qui se font rouges comme du sang.

Ainsi, par hasard, qu'un antique palais serve de bordure à une rue déserte et abandonnée, vous ne sauriez, sans éprouver un frisson, regarder sa voûte obscure fermée par une herse délabrée, s'illuminer peu à peu des feux du couchant, qui en rendent sinistres les abords et les moindres détails. On devine que ces lieux furent jadis favorables à maintes embuscades et qu'il y eut là du sang versé, répandu à profusion.

Plus loin, au détour d'une ruelle, on retrouve d'autres tableaux à sensation. C'est, par exemple, une place antique et célèbre en son temps, ayant à son centre une fontaine en ruines, et à l'une de ses extrémités le portail d'une église éventrée. Là, on le sent, il y eut des luttes. Certes, la bataille est finie depuis longtemps : mais voici venir la nuit, et, avec elle, il semble que l'on voit s'agiter les ombres de ceux qui se sont battus sur cette arène et qui y sont morts. Le ciel est étoilé, et la lune éclaire bientôt de ses douces lueurs d'épouvantables entassements de cadavres. L'imagination, qui s'allume, trouve de ces cadavres partout, sur les marches de l'église, autour de la fontaine, le long des maisons. Chaque pavé sert d'oreiller à un trépassé...

Ailleurs, parmi les ruines de vieux manoirs, vitres brisées, tapisseries en lambeaux, corniches en miettes. Un ciel bleu rayonne sur des murs écroulés, et permet de voir des décombres d'arcades, des squelettes d'escaliers, des potences qui s'enfoncent en terre.

Ailleurs encore, dans des rues calmes et solitaires, la même imagination aux abois évoque la fantasmagorie de processions impériales, aux jours des conciles œcuméniques, telles que dut en avoir Nicée, par exemple. Alors, en contemplation devant les emplacements supposés des monuments qui leur donnèrent asile, apparaît un défilé grandiose, fantasmatique. Des arbalétriers blancs et noirs, coiffés de capuchons roses, selon la mode du temps, précèdent les gonfaloniers en drap d'or, les pages rouges et or, les trompettes jaunes et mauves, bleus et noirs, et les pénitents porteurs de torches sinistres, sous leurs cagoules noires. Puis viennent les moines de tous les ordres, les lévites, les diacres, les confréries vertes, rouges et blanches, les porte-fanions, les chevaliers couverts d'armures, les demoiselles en violet entourant les bannières sacrées qui flottent au vent, les archidiacres avec les châsses, les chanoines avec les dais empanachés, les abbés, les évêques, les archevêques, les légats, etc. C'est un ruissellement d'arc-en-ciel et d'or, un éblouissement de mitres et de chasubles, de crosses et de croix.

L'orgue tonne, et la procession s'avance avec majesté, hors du temple.

Mais tout cela n'est qu'une revue rétrospective de ce qui s'est fait autrefois; ce n'est qu'une vision de ce qui s'est passé en ces lieux restés célèbres.

A cette occasion je ne vais pas vous redire les impressions que subissent nos voyageurs en errant à l'aventure dans les ruines de Brousse et de Nicée. Je ne vous dirai pas davantage leurs explorations dans les régions qui séparent Brousse d'Apollonia, sur les rives du lac de ce nom et dans tout le parcours qui conduit à la vallée du Rhyndains. Pendant que l'un chasse et tue des faisans, l'autre dessine des tombeaux phrygiens qui ponctuent le territoire.

Sur les rives de ce fleuve, le Rhyndains, ils visitent ce qui reste d'une ville fort ancienne, Aizain, qui fut fondée par un fils de Tantale, et ce qui reste est admirable, ne plus ne moins. Ce sont un stade, un théâtre, un pont, et surtout un temple ionique de Jupiter, qui affecte les grands airs du Parthénon. Evidemment ce monument est antérieur à l'époque romaine.

Le 12 octobre, voici nos touristes qui se sont arrêtés souvent ici et là, qui s'avancent dans leur trajet et reprennent le chemin d'Ouschak, l'antique Eucarpia. Le 15, ils sont à Koula, qui occupe le milieu de cette partie du pays qui fut la Phrygie-Brûlée.

Se dessine bientôt la longue et majestueuse chaîne du Tmolus, cette montagne de Lydie si célèbre par ses vins, son safran, sa rivière du Pactole qui charriait de l'or, la salubrité de l'air et la splendide cité de Sardes, bâtie sur les rampes qui sillonnent la plaine.

Le 17, pénétrant dans cette vaste plaine, ils atteignent les rares décombres de cette brillante Sardes, la capitale de la Lydie, la ville de l'opulent et orgueilleux Crésus.

Le croiriez-vous? A peine si l'on entrevoit de ci de là des ruines que l'on puisse dire avoir été Sardes! Ses débris sont presque tous effacés de la surface du sol. Il est vrai que Sardes fut prise par violence souvent, souvent incendiée, souvent dévastée, mise à sac, pillée jusqu'à sept fois par les Perses, les Scythes, les Grecs, les Goths, les Sarrazins, etc. Mais encore, une aussi puissante cité aurait pu et dû laisser des ruines plus belles que beaucoup d'autres : tandis qu'on n'y voit guère que deux colonnes étrusques, d'un admirable travail, par exemple, et appartenant à un Temple de Cybèle, des fragments d'édifices grecs, des bas-reliefs de l'Egyptien Sésostris sur la chaîne du Tmôle ou Tmolus, un pont immensément long, mais rompu, entre Cassaba et Nymphé, au pied du mont Sypyle, etc.

Honneur oblige, et, à ce titre, Sardes devait réserver aux archéologues et aux explorateurs d'autres surprises plus nombreuses et plus imposantes. Disons toutefois que, à défaut d'autres monuments, on est heureux de se rappeler ses titres à la gloire, dans l'énumération des événements dont les annales lui font l'avantage.

Ainsi, avant d'envahir la Grèce, ce fut à Sardes que le roi de Perse Xerxès réunit les 1,200,000 hommes dont il allait inonder l'orient de l'Europe, en 480 av. J.-C.

Ce fut à Sardes que le jeune Cyrus, frère d'Artaxerxès, organisa l'expédition des dix mille Grecs, sous la conduite du célèbre Xénophon, en 401.

Ce fut à Sardes que s'arrêta Alexandre-le-Grand, après la terrible bataille du Granique, en 334.

Ce fut à Sardes que Scipion vint se reposer sur ses lauriers, après la bataille de Magnésie.

Enfin, ce fut à Sardes encore que Barberousse vint camper, avant d'aller trouver la mort dans les eaux du Cydnus, qui avaient épargné Alexandre.

L'emplacement qui fut jadis le siége de Sardes est sillonné par deux cours d'eau assez humbles. Lequel des deux est le Pactole? Si le Pactole fut autrefois le nom de l'un de ces deux cours d'eau, que sont devenues ses paillettes d'or?

*Chi lo sa?* comme disent les Italiens.

Voici nos touristes dans la vallée qui sépare le Tmôle du Sypyle, et au-delà de cette dernière montagne se produit la ville de Magnésie, qui vit Scipion l'Asiatique écraser son adversaire, Antiochus-le-Grand, dans la vaste plaine qui l'enserre.

Et le fameux bas-relief du pharaon Sésostris?

On y arrive, dans une gorge étroite du Tmolus, non loin de Nymphé. Le temps a certainement agi sur sa surface, néanmoins les détails de cette belle page de la sculpture antique sont assez visibles pour qu'on puisse en saisir toutes les parties. Ce bas-relief répond parfaitement à la description que nous en a laissée Hérodote. Toutefois, à l'inverse de ce que dit ce grand historien, la lance du guerrier qu'il représente est dans la main gauche et l'arc dans la main droite. Mais peut-on supposer qu'Hérodote a subi une distraction? Assurément. D'autre part, à bien examiner cet étrange travail, on est obligé de conclure que c'est plutôt l'image d'un prince assyrien que d'un pharaon d'Egypte.

Salut à Smyrne, la patrie d'Homère, du grand Homère, du divin Homère, et salut au poétique fleuve du Mélès, sur les bords duquel il reçut le jour... C'est de nuit que nos voyageurs atteignent et cette ville et ce fleuve, dont l'obscurité leur dissimule les perspectives, mais que leur révèlent les longues et interminables lignes de feux qui éclairent son port, ses quais, ses rues, ses édifices et ses maisons.

Comme l'Eurotas, dans la Laconie, la campagne qui avoisine Smyrne est toute capitonnée des plus opulents massifs de lauriers-roses en fleurs qu'il soit possible de voir. Mais ce qui, avant tout, dénonce l'approche de Smyrne, ce sont d'innombrables caravanes de chameaux qui sillonnent la contrée et préparent le voyageur à ce spectacle féerique de l'une des grandes Echelles du Levant, vers laquelle elles se dirigent, et qui offre le plus admirable tableau d'une activité commerciale fébrile et agitée.

Enfin nos Français franchissent le Pont des Caravanes, qui cavalcade sur le Mélès, et, tout en se garant des obstacles qui entravent la marche, ils saluent le fleuve poétique près duquel Chryseïs, la modeste et douce Chryseïs, donna le jour au sublime Homère. Et alors, les voilà qui jouissent de grand cœur d'un repos bien mérité, à l'*Hôtel des Deux Auguste*, parfaitement installé pour le bien-être de gens qui courent le monde.

A quoi bon vous décrire la ville de Smyrne? C'est déjà notre ville de Marseille, car, dans Smyrne, il y a des Juifs, des Turcs, des Arméniens et des Grecs, mais il y a surtout des Européens, spécialement dans les charmantes habitations qui servent de ceinture au port, et où danses et chants éveillent les échos d'alentour et font les délices et la fascination des matelots de toutes les contrées qui plantent par là leur tente pour un jour! Ce n'est pas ce qui charme le plus les Turcs, qui ont en horreur ces réunions de plaisir et d'amusement.

Quoique cité commerciale par excellence, Smyrne n'a pas un bazar rival de celui de Byzance ou Constantinople. Et puis, les bateaux à vapeur, qui relient à la capitale turque toutes les villes du littoral asiatique, nuisent singulièrement à ses relations.

De ses mosquées on ne peut rien signaler qui mérite une description particulière.

Mais elle n'en est pas moins la ville par excellence, et ce qui le démontre, c'est qu'on se plaît, en Asie, à la nommer la Perse de l'Ionie, Smyrne-la-Gracieuse, le Sourire de l'Anatolie, etc.; et le fait est que rien n'est charmant comme le site qu'elle occupe au pied du mont Pagus, rien de délicieux comme la pureté de son climat et l'air qu'on y respire.

Dans Smyrne, rien d'antique : tout y a une apparence moderne qui plaît, mais n'évoque aucun souvenir. Du reste, on se dédommage en visitant le mont Pagus, où l'on trouve des fragments des murs d'enceinte de l'acropole d'autrefois, d'un théâtre, et les masses imposantes d'un château moyen-âge.

Du reste, faisons remarquer que Smyrne occupe un double emplacement.

Le premier, qui couvre les hauteurs du Pagus, et d'où la vue présente d'admirables perspectives sur la mer et le littoral, fut le berceau de la ville antique. Celle-ci prit elle-même la place de Sybille, une cité des premiers âges encore signalée par des *tumulus*, dont le plus imposant porte le nom du roi Tantale, préconisé par la Fable, mais à peu près oublié par l'Histoire.

On y trouve, au milieu des décombres, un édifice dont la voûte béante se dresse fièrement encore, et pourrait bien être les restes d'une église élevée à la gloire de saint Polycarpe, premier évêque de Smyrne, adepte de saint Jean, et martyr illustre, car ce fut sur l'arène de l'amphithéâtre voisin qu'il cueillit la palme du triomphe, en donnant sa vie pour Jésus-Christ.

Le second, qui se fait gloire de porter la moderne Smyrne, est situé à une lieue, au sud de la ville primitive, et sur le rivage du golfe qui porte son nom.

A Smyrne on entend siffler la vapeur, et les voyageurs, fatigués de cheminer à petites journées, ressentent la douce jouissance de percevoir le grincement des locomotives sur leurs rails. Aussi dit-on volontiers adieu aux zaptiés, aux truchements, aux chevaux. La route à travers l'Anatolie n'en est pas moins charmante, car du wagon l'œil curieux se promène avec satisfaction sur des paysages délicieux, sur la mer, sur les îles de l'Archipel, et le regard erre avec bonheur sur les ruines grandioses qui se présentent assez fréquemment.

Disons toutefois que l'Empire ottoman ne possède guère que cette ligne de fer, qui s'étend de Smyrne à Ephèse. Il jouit cependant d'un autre rail-way, celui qui, aux bouches du Danube, se prolonge vers Tchernavoda et Kustandjè.

On exécutait des fouilles pour préparer la voie de Smyrne à Ephèse lorsqu'on mit au jour les ruines d'un ancien temple. Grand émoi parmi les témoins de la découverte! En poursuivant le travail d'exhumation, quel ne fut pas l'étonnement des savants, accourus en hâte, lorsque, le dallage du sanctuaire amplement nettoyé, on put lire sur le sol le mot *Omérion*. C'était un temple édifié à la gloire du grand poète de la Grèce, au divin Homère, que l'on venait de rendre à la lumière, après qu'il avait été enfoui depuis des siècles sous les exhaussements successifs du sol. Le fait était grave et de haute importance, car nombre de sceptiques, et des gens niaisement systématiques, se plaisaient à dire qu'Homère était un personnage fabuleux, un mythe qui jamais n'avait eu vie. Or, Homère était bien le grand poète dont l'histoire proclame le génie, et ce temple, élevé en son honneur, démontrait d'une manière irréfutable que le chantre de la Guerre de Troie et des Aventures d'Ulysse était un personnage vrai, réel, ayant existé, etc.

Le Méandre arrose la contrée que l'on traverse. Ce sont de superbes paysages magnifiquement ensoleillés, et partout le regard du touriste aperçoit des caravanes nombreuses transportant à dos de chameau les produits de la contrée, à savoir les délicieux raisins de Smyrne, du tabac, des figues, etc. Mais qu'il est lent dans sa marche la plus rapide, ce chemin de fer de Smyrne! Quinze lieues en cinq heures! Heureusement l'esprit est occupé par l'incessante contemplation de sites sauvages succédant de temps à autre aux plus agréables perspectives.

Voici d'abord les ruines d'une forteresse d'autrefois qui servit de repaire à un brigand, la terreur du pays, et dont le nom de Yéni-Katerdji faisait trembler les habitants à vingt lieues à la ronde.

Puis l'on chevauche au-dessus du célèbre cours d'eau qui s'appelle le Caïstre, dont le courant, obstrué par les alluvions, transforme les terres de ses rives en d'immenses et inabordables marais d'où s'exhalent des miasmes putrides insupportables. Aussi la *mal'aria* règne-t-elle au loin avec une telle puissance, que ses habitants ont dû déserter la ville mahométane de Aya-Slouk, dont, en face de la station, on entrevoit les ruines pittoresques indescriptibles, aqueduc colossal, immense citadelle avec murailles et bastions, le tout couronnant le plateau du mont Valessus. On avise aussi une mosquée, jadis splendide, encore debout à mi-côte, et enfin nombre d'autres édifices qui percent l'opulente végétation de la contrée inférieure de leurs minarets élancés et de larges coupoles qui recouvrent ces sanctuaires du prophète de l'islam.

On trouve, dans cette mosquée, quatre superbes colonnes de granit qui, à n'en pas douter, à raison du fini de leur travail, proviennent du célèbre Temple de Diane, à Ephèse, et dont cette ville fut autrefois si fière.

Du reste, des magnificences de l'art qui constituent un monument de cette porte, lorsqu'une fois la main de l'homme en a jonché le sol qui les portait, tous les peuples du voisinage s'emparent comme d'une épave de naufrage, et bientôt les débris les plus curieux sont transportés à des distances infinies. C'est ainsi que quantité d'édifices de Constantinople n'ont acquis leur renommée que grâce aux richesses sculpturales empruntées ailleurs et dont ils se sont enrichis.

Bientôt, la vapeur les entraînant toujours, les voyageurs rencontrent un mamelon solitaire émergeant des profondeurs de la vallée. Du sommet de cette éminence, qui a nom Priou, on est en face des ruines de l'antique cité d'Ephèse, et on plane sur ce vaste emplacement qu'occupait cette ville illustre.

C'est bien Ephèse, en effet, fondée par les Cariens, et dont s'emparèrent les Ioniens, sous la conduite d'Androclès, fils de Codrus. Souvent elle fut prise et réduite : mais elle recouvra toujours son indépendance. Vers la fin de la guerre du Péloponèse, Lysandre y avait établi son quartier général et comptait en faire le centre de sa domination particulière.

Ephèse a donné le jour aux philosophes Héraclite, Hermodore, au poète Hipponax, aux peintres Apelles et Parrhasius.

Puis vint un jour où le christianisme succéda au polythéisme vaincu, et Ephèse devint l'une des premières églises de la chrétienté. Elle fut longtemps dirigée par saint Jean.

Certes, ce fut une cité fameuse entre toutes; on le voit encore à l'immense semis de ses ruines. Mais, parmi ces ruines, où pouvait donc se dresser le merveilleux temple où l'on accourait de tous les points de la Grèce et de l'Asie, temple qui, élevé par les largesses du riche Crésus, fut détruit une première fois, et puis, relevé avec plus de magnificence encore avec l'or commun de tous les adorateurs des dieux de l'Olympe, fut incendié, dans un moment de sot orgueil, par le fanatique Erostrate? Qui pourrait le dire! Il en est ainsi de toutes les grandes scènes où les idoles avaient pris la place du vrai Dieu : nul ne peut révéler le point précis où elles se trouvaient.

La plaine où fut Ephèse est bordée, au midi, par le mont Corissus, et, sur la crête de cette éminence, on avise une portion considérable de l'enceinte des murailles construites par Lysimaque, vers la fin du IIIe siècle de notre ère.

On désigne même une des tours de cette enceinte comme ayant

renfermé l'Apôtre des Nations : aussi l'appelle-t-on la *Prison de saint Paul*.

Quant au Temple de Diane, détruit par Erostrate, l'année même de la naissance d'Alexandre-le-Grand, c'est-à-dire en 356, croira-t-on que l'on fut bien longtemps avant de pouvoir préciser le véritable site où il s'était élevé. Il faut dire que des alluvions considérables ont recouvert les ruines de l'antique Ephèse, ce qui a fait que les savants ont dû s'égarer dans leurs recherches. Par bonheur, une société anglaise, après de patientes études, a mis enfin le doigt sur les véritables ruines de l'édifice consacré à Diane. Des fouilles gigantesques furent entreprises dans ces dernières années, et le succès fut complet. De merveilleuses colonnes, entièrement ciselées sur toute la longueur de leur fût, des sculptures admirables, les marbres les plus précieux, sont exhumés chaque jour, rendus à la lumière, livrés à l'étude des hommes, mais aussi... transportés en Angleterre... Il n'y a plus à élever le moindre doute sur l'authenticité des ruines de ce grand et superbe Temple de Diane, à Ephèse.

En parcourant les autres ruines, d'origine romaine généralement, on retrouve aussi les restes de l'*Agora*, ou place publique, un stade, les arcades d'un vaste gymnase, et un théâtre, que le mont Priou permit d'ouvrir en utilisant les escarpements de ses talus.

Or, les savants affirment que ce fut sous le portique de ce théâtre que l'apôtre saint Paul, arrivé à Ephèse pour prêcher l'Evangile, après sa conversion miraculeuse sur le chemin de Damas, s'établissait pour parler au peuple assemblé. Aussi, à ce point de vue, ce monument est-il digne de la plus intéressante attention et du plus profond respect. Ephèse a vu se tenir dans ses murs le Concile œcuménique qui condamna Nestorius et ses erreurs.

Mais disons adieu à Ephèse, à son Temple de Diane, et saluons le point vénéré d'où la parole du grand Apôtre se fit entendre et répandit sur le monde, *urbi et orbi*, des semences de bénédiction, de salut **et de vie**.

Chefs guerriers des bords du Zambèse.

# L'AFRIQUE INCONNUE

**Exploration du docteur écossais D. Livingstone, en 1862, dans le bassin du Zambèse.**

L'Afrique est la troisième partie de l'Ancien-Monde. Elle est placée par son milieu sous la zone brûlante de l'Equateur.

Quoique séparée de l'Europe par un simple bras de mer, l'Afrique ne nous est pas connue. Tout au plus possédons-nous l'épure de ses côtes, qui sont presque partout uniformes, comme celles des côtes de l'Amérique du Sud, qui lui correspondent.

La configuration de cette partie du monde est assez semblable à celle d'un triangle régulier, dont le côté septentrional, depuis le golfe de Sédra jusqu'au Grand-Désert, est un pays montagneux et fertile.

La pente des montagnes de cette partie de l'Afrique est beaucoup plus escarpée, vers la mer Méditerranée, que du côté des terres intérieures. A l'ouest, ces montagnes se prolongent jusqu'à l'océan Atlantique, où elles se terminent brusquement en rochers inaccessibles. A l'est, elles s'abaissent insensiblement depuis les monts Habesch jusqu'au Delta du Nil. Enfin, au sud, elles descendent en plateaux successifs jusqu'à la mer.

Dans aucune partie du globe on ne trouve d'aussi vastes déserts. Le Sahara, ou Grand-Désert, est un véritable océan de sables. Sa superficie est de plus de cinquante mille carrés.

Le Grand-Désert de Libye se distingue du précédent par quelques débris de végétations, des fragments de rocher et des cailloux roulés, épars çà et là sur sa surface. Une particularité remarquable du désert libyque, c'est la grande quantité de bois pétrifié que l'on y trouve, depuis les branches les plus minces jusqu'aux troncs les plus gros, ce qui lui donne l'aspect d'un fond de mer desséché et couvert de débris de vaisseaux naufragés.

D'autre part, la vue y est agréablement reposée par les oasis, dont une série, située sur la rive orientale du désert, se dirige vers la Méditerranée, parallèlement au fleuve du Nil.

Nous aurons occasion, dans cet ouvrage, de parler des grands fleuves qui arrosent l'Afrique.

Mais nous voulons dire de suite que ses vastes solitudes sont peuplées d'une multitude d'espèces d'animaux de formes et de tailles différentes. On prétend qu'il y existe cinq fois plus de quadrupèdes qu'en Asie, et trois fois plus qu'en Amérique.

Les espèces les plus colossales du règne animal et du règne végétal ne se trouvent qu'en Afrique, et la vigueur de la végétation y est telle que les plantes y croissent à vue d'œil. Elle est également riche en oiseaux, et la plupart se distinguent par les plus admirables couleurs. Malheureusement, partout où le sable n'a pas détruit la végétation, sur la côte occidentale et au pied de l'Atlas spécialement, la terre fourmille d'insectes, tandis que l'atmosphère est infestée de sauterelles.

D'après le voyageur Adanson, qui explora le Sénégal, il y a cent ans, certains arbres de l'Afrique n'auraient pas moins de six mille ans, et remonteraient ainsi à la création du monde.

L'Afrique ancienne, la Libye des Grecs, comprenait tout le nord de ce vaste continent. Les Perses et les Babyloniens en firent la conquête.

Les Romains y pénétrèrent, avec leurs légions, dans la guerre contre Carthage et l'Egypte.

Le Grec Hérodote, 450 ans avant l'ère chrétienne, fut le premier qui fit des recherches sur l'Afrique, l'Egypte, l'Ethiopie, la Libye, etc.

Au I$^{er}$ siècle après J.-C., l'empereur Néron donne l'ordre à deux centurions d'aller en quête des sources du Nil, chose dont on se préoccupait déjà. En conséquence, ces deux explorateurs traversèrent l'Egypte, s'enfoncèrent dans l'Ethiopie, après quoi, ayant rencontré d'immenses marais, ils prétendirent avoir vu deux rochers gigantesques, d'où les eaux du fleuve s'échappaient avec impétuosité.

Dès les premiers temps, l'Afrique avait le renom d'une contrée mystérieuse et fort difficile à parcourir et à connaître.

Ceux des voyageurs qui avaient osé pénétrer le plus avant dans le pays des nègres, prétendaient qu'il existait au centre de ce continent une race de très-petits hommes. Le fait est vrai, car, dans ce moment même, 1874, un voyageur français ramène avec lui de ces pygmées qu'il a rencontrés dans l'Afrique équatoriale.

Aussi, dans les temps anciens, mais de nos jours surtout, et plus particulièrement depuis soixante ans, c'est à pénétrer dans l'Afrique et à en étudier les secrets, jusqu'alors si bien cachés, que tendent tous les efforts des hommes les plus entreprenants et les plus curieux des nations de l'Europe.

Le fait est que, au point de vue de l'histoire, de la géographie, de l'ethnologie, de la faune et de la flore, on ne sait rien de cette vaste

contrée. A peine est-on à la veille d'obtenir certaines révélations sur
ses mystérieuses régions, que leur auteur dévoué, l'ardent pérégrinateur, l'intrépide pionnier est tout-à-coup fauché par la mort.

Car l'Afrique est une terre qui dévore ses visiteurs, hélas!

Chez elle, il y a guerre ouverte entre l'infatigable besoin de voir
et de connaître de l'homme, et la farouche et persistante obstination
de la nature à refuser tout accès. C'est une guerre terrible dont on ne
peut compter les victimes.

Depuis les soldats de Cambyse, le grand roi de Perse, envoyant ses
armées à la conquête de l'Ethiopie, jusqu'à notre pauvre Gérard, le
tueur de lions, tous les explorateurs ont succombé, vaincus par les
naturels et le climat.

Le martyrologe des voyageurs saisis par la mort dans les profondeurs de l'Afrique est interminable. Chaque coin de ce vaste continent est en possession de la dépouille mortelle de quelque hardi
visiteur, courant au succès, allant de découverte en découverte, mais
inopinément arrêté dans sa marche.

Voyez quelle longue litanie! C'est d'abord Hérodote, vous ai-je
dit; puis, après lui, Strabon, Diodore de Sicile, Denis d'Halicarnasse,
Arthicus, Hamon, Sylax, Arrien, Agatharchides, Ptolémée, Pline,
Pomponius Mela, Solin, que sais-je si je n'en oublie pas. En tous
cas, ces explorateurs ou historiens visiteurs, ne s'exposent pas à de
grands dangers.

Ensuite, dans les temps modernes, n'avons-nous pas à citer :
Lucas, Maillet, Granger, Bruce, Eton, Volney, Savary, Larey, Denon,
Antis, Salt, Hartmann, Caillaux, Burckhardt?...

Ce dernier, un Suisse vaillant, traverse une grande partie de
l'Afrique et revient riche de notes et de mille curieux échantillons,
mais la mort le guettait : elle le surprend et l'arrête au Caire,
en 1815.

Deux Allemands, Hornemann et Rœgen, sillonnent le désert de

Libye; mais le premier est tué par la fièvre, le second par les Bédouins.

Viennent ensuite grossir le nombre des investigateurs du sol africain, l'Anglais Lead; Lyon, accompagné de Ritchie et du naturaliste Dupont; le Français Mollien; Mungo-Park; l'Américain Riley; Peddie et Campbell; l'autre Français René Caillé; les deux frères John et Richard Lander, qui trouvent à Yaourie le livre de prières d'Adanson; le baron de Decken; Ladislas Magyar; notre Levaillant; le docteur Répin; M. V. Guérin, etc.

Eh bien! ici, c'est Mungo-Park qui perd la vie dans une rivière et dont on ne peut retrouver le Journal de Voyage;

Là, c'est Vogel qu'un misérable fanatique égorge cruellement;

Ailleurs, c'est Clapperton qu'enlèvent les fièvres paludéennes;

Tantôt, c'est Poncet qui expire de fatigue excessive;

Tantôt, ce sont les braves sœurs Tinné, ou bien Le Saint, ou bien Vaudé, Maizan, etc., qui tombent sous le poignard de nègres assassins.

Oui, la nature est impitoyable en Afrique. Elle entasse toutes les barrières à l'encontre des investigations indiscrètes. Elle sème, elle hérisse les voies les plus pénibles déjà d'obstacles et de dangers. Partout elle met la mort en sentinelle, aux entrées comme aux sorties de ce redoutable labyrinthe. Dans le nord, c'est le Grand-Désert du Sahara, la soif, le simoun, les Arabes. Dans le sud, ce sont les terribles fièvres et la *mal'aria*, dont les étrangers ne peuvent supporter les atteintes. Partout ce sont les nègres fanatiques, ennemis des blancs, les Maures, les Berbères, etc. Partout les bêtes féroces. Car les animaux sauvages, les fauves de la solitude, sont bien redoutables aussi.

« Un jour, raconte Livingstone, je venais de quitter le village de Manotsa, quand, en contournant la montagne, je vois un lion accroupi sur un rocher, en face de moi. Un buisson me masquait à demi la vue et j'étais à une distance d'environ trente yards. Je déchargeai sur lui les deux coups de mon fusil.

» — Touché! touché! crièrent aussitôt mes hommes, allons à lui!

» J'étais sur le point de les suivre quand je vois la queue du lion qui se dresse frémissante et s'agite au-dessus des feuilles.

» — Attendez! leur crié-je de toute ma force, attendez au moins que j'aie rechargé mon fusil.

» Le lion ne m'en laisse pas le temps. J'avais à peine introduit les balles dans le canon, qu'un cri d'épouvante parvient à mes oreilles. La bête a pris son élan : elle tombe sur moi, m'enfonce ses griffes dans l'épaule, et nous roulons ensemble à terre. L'animal furieux rugit et me secoue comme un chien terrier secoue un rat. Je ne tarde pas à tomber dans une stupeur semblable à celle que doit éprouver une souris quand le chat la secoue pour la première fois. Je suis comme dans un rêve qui ne laisse place à aucune sensation de douleur ou de crainte. Mais le curieux de l'affaire, c'est que j'ai pleine conscience de la situation. Je ne puis mieux me comparer qu'à un patient qui est en partie sous l'influence du chloroforme, qui voit l'opérateur, mais qui ne sent pas le couteau.

» Que l'on ne pense pas que ces réflexions soient dues à un effort de la volonté. Secoué comme je le suis, je n'ai pas la liberté d'esprit voulue pour avoir peur : je n'éprouve même pas un sentiment d'horreur en voyant le monstre. Il faut croire que cet état particulier du corps et de l'âme se produit pour tous les animaux qui tombent sous la dent des carnivores. N'est-ce pas un témoignage de miséricorde de la Providence divine? Dieu n'a-t-il pas voulu, en éteignant ainsi les angoisses du dernier moment permettre que les souffrances inséparables de la mort fussent aussi atténuées que possible?

» Tout cela n'empêche pas que le lion réduit en esquilles l'os de mon bras, vers la région de l'épaule. Le trou que fait la dent de cet animal ressemble au trou que fait une balle dans les chairs. La blessure laisse toujours suinter une grande quantité de pus, et pendant longtemps on ressent à l'endroit blessé une douleur sourde.

» Mes deux compagnons furent également mordus, l'un à la cuisse, l'autre à la jambe, et ils souffrirent aussi de leurs blessures pendant plusieurs années... »

Mais en fin de compte, le lion fut tué.

De ce sol inhospitalier, les populations sont plus inhospitalières encore.

Les tribus noires, qui errent sur les territoires arrosés par les grands fleuves, peuvent être presque toutes placées au dernier degré de l'échelle humaine. Il n'existe, chez elles, ni institutions politiques, ni principes moraux, ni sentiments religieux qui puissent offrir quelque garantie de sécurité. Le voyageur ne peut faire appel ni à l'intérêt national, ni à l'honneur, ni à la conscience : intérêt national, honneur et conscience sont parfaitement inconnus de ces sauvages.

Souvouarora, roi de Soui, et Kamrasi, roi d'Unyoro, qui se citaient, eux, comme des chefs modèles, ne se livraient-ils pas aux plus affreuses bassesses pour extorquer du capitaine Speke le plus misérable présent?

Chez les tribus nègres, c'est avec un instinct bestialement égoïste qu'il faut compter. Le despotisme absolu, qui, partout se joue selon son caprice des vies et des biens, est le mur de fer contre lequel on se brise.

Chaque peuplade vit isolée, généralement. Elle n'a de rapports avec ses voisins que ceux qu'engendre la guerre. Donc, point de protection d'un Etat à un autre Etat.

Dans les régions de l'Afrique orientale, le contat des trafiquants arabes exagère encore les mauvais instincts. A la barbarie se joint la haine que fait naître la traite des esclaves. Aussi, toujours en lutte contre les tribus limitrophes, contre les marchands d'esclaves, contre la faim, contre la misère, contre la rapacité de leurs chefs, les tribus noires semblent frappées de malédiction, comme le fut Cham, leur père, selon les récits bibliques.

Notez ceci : lorsque les explorateurs échappent à la malignité du climat et aux périls de la route qu'ils sont obligés de se tracer, ils ont encore à braver la barbarie des habitants. Qu'ils s'avancent trop bien escortés, la terreur dépeuple le pays devant eux, et, par là même, plus de vivres, pas de guides! Alors, danger incessant de s'égarer et de mourir de faim. Qu'ils se hasardent isolément, ils éveillent une défiance superstitieuse, et leur bagage, si mince qu'il soit, éveille la cupidité. Alors danger d'être pillé, danger d'être massacré! A tous ces périls il faut joindre encore la frayeur innée que l'homme blanc cause à l'homme noir, frayeur si vive, si instinctive, qu'elle semble partagée par les animaux.

Ainsi, Livingstone raconte que quand il passait dans certains villages habités par des nègres, femmes et enfants se cachaient. Quant aux chiens, les oreilles basses, la queue entre les jambes, grondant de peur, ils s'enfuyaient derrière les habitations, au sommet desquelles les volailles, effarouchées elles aussi, allaient chercher un refuge.

Voulez-vous un exemple des entraves apportées aux essais de civilisation tentés par les hommes les plus déterminés? Ecoutez ce que je vais dire. Rien ne peut donner une idée plus nette de la mauvaise foi, de la férocité, de la cupidité de certaines peuplades africaines, et, par là même, des dangers auxquels sont exposés les voyageurs.

Il s'agit ici de l'expédition de l'Anglais Samuel Baker, pour arriver à la découverte des sources du Nil, cet éternel problème non résolu par la science géographique.

C'est dans le royaume de l'Unyoro, et à très-fraîche date, que se passe la scène.

Le roi Kamrazi, que j'ai nommé tout-à-l'heure, régnait dans

"Unyoro. Il était lâche, fourbe et voleur, de sorte que Samuel Baker avait eu fort à souffrir de sa part.

Il meurt. Mais alors sa succession, disputée par ses deux fils Réga et Miro, allume une guerre civile qui désole le pays. Les marchands d'esclaves entretiennent activement la querelle, car ils y trouvent un large bénéfice. Ils soutiennent les deux partis, leur fournissent des armes, et reçoivent en échange les prisonniers qui sont faits des deux côtés, afin de les vendre aux négriers de la côte. Quelque soit le hasard des batailles, ils en profitent.

Enfin, après bien des péripéties, Réga parvient à assassiner son frère, et il peut alors procéder aux funérailles de Kamrazi, son père, qui sont faites d'après un rit barbare que l'on trouve en usage, avec quelques variantes, chez un grand nombre de tribus noires.

On creuse une large fosse de vingt à trente mètres carrés. Les femmes du défunt s'y placent, assises, et on y descend le corps du défunt, qu'elles reçoivent sur leurs genoux. Alors on fait une excursion dans les villages voisins, et à l'aide de cette razzia, on ramène tous les nègres, hommes, femmes et enfants, que l'on a pu saisir, on les place sur le bord de la fosse, on leur brise bras et jambes à grands coups de rotin, puis on les précipite, vivants, dans le gouffre béant. Ils tombent pêle-mêle sur les femmes et le cadavre du vieux roi; mais pour achever le sacrifice, on recouvre la cavité et tous ces corps grouillants d'une énorme quantité de terre, après quoi toute la population danse et s'ébaudit sur cet horrible charnier, qui, par moments, se soulève et s'affaisse...

Or, dans les funérailles de son père, Réga, pour se débarrasser de tout compétiteur, réunit tous ses parents dans un joyeux festin, mais à la fin du repas il les fit tous massacrer : pas un n'échappa.

Alors, un traître, Abou-Saoud, Egyptien ennemi de Baker, alla trouver le monstre. Il lui révèle les projets de l'Anglais, l'effraye, et lui fait entendre que s'il attaque la suite de l'explorateur, composée en partie de soldats du Caire, il pourra s'emparer d'un très-riche butin.

C'en est assez pour mettre le feu dans l'âme du nègre. Poussé par la peur, et inspiré par la convoitise, Réga fait inviter Baker à venir le voir. Celui-ci se rend à Masindi, nouvelle capitale de l'Unyoro, à trente kilomètres est du lac Albert-Nyansa, et à cent vingt-cinq sud de Karouma. Masindi est une ville composée de huttes en terre et en chaume : mais elle occupe un site admirable, en face des plus magnifiques paysages. De Masindi, on aperçoit toute la chaîne des hautes montagnes bleues qui bordent l'autre côté du lac.

La suite de Baker arrive, avec le capitaine : tout d'abord elle voit qu'elle est entourée d'une armée noire de sept à huit mille nègres. Baker comprend qu'on en veut à sa vie. Aussi fait-il retrancher une portion de Masindi, et s'y établit militairement.

Mais point. Réga fait les plus charmantes avances à l'Anglais. Il lui envoie, pour son monde qui doit être altéré, sept grandes jarres de *pombé*. C'est une bière faite avec du maïs. Après dix minutes, tous les infortunés qui en boivent sont empoisonnés. La plupart ont le délire; quelques-uns demeurent insensibles, comme frappés de stupidité, quelques autres souffrent cruellement et s'agitent dans d'épouvantables convulsions. Par bonne fortune, le médecin de Baker sauve tous ces malades, à force d'émétique.

Le lendemain, il fait à peine jour, que les huit mille noirs de Réga s'avancent en bon ordre et attaquent le campement anglais. Baker sonne l'alarme. Grand effroi des nègres. Ils croient trouver les Egyptiens morts, et voici qu'ils vont se défendre!... En effet, les soldats sont armés de carabines Sniders, et en même temps on leur remet des torches. Une charge furieuse a lieu, et les masses noires de Réga sont culbutées et reculent au plus vite. Alors, après l'office de la carabine, l'office de la torche. Le feu est mis aux huttes de Masindi, et en une heure il ne reste rien que des cendres de ce que Réga nommait orgueilleusement sa capitale. Quant à son armée, quant à lui-même, la terreur les talonne, et on les voit qui s'éparpillent au loin...

Du reste, chez les peuplades noires de l'Afrique, il n'y a pas que des scènes dramatiques et cruelles; on y est témoin parfois aussi d'étranges comédies.

Il y a, par exemple, un chef du Gabon, n'Combé, qui se fait appeler le Roi-Soleil, tout comme un simple Louis XIV. C'est un gaillard d'une taille énorme et d'une figure toute joviale. Il s'habille d'une immense robe de chambre de popeline écossaise à brandebourgs noirs, entièrement déboutonnée, afin de laisser admirer sa chemise blanche, sur laquelle brillent une broche et trois gros diamants fabriqués à Hambourg, à deux pour un sou. Son pagne, d'un rouge éclatant, est un peu plus court que la décence ne le voudrait. Autour de son cou flotte une simple cravate taillée dans un vieux rideau. Il tient à la main une canne de tambour-major, et son chef est coiffé d'un chapeau dit tuyau de poêle, cerclé d'un large galon d'or au milieu duquel étincelle un magnifique soleil en or. Le possesseur de tant de merveilles se place devant ses visiteurs et se rengorge comme un paon. Il répète sans cesse :

— Miaré N'Combé rey pass todos, rey sobre todos...

Ce qui veut dire : C'est moi qui suis N'Combé, roi passé tous, roi sur tous...

Ce majestueux prince avale comme de l'eau l'alcool à quatre-vingt-quatorze degrés... On apprendra sans doute aussi avec curiosité que les femmes de ce roi-soleil portent des faux cheveux et une coiffure très-compliquée qui a pour base de la terre glaise délayée dans de l'huile de palme, et se termine par un triangle, dans le goût sans doute des perruques rouges ou bleues des clowns de nos cirques.

En présence de tant d'obstacles accumulés, comment s'étonner que l'Afrique reste toujours presque inconnue, et que le problème posé depuis 2000 ans soit toujours sans solution !

Ajoutons ceci : Les grands voyageurs Burton, Speke, Barker, Livingstone, n'ont guère travaillé que pour le progrès de la géographie. Relativement, ils ont très-peu fait avancer les sciences naturelles, ce qui est regrettable, car on ne connaît véritablement une région que quand ses productions naturelles, sa faune et sa flore, ont été au moins sommairement reconnues.

Aussi n'est-il pas sans intérêt pour la France, et pour vous, ami lecteur, de savoir qu'un de nos compatriotes, M. Achille Raffray, d'Angers, déjà très-honorablement connu dans la science par ses découvertes entomologiques en Algérie, notamment à Boghari, est parti depuis quelques mois pour la côte orientale de l'Afrique, dans le but de combler la lacune qu'ont laissée subsister les voyageurs anglais.

On a déjà reçu de ses nouvelles. Il est débarqué à Massanah, port de la mer Rouge, et s'est enfoncé vers l'ouest, traversant plusieurs régions très-différentes, sur lesquelles il envoie des renseignements pleins d'intérêt, et qu'il fait suivre d'un nombre d'insectes de divers ordres.

Je suppose que les Français, qui se figurent souvent que les autres peuples ont le monopole des expéditions hardies, seront heureux d'apprendre qu'il y a encore chez nous des hommes qui permettent à la patrie de conserver son rang scientifique dans le monde. Le vrai savant n'est point arrêté par les dangers qu'il peut courir. Et cependant que de victimes! Mais que lui importe, pourvu que la science progresse! Aussi doit-on quelque admiration aux hardis aventuriers que ne retient pas la plus sinistre des prévisions, la mort!

David Livingstone est un de ces intrépides investigateurs, et le plus persévérant de tous. Aussi, quel fut le deuil de l'Europe savante qui, depuis nombre d'années, avait le regard fixé sur lui, et parcourait avec avidité les moindres notes dues à ses recherches, lorsque, tout récemment, au début de cette année 1874, on lut dans les journaux les mieux informés :

« Une dépêche d'Aden, 26 janvier, nous apprend une nouvelle qui causera une vive émotion et aura un sinistre retentissement.

» Le célèbre docteur Livingstone vient de mourir, en allant du lac

Behme à Unyanyembe. L'illustre voyageur est mort de la dyssenterie. Son corps a été embaumé et transporté à Zanzibar. »

On se rassura néanmoins, après réflexion. C'était la quatrième fois, peut-être bien la cinquième, qu'on annonçait ainsi la mort du docteur écossais. Il n'y a pas d'homme dont on ait plus souvent publié le trépas.

Sa dernière mort datait de quatre ans. La nouvelle en était arrivée en Europe par une lettre du capitaine Ernest Cochrane, commandant un navire de guerre, le *Pétrel*, en station sur la côte occidentale de l'Afrique. On racontait que l'ardent voyageur avait été égorgé et son corps brûlé par les naturels, à quatre-vingts journées de voyage du Congo, près des lacs situés à la source de la rivière de ce nom. Il avait traversé une ville dont le roi mourut trois jours après. Imaginant que l'homme blanc lui avait jeté un sortilège, les indigènes avaient poursuivi Livingstone et l'avaient tué. Le récit de cette sinistre aventure avait été apporté sur la côte, par un marchand portugais.

Rien de plus faux, cependant, car peu après notre Anglais se montrait sur la scène, plus ardent, plus vaillant que jamais.

Ne pouvait-il pas en être de même, nonobstant la dépêche d'Aden? Hélas! non. Chaque jour se confirmait la lugubre nouvelle...

Enfin le *Foreign-Office* recevait bientôt, du consulat général anglais de Zanzibar, cet autre télégramme :

« La nouvelle de la mort de Livingstone est confirmée par des lettres reçues de Cameron, en date d'Unyanyembe, 20 octobre 1873. Livingstone est mort de la dyssenterie, après quinze jours de maladie. Peu de temps après son départ du lac Bemba, en route vers l'est, il avait essayé de traverser le lac par le nord : mais ayant échoué dans son entreprise, il revint sur ses pas et fit le tour du lac, traversant le Zambèse, et tous les cours d'eau qui en sortent.

» Alors il traversa le Luopula; mais il mourut dans le Lobisa, après avoir erré dans une région marécageuse, où il était resté trois heures avec de l'eau jusqu'aux aisselles.

» Dix hommes de son escorte succombèrent. Quant au reste, en tout soixante-dix-neuf personnes, ils s'étaient mis en marche vers Unyanyembe, avec le corps de Livingstone, qu'on avait embaumé et rempli de sel. On avait versé dans la bouche de l'eau-de-vie, pour conserver le corps.

» Chumah, domestique du docteur, avait été envoyé en avant pour chercher des provisions, et ce fut lui qui apprit à Cameron la triste nouvelle. Ceux qui l'accompagnaient ont gravement souffert de la fièvre et de l'ophthalmie; mais ils avaient l'espoir de pousser jusqu'à Ujiji.

» Le corps de Livingstone arrivera à Zanzibar au mois de février. Veuillez télégraphier pour qu'on donne les ordres nécessaires. On ne peut se procurer ici de cercueil en plomb. »

Inutile de raisonner davantage sur l'incertitude des probabilités du triste événement : bientôt le doute ne fut plus possible. Un dernier télégramme de Zanzibar donnait la preuve la plus assurée du trépas du docteur. Livingstone, cette fois, était mort, enlevé par la dyssenterie, dans le Lobisa, à son retour vers Unyanyembe. On était en route pour rapporter son corps à Zanzibar, et de là l'expédier pour l'Angleterre. On ajoutait que la route jusqu'à la côte était entièrement libre. Nulle complication à craindre : il n'y avait pas de poudre dans le pays.

Alors, comme témoignage de respect pour la mémoire de l'explorateur dévoué, le drapeau du consulat anglais flotta à mi-mât pendant vingt-quatre heures, et cet exemple fut suivi par tous les représentants des puissances étrangères auprès du sultan de Zanzibar.

Quelques jours après, les feuilles anglaises publiaient le récit suivant, sur les derniers moments de Livingstone :

« Le *Malwa*, ayant à bord les restes mortels du docteur Livingstone, est arrivé à la fin de mars, onze heures du soir, dans le port de Suez.

Le docteur avait été malade de dyssenterie chronique depuis plusieurs mois. Quoique bien approvisionné de vivres et de médicaments, il semblait avoir le pressentiment de sa fin. Il montait un âne, mais on dut bientôt le porter à bras, et il arriva ainsi à Muisala, au-delà du lac Bemba, dans le pays de Lobisa. Là, il dit :

» — Construisez-moi une hutte pour mourir...

» La hutte fut construite par ses suivants, qui tout d'abord lui firent un lit. Il souffrait beaucoup et gémissait jour et nuit. Le troisième jour, il s'écria :

» — J'ai bien froid, couvrez la hutte de plus d'herbe...

» Les suivants ne lui parlaient pas et ne s'approchaient pas de lui.

» Kitumbo, le chef de la contrée, lui envoya de la farine et des fèves : il se conduisit très-bien envers l'expédition.

» Le quatrième jour, Livingstone perdit le sentiment. Alors il mourut vers minuit. Magnabsa, son serviteur, était présent.

» Sa dernière inscription dans son journal est du 27 avril.

» Il parlait beaucoup et avec regret de sa famille et de son pays. Lorsqu'il fut saisi de la première attaque de la maladie, il dit à ses suivants qu'il avait l'intention d'échanger tout ce qu'il possédait contre de l'ivoire, afin de leur donner, et de pousser ensuite jusqu'à Ujiji, puis Zanzibar, afin de tâcher de retourner en Angleterre.

» Le jour de sa mort, ses gens se consultèrent sur ce qu'ils avaient à faire. Les Nassich-Boys résolurent de conserver les restes mortels. Ils avaient peur d'informer le chef de la mort de Livingstone. Le secrétaire transporta ce corps dans une autre hutte, autour de laquelle il fit construire une haute estacade, afin de la protéger. Le corps fut ensuite ouvert, et on en enleva les entrailles, qui furent placées dans une boîte, et enterrées, à l'intérieur de l'estacade, sous un gros arbre.

» Jacob Wainright grava sur cet arbre l'inscription que voici :

» — *Le docteur Livingstone, décédé le 4 mai 1873.* —

» Le corps fut conservé dans le sel et séché au soleil, pendant douze jours.

» Kitumbo fut alors informé du décès. Il fit battre le tambour et tirer des salves en signe de respect. Puis il permit aux suivants du défunt d'emporter le cadavre, qui fut placé dans un cercueil fait d'écorces d'arbres.

» L'expédition se mit en marche pour Unyanyembe, ce qui prit environ six mois, en envoyant en avant un détachement, avec des nouvelles à l'adresse du fils de Livingstone, lequel détachement rencontra le lieutenant Cameron. Celui-ci envoya des ballots de drap et de la poudre. Le corps arriva à Unyanyembe dix jours après le détachement d'avant-garde, et il y resta quinze jours.

» Cameron, Murphy et Dellow se sont trouvés là ensemble. Le dernier, très malade, aveugle et l'esprit affecté, s'est suicidé à Kasakara, et y a été inhumé.

» En cet endroit, les restes de Livingstone ont été placés dans un autre cercueil en écorce, plus petit que le premier, et ayant la forme d'un ballot, afin de tromper les indigènes : on les transporta ainsi à Zanzibar.

» Les vêtements de Livingstone, ses papiers et ses instruments sont avec le corps.

» Pendant sa maladie, Livingstone priait beaucoup. A Muisala, il dit :

» — Je retourne dans la véritable patrie!...

» Voici les nouvelles géographiques du continent africain, à cette date : Le docteur Livingstone, parti d'Unyanyembe, avait contourné l'extrémité méridionale du lac Tanganyka et voyagé au sud du lac Bamba ou Banguelo. Il l'avait traversé du midi au nord, puis il avait suivi le même lac le long de la côte orientale : enfin il était retourné vers le nord, à travers les marais de Muisala. Des papiers cachetés, à l'adresse du secrétaire d'Etat, ont été remis à la garde d'Arthur Laing, marchand anglais dans la ville de Zanzibar... »

Nous savons maintenant, avril 1874, que la dépouille mortelle de Livingstone est arrivée à Londres.

L'Angleterre savante et la Société royale de Géographie lui rendent les plus grands honneurs. Ses obsèques seront entourées de toute la solennité due à un homme que son dévouement à la science a rendu très-illustre. Elles seront faites aux frais de l'Etat, et le corps du célèbre voyageur sera déposé dans un tombeau, sous l'une des nefs de l'abbaye de Westminster, le Panthéon de l'Angleterre.

Il paraît que des doutes s'étaient répandus dans la population de Londres sur l'identité du corps du docteur écossais. On ne voulait pas croire qu'il eût trouvé la mort après l'avoir bravée si souvent. Ces doutes se sont évanouis après l'ouverture du cercueil en écorces. Sir William Fergusson a reconnu, de la façon la plus évidente, la terrible blessure que la dent du lion, dont je vous ai entretenu, avait imprimée sur le bras du géographe, et les cicatrices qu'elle y avait laissées.

D'autre part, son fidèle serviteur, Jacob Wainvright, apportant avec le cadavre les itinéraires, les instruments, le journal de voyage, et jusqu'aux pauvres vêtements dans lesquels Livingstone a rendu le dernier soupir, le peuple de Londres a bien dû se fier à ses paroles.

Cela montre encore que la mort du docteur Livingstone a été pour l'Angleterre un deuil national. Aussi ses funérailles, elles aussi, ont été nationales. Les Anglais se sont honorés eux-mêmes par les honneurs exceptionnels qu'ils ont rendus à l'intrépide explorateur.

Avant que le cortége funèbre ne quittât l'hôtel de la Société royale de Géographie, dans Saville-Row, un service avait été célébré par un ministre de l'église établie.

Puis, lorsque le défilé des innombrables assistants pénétra dans l'abbaye de Westminster, une foule, vêtue de noir, remplissait déjà les vastes nefs. Sept dames, en grand deuil, portant des chapelets de myrtes, de violettes et de cyprès, se tenaient au premier rang, venues les premières. Les cloches de Saint-Margaret sonnaient en mort. — Celles de l'abbaye ne sont mises en branle et la grande porte de l'ouest ne s'ouvre que pour les funérailles ou le couronnement du Souverain. — Le cercueil du défunt entra donc au milieu du plus profond silence.

Quand on l'eut placé sur un échafaudage recouvert de velours et qu'il fut caché sous une masse de fleurs et de guirlandes de cyprès, le service funèbre commença au son des orgues de l'église. C'était un spectacle touchant que la vue de la famille de Livingstone entourant sa bière, couverte de fleurs. Mais, quand on leva le cercueil, et qu'on tourna vers le lieu du repos les pieds du voyageur, qui avaient parcouru si péniblement tant de milliers de milles, il devint bien difficile de ne pas se sentir ému.

La place assignée à Livingstone est au centre de la nef de l'ouest.

Au nord de la nef repose la comtesse de Clanricade; au sud, Thomas Campion, le célèbre horloger. A côté de Livingstone, sont les tombes du major Rennel et des ingénieurs Telfort et Stephenson. Ces tombes sont creusées dans le sable, car l'abbaye de Westminster ne porte pas sur des voûtes, et le sol sablonneux ne permet pas de creuser profondément.

Le doyen Stanley célébra le service religieux. Puis, on jeta sur le corps, rendu à la terre, des couronnes et des bouquets d'immortelles.

La fosse resta ouverte tout le jour; le soir on la ferma. Tout était fini !...

Une simple plaque indique l'endroit où repose pour toujours le très-infatigable voyageur.

Voici l'inscription de la plaque :

DAVID LIVINGSTONE,

NÉ A BLANTYRE, LANCASHIRE, SCOTLAND, LE 19 MARS 1813,

MORT A ILALA, AFRIQUE CENTRALE, LE 4 MAI 1873.

Il y a en Angleterre, au-dessus des partis, une chose bien définie, avec ses traditions, ses préjugés, si l'on veut, qui s'appelle *la Patrie anglaise* : partis et individus se sacrifient à elle.

En France, hélas ! trop souvent c'est cette chose sainte et sacrée qui est indignement sacrifiée aux caprices et bientôt aux fureurs des individus et des factions!...

Qu'il me soit permis de dire ici que, au moment où l'on entoure d'éloges bien mérités la vie généreuse et la mort de Livingstone, s'éteignait à Paris un autre voyageur, qui s'était bien dévoué à la science géographique, lui aussi, mais dont le nom cependant était bien ignoré depuis dix ans...

Ah! pourquoi n'était-il pas étranger?... Il fût devenu fameux !

CHARLES DUCRET!... Tel est le nom de cet explorateur.

Comme Livingstone, Charles Ducret, aidé de ses seules ressources, explora l'Afrique centrale et y fit de précieuses découvertes, au prix de mille dangers.

Avant Livingstone, il avait atteint Sébitoane, et parcouru ensuite le pays de Cosembe.

Dans ses divers voyages, Charles Ducret eut de terribles aventures, dont voici l'une des plus émouvantes :

Une nuit, poursuivi par des noirs, Ducret cherche un refuge dans les joncs d'un lac. Horreur! ce lac est rempli de crocodiles... C'est égal, notre explorateur s'y tient immobile pendant quatre heures, immergé jusqu'à la ceinture et regardant les formidables sauriens s'ébattre dans les eaux argentées par la lune. Le matin venu, le voilà qui sort du lac, et enfin, après un long et pénible voyage, il atteint la côte de Sierra-Leone, où M. Guillemard d'Aragon, consul général d'Espagne, lui donna des vêtements et le rapatria en Europe. On juge si M. Ducret a conservé jusqu'à la fin de sa vie le souvenir de ce paysage africain !

M. Charles Ducret est mort relativement pauvre, et dans un modeste appartement, 12, Cité du Trône. Deux personnes seulement, deux!... accompagnaient le généreux explorateur...

David Livingstone était âgé de 59 ans. Il était né à Blantyre, en Ecosse. On en fit un tisserand. Mais le futur explorateur trouvait

Le Docteur Livingstone.

moyen d'apprendre, sans professeur, les mathématiques, l'histoire, la géographie, et enfin la médecine.

« Je continuais mes études pendant les heures que je passais à la filature, dit-il dans un de ses livres, et alors je plaçais mon livre sur le métier, de manière à saisir les phrases les unes après les autres, tout en opérant pour ma besogne. J'étudiais ainsi constamment, sans être troublé par le bruit des machines. C'est à cela que je dois la faculté de m'abstraire complètement du bruit que l'on fait à côté de moi, et de pouvoir lire et écrire tout à mon aise au milieu d'enfants qui jouent ou dans une réunion de sauvages qui dansent ou qui hurlent.

» A dix-neuf ans j'eus un métier à conduire. Ma profession était extrêmement pénible : mais j'étais payé en conséquence de la peine que j'avais, et cela me mit à même de passer l'hiver à Glasgow, de m'y suffire, d'y poursuivre mes études médicales, d'y apprendre le grec, et d'assister aux cours de théologie. »

Mais c'était surtout la géographie qui inspirait à Livingstone ses rêveries et ses projets d'avenir. Voir, pénétrer dans les contrées inconnues, admirer Dieu dans ses œuvres, explorer et révéler aux autres, toute sa vie était là ! Religieux, le jeune Ecossais l'était devenu par ses études. Aussi le futur voyageur était déjà doublé du missionnaire méthodiste.

A peine muni du diplôme de licencié, que lui conféra l'Université de Glasgow, Livingstone se fit recevoir par la Société des Missions de Londres, pour aller prêcher l'Evangile en Chine. Sa vocation se dessinait. Il allait commencer la série de ces aventureuses explorations qui lui ont permis d'amasser, au profit de la science, de si riches matériaux.

Le voyage en Chine ne put avoir lieu cependant.

Livingstone prit alors le parti de s'embarquer pour l'Afrique méridionale. C'était en 1840. En effet, le jeune missionnaire résida quelque temps au Cap, et, en 1843, il se retira dans la vallée de Mabotsa, où il se maria avec la fille du révérend Moffat.

Ce fut en 1849, le 1ᵉʳ juin, qu'il s'avança pour la première fois vers le nord. Il atteignit, après un fatigant voyage, les bords du lac N'gami. En 1851, il parvint jusqu'à Sébitoane, la principale ville du

Mékalolo, et découvrit une vaste contrée fertile habitée par un peuple industrieux.

Sa troisième tentative eut non moins de succès. Parti le 8 juin 1852, après des fatigues inouïes, Livingstone arriva à la station portugaise de Saint-Paul de Loanda, située sur la côte occidentale de l'Afrique.

Un nouveau voyage d'exploration lui permit de traverser le continent dans toute sa largeur, au sud, et d'atteindre Quilimane. sur la côte orientale, au mois de mai 1856.

Il revint alors en Angleterre et reçut deux médailles d'or des Sociétés de Géographie de Londres et de Paris.

Depuis ce moment, le docteur Livingstone a fait de nouvelles et laborieuses explorations. Dans l'une d'elles, il vit mourir sa femme, qui, depuis quelque temps, avait voulu s'associer à ses fatigues et à ses dangers. Madame Livingstone mourut, dans le Zanzibar, d'une fièvre du pays, le 27 août 1862.

Le deuxième retour du voyageur à Londres eut lieu dans les derniers jours de juillet 1864. Mais le repos ne fut pas long. Le docteur entreprit bientôt après un voyage encore plus avantageux que les précédents.

Ce fut au mois de mars 1867 que, pour la première fois, des bruits sinistres coururent sur son compte. On était resté plus d'une année sans avoir de ses nouvelles, et la Société royale de Géographie de Londres avait même été informée de sa mort.

D'autres fois encore pareils bruits avaient eu cours. Aussi un Anglais, M. Stanley, était-il parti à sa recherche, et fort heureusement l'avait découvert, dans la région du lac Unyanyembe, malade, épuisé, presque sans ressources.

Sauvé par son généreux compatriote, et rattaché par M. Stanley au monde de la civilisation, Livingstone ne voulut pas revenir encore dans son pays. Il se remit en route pour achever l'exploration des lacs de l'Afrique centrale, et chercher des preuves nouvelles à l'appui de la découverte des sources du Nil, qu'il était persuadé d'avoir faite.

C'est dans cette dernière exploration, dont nous allons dire quelques mots, que le savant investigateur a succombé.

Disons de suite que Livingstone a publié le résultat de ses premiers travaux sous le titre de *Voyages et Recherches d'un Missionnaire dans l'Afrique méridionale*.

On a de lui également la *Relation de l'Exploration du Zambèse et de ses affluents*.

En février 1869, Livingstone avait été élu correspondant de notre Académie des Sciences de Paris.

A la hauteur du cap Delgado, qui marque la frontière entre le Mozambique portugais et les Etats du sultan de Zanzibar, c'est-à-dire entre le 11° et 12° degré de latitude sud, Livingstone, dans ses excursions, avait rencontré une grande rivière que les indigènes nomment *Tchambézi*.

Le docteur voulut vérifier si ce Tchambézi était bien une des têtes du Zambèse, comme le prétendaient les Portugais.

Cette rivière acquit bientôt pour lui une extrême importance ; elle était trop vaste pour se perdre dans le Zambèse.

Aussi, se persuada-t-il qu'il avait devant lui le Nil lui-même ; et, dès lors, il se consacra tout entier à son exploration.

Le Tchambézi sort des montagnes occidentales du Nyassa, coule de l'est à l'ouest, reçoit de nombreux et grands affluents, se jette dans un premier lac, le Bangouelo, vaste autant que le Tanganyika, en ressort sous le nom de Louapoula, tourne au nord et traverse un second lac également très-grand, le Moëro.

Livingstone en fait la plus magnifique description.

Le Moëro est encaissé dans de hautes montagnes sur la pente desquelles d'immenses forêts vierges déploient jusque sur ses bords cette luxuriante végétation particulière aux tropiques. Par une profonde déchirure de cette enceinte de granit s'écoule le trop-plein du lac. L'eau se rue dans cette gorge, tumultueuse, pressée, grondant comme le tonnerre, et, une fois échappée, s'étale paresseusement dans le vaste lit de la rivière, qui s'appelle dès lors Loualaba.

Louapoula et Loualaba ne sont point des désignations particulières, mais des appellations génériques s'appliquant dans la langue auroua aux divers cours d'eau.

Pour distinguer celui qu'il explorait, Livingstone l'appela Loualaba de Webb, du nom de l'un de ses amis.

Après le lac Moëro, la rivière prend une physionomie spéciale. Elle s'épanche sur ses bords en marécages et en petits lacs, se traîne à travers une haute et épaisse forêt d'herbes aquatiques remarquablement vigoureuses, et se partage en quantité de canaux qui occupent une largeur variable de un à quatre kilomètres.

Le docteur eût beaucoup de peine à ne point perdre le cours véritable du fleuve à travers tous les engorgements, épanchements, embranchements, effluents et affluents, qui s'enchevêtrent jusqu'à ce qu'ils se confondent tous dans un nouveau lac peu large et fort long que les naturels de la contrée appellent Kamolondo, et qu'il place par 6° 30' de latitude sud.

Sortant de ce troisième lac, le Loualaba reçoit un affluent considérable, la Lonfira.

Les noirs font des sources de cette rivière une description merveilleuse. Elle sortirait, d'après eux, d'un plateau extraordinairement spongieux et abondant en éruptions d'eau. Celles qui s'en échappent se répartissent entre quatre bassins :

L'un se déversant dans le Zambèse;

Deux autres dans le Congo;

Et le quatrième donnerait origine à la Lonfira, qui, d'après Livingstone, se jette dans le Nil, par le Loualaba.

De sorte que, du même plateau, dans un espace fort restreint, sortiraient trois rivières qui vont se jeter, à des milliers de lieues de distance l'une de l'autre, la première dans l'océan Indien, la seconde dans l'océan Atlantique, et la troisième dans la Méditerranée.

Cette description fascinait notre savant investigateur. Aussi annonça-t-il à M. Stanley qu'il recommencerait par là ses explorations.

Ce que nous savons sur la mort de Livingstone prouve, en effet, qu'il était sur la route de ce plateau mystérieux quand il fut atteint par la dyssenterie.

Y allait-il, ou en revenait-il déjà? L'avait-il vu et l'a-t-il décrit dans les papiers qui ont été rapportés en Angleterre? Les renseignements que l'on possède sont encore trop obscurs pour qu'on puisse rien dire.

Remarquons toutefois, en passant, que le lac Bembo, auprès duquel il a succombé, est le même que ce Bangouelo, que les indigènes lui disaient être si grand.

Arrivé par 4° sud, Livingstone dut s'arrêter, ses gens ne voulant pas aller plus loin et menaçant de l'abandonner.

On lui assurait que le Loualaba coulait toujours droit au nord, d'où il conclut qu'il devait tomber soit dans le lac Albert, soit dans le Nil même, par le Bahr-el-Gazal.

Si cette supposition se vérifie, le problème des sources du Nil est résolu. Ce fleuve célèbre gagne en grandeur ce qu'il perd en mystère. Il prend le second rang parmi les fleuves du monde, dépassant l'Amazone, oui, mais se plaçant immédiatement au-dessous du Mississipi. Son cours aurait en ligne droite quarante-quatre degrés d'étendue, c'est-à-dire près de quatre mille neuf cents kilomètres. Il parcourrait une ligne immense en servant de canal d'écoulement à un territoire qui, avec ses rivières, ses marais, ses lacs immenses et multipliés, l'abondance de ses eaux et ses inondations périodiques, est assurément le plus curieux et le plus original de notre globe.

Ainsi se trouveraient confirmés les renseignements obscurs d'après lesquels Ptolémée, le grand géographe de l'antiquité, plaçait les sources du Nil bien au-delà de l'équateur.

Lorsque Livingstone se mit en route pour cette longue exploration, il s'achemina vers Saint-Paul de Loanda, dans la colonie du Cap. Il voyageait avec un lourd chariot que traînaient dix énormes bœufs.

La contrée paraissait brûlée par la sécheresse. Lorsque les Hollandais étaient venus s'y établir, elle était couverte d'une épaisse fourrure d'herbages qui a disparu, aussi bien que les antilopes et les nombreux pachydermes qui la broutaient alors. Elle est remplacée maintenant par d'innombrables plantes grasses, parmi lesquelles on trouve les ficoïdes comestibles.

Rien de bien attrayant dans le paysage : des collines dénudées, aux teintes sombres, une végétation maladive, et c'est tout.

On rencontrait fréquemment des *boers*, c'est-à-dire des paysans hollandais, calvinistes, dont les ancêtres s'étaient fixés dans ces pâturages, avant l'invasion de l'Angleterre. Parmi eux se trouvaient même quelques colons français. Ces braves gens possèdent là des champs cultivés au milieu de prairies de plusieurs kilomètres d'étendue : ils sont donc plutôt pasteurs qu'agriculteurs.

Dans le voisinage de la rivière Orange, la caravane put entrevoir la dernière partie d'une migration d'antilopes sauteuses. Elles viennent du désert, et si on les rencontre au moment où elles dépassent les limites de la colonie, on peut en compter jusqu'à quarante mille. Le fait est que Livingstone les vit couvrant une étendue considérable de terrain, ne cessant de remuer et d'agiter leurs cornes élégantes.

Sur la droite du fleuve Orange, tout d'abord on rencontre les tribus des Griconas, peuplades de métis issus d'Européens et d'Africains.

Ces Griconas, ainsi que leurs voisins, les Betjouanas, sont convertis au christianisme par de nombreux missionnaires : souvent c'est par intérêt que ces tribus se font chrétiennes.

Néanmoins il s'opère certains changements dans leurs mœurs. Ainsi, il y a cent ans, les indigènes se couvraient à peine le corps. Un misérable tablier composé de courroies en cuir et une peau d'antilope étaient tout l'habillement des femmes. Quant aux hommes, tout au plus se voilaient-ils avec une pièce de peau de quinze à vingt centimètres. Un simple manteau couvrait leurs épaules. Les deux sexes se barbouillaient tout le corps de graisse et d'ocre, afin de se protéger contre l'action du soleil, de jour, et, de nuit, contre la froidure. Actuellement, ils se rendent aux prières de l'Eglise convenablement vêtus. L'observance du dimanche est parfaitement respectée par eux, et nul n'est baptisé s'il ne sait lire et comprendre le caractère de la religion chrétienne.

Mais, hélas! on ne peut triompher de leur apathie pour le travail. Aucun Betjouana ne veut s'astreindre les outils, les chariots, etc.

La bourgade de Courouman, à cent kilomètres de Gricua-Town, ressemble à cette capitale, baptisée de ce nom par les Anglais.

On la nomme aussi Litakou, nonobstant une autre Litakou, qui se trouve à plus de cent trente kilomètres, vers le N.-E.

Courouman possède une source intarissable, qui lui donne son nom. L'eau monte sa chaleur à vingt-deux degrés centigrades. Aussi pense-t-on qu'elle provient des anciens schistes siluriens qui composent le fond de la grande vallée primitive du continent africain.

La perspective de la contrée est d'un jaune clair, qui prend une teinte charmante de vert, mêlé de jaune, pendant la saison des pluies. La plaine incommensurable qui s'étend vers l'orient est bornée à l'ouest par des chaînes de montagnes. On y rencontre d'immenses espaces couverts de tuf calcaire, où croît une herbe fine, ponctuée de buissons légers d'une sorte d'acacia, dont les épines sont très-dangereuses.

On y voit aussi des restes de forêts d'oliviers sauvages, de mimosas blanche-épine, et d'acacias dits de la Girafe.

Après Courouman, vient Chocouané, qu'habite le chef d'une tribu de Betjouanas. Celui que connut Livingstone portait le nom de Séchéli, nègre fort intelligent et très-affectueux.

Dans cette contrée, à raison de sa paternité, chaque homme est le maître de ses enfants. A l'entour de sa case, ceux-ci construisent la leur. Au milieu de chaque cercle de huttes se trouve une place qui forme un foyer, la *catla*. C'est le point de réunion de la famille. On y travaille, on y mange, on y raconte tout ce qu'on apprend. Un misérable se fixe-t-il dans le voisinage de la cotla d'un opulent du pays, il devient membre de la famille.

Le rang de cases qui entoure la cotla du chef compose la demeure des femmes.

Un sous-chef compte toujours un certain nombre de cotlas autour de la sienne.

L'ensemble de tous ces groupes, en y comprenant le point central, la cotla du chef, devient une cité.

Le chef attache les sous-chefs à sa personne par des mariages avec leurs filles. Ainsi fait Séchéli, qui épouse et fait épouser par ses frères les filles de ses sous-chefs.

Livingstone s'installa bientôt à Lépétolé, et plus tard à Litoubarouba, à vingt-quatre kilomètres de Chocouané. Ce nom de Litoubarouba vient d'un centre du voisinage, qui jadis possédait une source, maintenant tarie. On disait qu'un dieu faisait son séjour de cette caverne, et, dès lors, nul n'osait y pénétrer. Ce fut un motif pour que Livingstone désirât tenter l'aventure. Notre explorateur descendit, en effet, dans les profondeurs de l'antre : c'était tout prosaïquement un souterrain de quelques mètres d'étendue, dont les babouins furent les seuls habitants.

De là, le docteur se rendit à Mabotsa, où il apprit bientôt que les lions faisaient de grands ravages. Ce fut dans cette circonstance que lui arriva l'accident assez grave de la morsure de l'un de ces animaux, qui se trouve raconté dans le chapitre précédent.

Il alla s'établir ensuite sur le Colobeng, cours d'eau éloigné de soixante kilomètres. Mais des pluies sans fin le forcèrent, pendant trois ans, de ne pas aller ailleurs. Puis, aux pluies succédèrent de telles sécheresses que peu à peu Colobeng se dessécha et que tous les poissons de ce cours d'eau périrent. Les hyènes de toute la contrée accoururent à ce régal, et, nonobstant leur gloutonnerie, ne vinrent pas à bout d'absorber ces masses putréfiées.

Le temps n'était point perdu pour le missionnaire, du reste. Il convertit Séchéli, qui, un jour, vint lui demander le baptême. Alors le prince noir fit don à ses femmes de vêtements et des meubles de leurs huttes, et les renvoya toutes chez elles.

On crut à des maléfices de la part du savant missionnaire : heureusement il sut imposer silence aux malintentionnés.

Cependant quantité de buffles, de zèbres, de girafes, de gnous, de rhinocéros et d'antilopes venaient s'abreuver aux flaques d'eau du Colobeng : on se décida à leur tendre des piéges, ce qu'on appelle *hopo*. Ce sont deux haies réunies l'une à l'autre, en forme de V. Au sommet de l'angle, ces deux haies ne se confondent pas absolument, mais s'éloignent parallèlement pour aboutir à une fosse de quelques mètres de largeur et de profondeur. Là, des troncs d'arbres sont placés en travers et comme bordure de la fosse, de manière à empêcher toute évasion. Comme ces troncs débordent sur la fosse, la fuite n'est pas possible. L'ensemble du piége est recouvert de joncs, les deux haies du V, comme le reste, et le couloir qui lui succède, d'une longueur de quinze à seize cents mètres.

Lorsque tout est prêt, des chasseurs, qui rabattent le gibier, par leurs cris poussent les animaux dans l'entonnoir et les font arriver au sommet du hopo, d'où d'autres chasseurs, bien cachés, lancent leurs javelines sur les pauvres bêtes. Celles-ci se précipitent par la seule ouverture qu'elles rencontrent, et s'engagent dans l'allée qui aboutit à la fosse. C'est alors un horrible spectacle, car antilopes, rhinocéros, zèbres, etc., entraînés au fond de l'abîme par le poids des morts et la frénésie des mourants, se débattent de la façon la plus pitoyable et succombent en poussant les cris les plus plaintifs.

En-dehors des Griconas, des Betjouanas et des indigènes du Calahari, il y a aussi les Boschimans, qui paraissent être les aborigènes de la partie méridionale de l'Afrique. Ces nomades, assez semblables à des babouins, ne cultivent point le sol et ne possèdent que des chiens. Mais, en revanche, ils ont une connaissance parfaite des habitudes des fauves; ils les suivent dans leurs excursions, les surprennent et s'en nourrissent.

Le 4 juillet 1849, l'expédition atteignit la Zouga ou Noca, rivière des Batletlis. Le chef, Secomi, avait usé de tous les moyens pour éloigner Livingstone, mais efforts inutiles : le voyageur put remonter le long de ce magnifique cours d'eau.

On voit sur ce fleuve des canots très-primitifs, les Batletlis se donnant tout au plus la peine de creuser les troncs d'arbres pour en faire des embarcations. Bien plus, si le tronc est courbé, la pirogue n'est point pour cela rectifiée, mais courbe également. Ce canot, pour le nègre du pays, devient le coursier de l'Arabe. Il l'aime comme sa demeure et celle de sa famille : il y entretient le foyer, de nuit comme de jour; il ne manque pas d'y coucher, parce que là il est à l'abri de tout danger.

Livingstone quittait volontiers son lourd chariot, pour aller s'asseoir à bord de ces embarcations, dont ces mariniers pacifiques lui faisaient volontiers les honneurs, et il s'entretenait avec eux.

Ce fut ainsi qu'il descendit le cours de la Zouga, dont les rives, admirablement boisées, charment constamment le regard. Il atteignit alors l'embouchure d'une grande rivière, le Tamunakle, — le Tamalucan, selon d'autres, — et il apprit qu'elle venait d'une région couverte d'arbres, et qui est arrosée par tant de cours d'eau qu'on n'en saurait dire le nombre.

Enfin, le 1er août 1849, ayant aperçu l'extrémité nord-est du lac N'gami, il dirigea la marche de sa caravane vers la partie la plus large du lac, et là, pour la première fois, cette superbe nappe d'eau fut placée sous les yeux des Européens, en extase.

La direction du lac N'gami s'étend du nord-est au sud-sud-ouest. D'après les dires des naturels, la partie méridionale de cette petite mer intérieure s'arrondit vers l'ouest, et reçoit le tribut des eaux de la Tiongué, venant du nord, et se jetant dans le N'gami au nord-ouest. Du point d'observation occupé par le docteur, l'ensemble du lac formait l'unique horizon. Impossible d'en mesurer l'étendue, d'autant plus que, selon les indigènes, il ne fallait pas moins de trois journées pour en faire le tour. On parlait de cent cinquante à cent soixante kilomètres de circonférence.

Mais le lac N'gami n'est pas profond, ce qui lui enlève toute importance commerciale. Livingstone vit un nègre diriger sa pirogue sur le lac à l'aide d'une simple perche. Dans la saison qui précède l'arrivée des eaux du nord, les troupeaux sont obligés, dans le but de se désaltérer, de franchir la vase et les bancs de roseaux que la sécheresse met à découvert. Du reste, les rives de la nappe d'eau sont fort peu élevées, et, vers l'ouest, s'ouvre un assez vaste espace dépourvu d'arbres, ce qui prouve que de ce point les eaux se sont retirées, et qu'elles tendent petit à petit à quitter le lit que leur avait donné la nature.

La reine du pays des Cololos, Namochisané, ayant permis à Livingstone et à sa suite de parcourir la contrée et de se fixer où bon leur semblerait, le docteur se rendit à Sechéké, à deux cents kilomètres au N.-E. du lieu qu'il occupait alors. De sorte que, à la fin de juin 1850, il atteignait enfin à Zambèse, au centre du continent africain.

C'était une découverte d'autant plus précieuse, que nul ne savait que ce fleuve existât sur ce point reculé, les cartes des Portugais signalant sa source vers l'est.

La caravane y arrivait au moment où finit la saison de la sécheresse, et néanmoins le lit du fleuve encaissait un cours d'eau rapide et profond, d'une largeur de trois à six cents mètres. Un compagnon de notre voyageur, M. Oswel, affirmait n'avoir jamais vu un aussi beau fleuve, et cependant M. Oswel avait parcouru les Indes orientales.

Jugez de la puissance du Zambèse par ceci que, à l'époque de son débordement annuel, ce fleuve s'élève de plus de six mètres et couvre une étendue de pays de vingt-cinq à trente kilomètres.

Mais ce beau pays n'offrant aucune sécurité, au point de vue de la salubrité et des brigandages, le 5 janvier 1853 Livingstone reprit sa route vers le nord.

L'un des chefs du nouveau territoire parcouru, Sécomi, reçut les voyageurs avec une grande affabilité.

Le 28 du même mois, la caravane atteignit Létloché, où elle trouva une eau délicieuse, car, dans les régions brûlantes, la question de l'eau est toujours des plus importantes.

Après Létloché, on en rencontra aussi aux puits de Canné, que les Betjouanas avaient enveloppés de barrières.

A une centaine de kilomètres plus loin, les gens de l'expédition virent un de ces puits souterrains dont les femmes aspirent l'eau à l'aide d'un chalumeau.

En arrivant à Nchocotsa, nonobstant la saison des pluies qui était à son début, tout le pays était brûlé.

Heureusement, à quelques jours de là, à Ouncou, l'aridité cessait et la région présentait le plus ravissant paysage. En effet, les étangs avaient de l'eau à plein bord, et les herbages couvraient la surface du sol, courbés sous le poids des graines. Dans les forêts, toutes les plantes étaient en pleine floraison, et les oiseaux remplissaient les airs de leurs joyeux gazouillements.

Mais alors il arriva que l'herbe devint haute au point d'effaroucher les bœufs des attelages, et la forêt se présenta tellement épaisse qu'on n'eut plus d'autre ressource que de frayer un chemin à grands coups de hache. Notez que branches et feuillages, en Afrique, sont bien autrement nombreuses et épais que dans notre Europe. La plupart des feuilles sont serrées comme les barbes des plumes, et rien n'est plus charmant à l'œil : mais les abattre est d'une bien plus grande difficulté.

Enfin les voyageurs atteignirent Linyanti. Aussitôt que leur présence fut signalée, tous les indigènes accoururent en masse pour voir marcher les chariots. C'était pour eux un phénomène, comme jadis les vaisseaux de Christophe Colomb pour les Américains. Quantité de femmes s'empressaient de déposer aux pieds des explorateurs des vases remplis d'une bière du pays que l'on nomme *boyaloa*, dont elles buvaient à pleine gorgée pour faire voir que ce n'était pas du poison.

On trouve dans cette contrée une civilisation relative. Ainsi, les femmes des Cololos exigent peu de travail des nègres qui leur sont soumis : ceux-ci ne s'occupent que d'orner la demeure des dames, qui font un partage très-libéral du lait et des aliments de leurs demeures. On voit qu'elles sont très-portées à boire le boyaloa, et cependant elles cherchent à éviter le regard des hommes, pour se livrer à cette passion. Elles portent leurs cheveux très-courts, et leur corps est tout ruisselant du beurre dont elles aiment à se frotter. Leur jupe est faite d'une peau de bœuf, fine comme le drap, et qui descend jusqu'aux genoux; et, quand elles sont dans l'inaction, elles se couvrent les épaules d'un manteau de même sorte. Elles ont au bas des jambes, et à leurs poignets, des anneaux de cuivre et d'ivoire, et au cou des colliers qui sont faits de verroteries roses, vertes ou bleues.

Sékélétou, devenu roi par suite de son mariage avec Mamochisané, accompagnait alors Livingstone. Aussi arriva-t-il, à Naliélé, que trouvant là le père et un ami d'un Cololos ayant donné à Mamochisané le conseil de se défaire de Sékélétou, celui-ci les fit saisir et noyer incontinent.

Chaque village que l'on traversait donnait à Sékélétou des bœufs, du lait, de la bière. Et puis les naturels manifestaient leur joie en chantant et en dansant de la façon la plus extravagante. Voici comment s'exécutent les fêtes de ce genre :

Presque entièrement nus, les hommes ont à la main une sorte de hache d'armes. Ils se placent les uns derrière les autres, et forment un cercle. Aussitôt les acteurs du drame hurlent de toute la force de leurs poitrines, tandis que toute la troupe lève une jambe, frappe la sol du pied violemment par deux fois, lève l'autre jambe, et, cette fois, ne frappe qu'un seul coup. Ces mouvements seuls sont simultanés. Quant aux bras et aux têtes, c'est une agitation désordonnée. Les hurlements ne cessent pas et continuent dans un crescendo formidable, tandis que des tourbillons de poussière enveloppent les exécutants, dont les pieds sont en action sur la terre sèche. Des fous ne feraient point de telles contorsions, et la chose est d'autant plus bizarre que des nègres à tête blanche prennent part à cette danse avec autant de frénésie que les plus jeunes de la bande. Les femmes se tiennent à côté des danseurs, et battent la mesure de leurs mains, tandis que l'une d'elles pénètre dans le cercle en mouvement, et se retire après quelques révérences. Ces braves gens trouvent le festival merveilleux, et, d'ordinaire, pour les récompenser, on égorge un bœuf qu'ils dévorent.

La caravane poursuit sa marche de bourgade en bourgade, le long de la rivière appelée Liambaïe, et partout on l'accueille avec enthousiasme.

Les bords de ce cours d'eau sont plats et généralement découverts. Mais à trente-deux kilomètres de Libonta, une forêt vient baigner la racine de ses grands arbres dans les eaux du fleuve.

Livingstone et Sékélétou se livrent au courant sur une embarcation, et ils sont emportés avec une telle rapidité que, en un jour, ils franchissent, de Litofi à Gonyé, soixante-onze kilomètres.

Cependant notre savant docteur ne trouve pas d'emplacement convenable pour établir une mission, comme le comportait le programme qu'il s'était tracé, sur le haut Zambèse.

Le 11 novembre 1853, il quitte Linyanti et s'embarque sur la Tchobé. Le roi le fait conduire par ses meilleurs canotiers. On rame pendant quarante-deux heures en faisant huit kilomètres à l'heure. On atteint l'endroit où la Tchobé tombe dans la Liambaïe. La réunion des nombreux bras de ces cours d'eau offre le plus admirable coup d'œil.

Le 1ᵉʳ janvier 1854, au confluent du Mécondo, chez les Mambaris, la caravane atteint Chicondo, sur une petite rivière du nom de Lonconyé. Là, le chef se présente à Livingstone avec deux de ses femmes portant de grands paniers remplis de manioc. En échange de ces bons procédés, le docteur leur fait don d'une quantité de beurre pour se frotter le corps de la tête aux pieds. La plus jeune de ces femmes a entouré ses jambes d'un tel nombre d'anneaux de fer, qu'elle ne peut faire un pas sans qu'un cliquetis sonore annonce sa présence.

Quelques jours après, on atteint un village nouvellement créé, et qui ne compte encore qu'une vingtaine de huttes.

Livingstone trouve la reine Nyémoéna, et Sémoéna, son époux, assis sur des peaux au sommet d'un petit tertre entouré d'un fossé, au-delà duquel sont assis nègres et négresses, au nombre de cent. La chevelure de notre Ecossais les étonne beaucoup, et ils la prennent pour la crinière d'un lion dont il s'est fait une perruque.

Survient Ménenco, grande femme de vingt ans, barbouillée de graisse et d'ocre rouge, parée d'amulettes et d'ornements singuliers, qui se croit la merveille de la tribu. C'est la fille de Nyémoéna.

Son mari, Sambanza, salue les voyageurs en se frottant le haut du bras et la poitrine avec la poussière qu'il prend à pleines mains. Ses jambes sont tellement entravées par d'innombrables anneaux, qu'il ne peut marcher qu'en faisant de grandes enjambées.

Le 11 janvier, au moment du départ de la caravane, Nyémoéna fait don à Livingstone d'un coquillage que les indigènes regardent comme très-précieux, et de quelques perles. Puis, Ménenco, avec son époux, précédés d'un tambour battu vigoureusement, accompagnent les voyageurs. Il pleut à torrents, et néanmoins Ménenco s'avance en tête de la colonne d'un pas si rapide que peu d'hommes peuvent la suivre. Monté sur un bœuf, le docteur ne la quitte pas et s'occupe de savoir d'elle pourquoi la pluie ne la gêne pas. Mais la fille de la reine lui répond avec un imperturbable sang-froid qu'il serait d'un mauvais exemple qu'un chef ait une démarche lente, et elle ajoute que celle qui commande aux autres doit être alerte quand même, ou tout au moins s'en donner l'air.

Les hameaux ou villages que traversent les explorateurs sont entourés de palissades, sans aucune porte. Le propriétaire veut-il entrer ou sortir, il doit enlever quelques-uns des madriers, qu'il replace aussitôt, car les naturels de cette contrée ont fort peu de confiance à l'endroit les uns des autres.

Le 16, on pénètre dans une admirable vallée qu'arrose un délicieux petit ruisseau. On y trouve la ville de Kébompo, appelée aussi Chinté, et qui est placée, comme un nid, dans un bois de bananiers et d'autres arbres des tropiques. Ses rues sont tirées au cordeau, tandis que les villages des Betjouanas n'ont que des voies tortueuses et irrégulières. Partout ailleurs les huttes sont rondes, mais à Chinté, elles sont carrées et à toiture ronde. Dans les enclos qui entourent ces huttes, on voit de plantureuses végétations de tabac, de cannes à sucre, de bananiers, et d'une plante, la solanée, dont les Londas, car la caravane se trouve alors chez les Londas, apprécient beaucoup la saveur.

Tout d'abord les nègres, armés de fusils, dont ils ne semblaient pas savoir se servir, se ruèrent sur la suite de notre Ecossais. Mais ils se retirèrent, et furent remplacés par des tambours et des trompettes, faisant grand tapage, qui venaient saluer les nouveaux venus, de la part du roi Chinté. Celui-ci même parut bientôt, ayant en tête un casque composé de verroteries et surmonté d'une énorme touffe de plumes d'oie. Nombre de colliers pendaient sur sa poitrine et ses épaules, et cliquetaient à la jambe d'aussi nombreux anneaux de cuivre et de fer. Bientôt il prit place sur un escabeau paré d'une peau de léopard, à l'ombre d'un magnifique figuier.

Livingstone, de son côté, alla se placer sous un arbre de même espèce, en face du prince. Plus de cent femmes, chargées d'atours, en serge rouge, étaient rangées en cercle derrière Chinté, dont la favorite, une Tébélé, placée au premier rang, était coiffée d'un bonnet

LES VOYAGEURS DES TEMPS MODERNES.   115

rouge fort étrange. Des paroles furent échangées, et après chacun des discours, les dames applaudissaient en faisant entendre un murmure plaintif. Enfin, un corps de musiciens, trois tambours et quatre tympanistes, exécutèrent à leur façon des morceaux d'harmonie, qu'interrompirent des décharges de mousqueterie. La cérémonie de réception était à sa fin.

Le 3 novembre 1855, après être revenu à Linyanti, Livingstone s'en éloigne de nouveau avec une suite de deux cents personnes. Il se rend vers le Zambèse, dont il continue à explorer le bassin.

Il fait nuit : l'obscurité règne en souveraine maîtresse. Bientôt, sur le fond noir du ciel commencent à se déployer et à composer huit ou dix branches semblables à celles d'un arbre, d'immenses éclairs. De larges nappes de feu embrasent l'horizon. Puis, à ces lueurs intenses succèdent des ténèbres effrayantes. Les chevaux de la caravane sont pris d'un affreux tremblement, car le tonnerre fait entendre de ces horribles roulements que connaît seule la zone torride. Puis vient la pluie, une pluie qui flagelle les voyageurs avec une violence inimaginable. A la cruelle chaleur du jour succède ensuite un froid d'une force sans égale.

Le 13, on arrive en face du Zambèse, très-large, très-profond, et dont le vent d'est soulève des vagues énormes.

On est bientôt en présence de l'île de Calaï. Elle a renfermé une ville considérable. Au nord, la cotla du chef apparaît dominée par des perches ornées de crânes humains et quantité de têtes d'hippopotames, encore munies de leurs défenses. On aperçoit aussi le sépulcre de l'ancien chef du pays, entouré d'un cordon de soixante-dix énormes défenses d'éléphant. Le tombeau est couvert d'un monceau de trente autres dents du même animal, dont le soleil et la pluie ont rougi l'ivoire.

Le 17, Livingstone s'empresse d'aller visiter les chutes du Zambèse, appelées Mosi-oa-Tounya. On en voit à distance les colonnes vaporeuses. Ces cascades sont placées au centre d'un admirable paysage. Le docteur se fait débarquer dans une île qui occupe le point central de la chute : de là, il peut jouir du merveilleux spectacle d'un fleuve de mille mètres en largeur, s'engouffrant en une masse gigantesque dans un abîme de quinze à vingt mètres. Il n'est pas, dans toute l'Afrique, de spectacle plus saisissant.

Notre explorateur donne à ces cascades le nom de Victoria, et y grave, sur un arbre, ses propres initiales, avec le chiffre de 1855.

Ces chutes du Zambèse, appelées *Mosi-sa-Tounya*, mot qui veut dire *Fumée tonnante*, méritent d'être décrites, car c'est là la grande découverte du voyage de Livingstone, dans l'Afrique inconnue.

Embarqué sur le fleuve, le docteur en suit le cours. On glisse agréablement sur les eaux qui ressemblent au cristal. Ici et là, îles délicieuses, revêtues de la plus exquise végétation. Des arbres magnifiques émergent des rives, et il en ruisselle des grappes aux fruits dorés et des gousses écarlates. Le tout est émaillé de plantes merveilleuses dont les fleurs semblent s'incliner pour saluer le passage des navigateurs.

Mais attention! voici les rapides du Zambèse, et la moindre distraction peut coûter la vie, car d'effroyables écueils se dressent ici et là, et leur voix rugissante vous prévient du danger. Il semble même, par moments, que rien ne pourra lutter avec avantage contre la fureur des eaux et des roches. La pirogue paraît tout-à-coup se diriger contre un récif, mais le timonier la détourne légèrement avec sa gaffe, et l'embarcation passe comme une flèche.

On aborde à l'Ile du Jardin, située au centre du fleuve et s'étendant jusqu'aux limites du gouffre. Là, les explorateurs s'empressent de courir à l'extrémité de l'île, et de se pencher sur l'abîme pour en étudier la profondeur. L'aspect est vertigineux.

Nulle parole ne peut donner l'idée du spectacle qui se présente.

En Amérique, la cataracte du Niagara est le résultat de l'effritement des roches sur lesquelles se précipite la rivière. Alors le fleuve a reculé graduellement pendant des siècles, en laissant devant lui un abîme gigantesque. Actuellement il continue son mouvement de recul, et n'en décharge pas moins, dans le Saint-Laurent, l'eau des lacs dont le fleuve est composé.

En Afrique, les chutes du Zambèse ont été créées par une déchirure du rocher de basalte qui compose le lit de ce cours d'eau. Ses bords sont toujours à vive arête, si ce n'est du côté où l'eau arrive se ruant avec fureur. La muraille de cette portion de roches n'offre aucune aspérité, et plonge dans le gouffre droite et perpendiculaire, sans qu'il y ait la moindre saillie. Cette déchirure est de soixante-treize mètres de large, au moins, et c'est par cette ouverture que tombe dans l'abîme, avec un épouvantable fracas, à une profondeur deux fois plus grande que celle du Niagara, le Zambèse, rivière de plus de seize cents mètres de largeur en cet endroit, et présentant une masse d'eau incalculable.

On comprend que l'on ait donné le nom de *Fumée tonnante* à ces chutes grandioses de Victoria.

Que l'on contemple la cataracte de l'Ile du Jardin, formant un promontoire au-dessus de l'abîme, on se trouve en présence d'une nappe d'eau de huit cents mètres de largeur, qui se partage en deux voies, l'une par un canal ayant une ouverture de vingt-cinq mètres, et s'engouffrant à l'est, l'autre se précipitant dans l'effrayante profondeur qui l'attend, vers l'ouest.

La masse de ces eaux glisse dans le gouffre en nappe unie et transparente : mais à peine a-t-elle décrit une courbe de trois à quatre mètres, que cette nappe cristalline devient masse de neige, puis cette neige se convertit en des milliers de jets bondissants.

En même temps ruissellent d'éblouissants arcs-en-ciel, et s'élèvent de blanches vapeurs irisés par le soleil. C'est comme un nuage qui s'élève au-dessus de la vaste cascade : il arrose de ses perles les magnifiques arbres verts des rives et des îles; de leurs feuilles s'épanche une pluie continuelle, tombant en larges gouttes. Et le soleil du matin revêtant de ses rayons ces panaches humides, ajoute à la magie du spectacle. Ou bien les lueurs du soir, s'échappant d'un ciel d'or, leur donnent une nuance sulfureuse qui charme le regard. Mais pas un oiseau ne s'abrite, pas un ne chante dans la verdure de ces rives du Zambèse, à l'entour de sa cataracte. On les voit tous éviter les vapeurs qui s'en élèvent, et aller chercher un refuge, au loin, dans les bois qui décorent la terre ferme.

Charles Livingstone a visité le Niagara, puis il a vu les chutes du Zambèse : il n'hésite pas à donner la préférence à ces dernières, quoique la masse de leurs eaux soit peut-être moins colossale que celle des eaux du Niagara.

Telle est la grande découverte de D. Livingstone.

En 1851, ce même Livingstone et Oswel s'étaient approchés à deux journées de marche de ces chutes.

En 1853, J. Chapman avait descendu le Zambèse jusqu'aux chutes elles-mêmes, mais les bateliers, effrayés du voisinage des Tébélés, l'avaient contraint de s'éloigner bien vite.

En 1855, enfin, D. Livingstone et Oswel, avec leur suite de deux cents hommes, les avaient visitées et étudiées, comme nous venons de le voir.

Mais en 1860, D. Livingstone encore, son frère Charles, et le docteur Kivek, les visitèrent une fois encore, et les étudièrent avec un nouvel empressement.

Enfin, en 1863, sir Richard Glyn et les frères Bart y ont fait une station. Mais ils ont trouvé l'Ile du Jardin complètement ravagée par les hippopotames.

James Bruce.

# LES SOURCES DU NIL

**Recherchées sous l'équateur par les Anglais Bruce, Burton, Speke et Grant, en 1768, 1860 et 1863.**

Parmi les fleuves qui sillonnent notre globe, le Nil est certainement celui qui a le plus fixé les yeux et l'attention des hommes.

Des montagnes de l'Abyssinie, vers l'ouest, sort un large cours d'eau qui a nom Nil-Blanc. Dans la même contrée, plus à l'est, court un autre fleuve que l'on appelle Nil-Bleu. Ces deux courants se réunissent bientôt sous la simple dénomination de Nil, et s'acheminent ensemble du sud au nord.

Ils traversent alors le Kordofan, le Sennaar, la Nubie, pénètrent dans l'Egypte, non loin de Syène, en s'épanchant en plusieurs cataractes, se séparent de nouveau de manière à former un vaste delta, dont l'un se dirige vers le nord-ouest, et se jette dans la Méditerranée, près de Rosette, tandis que l'autre, beaucoup plus considérable, porte également ses eaux à la Méditerranée, près de Damiette, en se partageant en cinq ou six embouchures, du nord-ouest au nord-est.

Jadis, l'empereur Néron avait fait rechercher les sources du Nil. Au moyen-âge, et depuis, on a tenté de même de les découvrir.

Dans les temps modernes, l'un des explorateurs les plus ardents, l'Ecossais James Bruce, quittait l'Angleterre, le 15 juin 1768, pour se rendre en Afrique, dans le but de s'enquérir lui aussi des mêmes sources du Nil, encore non trouvées, et toujours introuvables.

Bruce quitte la ville de Gondar, le 4 avril 1770. Il entre dans une immense plaine que baigne le lac Dembéa.

Onze îles capitonnent de leurs émeraudes les ondes du Dembéa, que traverse le Nil, en y arrivant resserré entre deux rochers qu'il a creusés profondément. En remontant le fleuve, dont le cours est impétueux et bruyant, on arrive à l'une de ses plus belles cataractes. Elle offre aux regards de l'explorateur l'un des spectacles les plus grandioses dont on puisse être favorisé. Le Nil se précipite d'une hauteur de cinquante pieds. Or, à cette époque, considérablement grossi par les pluies, le fleuve formait en tombant une masse énorme d'épaisseur, sur plus d'un demi-mille de largeur, et il faisait un tel bruit que Bruce en éprouva des vertiges. Un épais brouillard couvrait la cataracte et s'élevait au loin, en suivant le cours de l'eau, à travers les arbres. La vue de cette chute du Nil parut si magnifique et si imposante au voyageur écossais, qu'il affirme qu'il n'y a rien au monde de plus beau.

Enfin, le 3 novembre 1770, à huit heures du matin, une petite caravane, sortant du village de Goutto, s'avançait dans une plaine ombragée d'acacias. C'était le cortége de James Bruce, qui accompagnait l'heureux voyageur au terme de sa course, les prétendues sources du Nil. Elle descendit dans une plaine bornée à l'ouest par le fleuve, qui fait alors plus de tours et de détours, dans l'espace de quatre milles, qu'aucun autre fleuve n'en fait nulle part dans le même espace. Enfin, tout-à-coup le Nil, large en cet endroit de vingt pieds tout au plus, et profond d'un seul, tourne à droite et s'éloigne comme si on ne devait plus le revoir.

Vers une heure, la même caravane gagnait un amphithéâtre de collines fort peu élevées qui terminent la plaine au sud, et à trois heures elle pénétra dans la vallée d'Abola, large d'un demi-mille. Les montagnes qui la bordent ont peu d'élévation et sont tapissées, jusqu'à leur sommet, d'une riante verdure. Leurs plateaux sont couverts d'excellents pâturages, et leurs pentes, vers le sud, enclavent le village de Sacala.

Plus bas, mais un peu à l'ouest, se trouve un autre village, Géesh, où sont les sources du Nil, qui, jusque dans ces parages, recèle encore des crocodiles.

Ces montagnes ont la forme d'un croissant, au moins dans cette partie. Le Nil baigne leur pied et suit la direction de la plaine. Vu de haut, ce fleuve célèbre semble à peine un ruisseau. En le voyant, James Bruce ne pouvait se rassasier de contempler ce petit cours d'eau, si près de sa source. Il se rappelait tous les passages des auteurs anciens d'après lesquels il semblait que ces sources devaient rester éternellement cachées, et il était fier de se dire, l'excellent homme, que la gloire de cette découverte allait lui appartenir!

Bientôt il atteignit le Nil. Ce n'était qu'un ruisselet limpide, courant rapidement sur un fond de petits cailloux, sous lesquels on entrevoyait un rocher noir et très-dur.

Tout-à-coup, au détour d'un monticule, la caravane se trouva près du village de Géesh, situé sur le haut d'un rocher, parmi des arbres de la verdure la plus luxuriante.

— Au pied de cette éminence, lui cria l'un des guides, au-dessous de Géesh, se trouvent les sources du Nil... Si vous allez jusque-là, ajouta-t-il en s'adressant à James Bruce, ôtez vos chaussures, car les naturels de ce pays sont de véritables païens. Ils ne croient à rien de ce que vous croyez, si ce n'est au Nil, qui est leur dieu!...

« Quoique je fusse à demi déshabillé, raconte Bruce, j'ôtai mes chaussures et je courus aux sources... Je fus dans le ravissement, en contemplant la principale de ces sources... Je restai debout, en face, en présence de cette origine du Nil où, depuis 3,000 ans, le génie et le courage des hommes les plus célèbres avaient très-inutilement tenté d'atteindre!... »

Naïf James Bruce, il était bien loin d'avoir découvert les fameuses sources du vrai Nil, comme il se le figurait...

Heureusement, après lui, d'autres explorateurs vont s'imposer la même rude et pénible tâche.

Le fait est que la curiosité des hommes de la science est étrangement surexcitée à l'endroit du Nil, de ce fleuve mystérieux qui, s'il n'est pas le premier par la masse des eaux qu'il porte à la mer, est certainement le plus remarquable par les phénomènes qu'il engendre et les services qu'il rend. N'est-ce pas lui qui a créé et qui entretient le sol de la riche Egypte? N'est-ce pas lui qui a conquis sur notre Méditerranée, et qui féconde le sol de ce splendide delta qu'il enveloppe de ses eaux?...

L'Egypte, qu'est-ce autre chose que le Nil?

Partout où le Nil ne peut porter ses vagues, se produit le désert, la solitude, la stérilité!

Qu'un fleuve, un torrent, une rivière quitte son lit, toute la contrée limitrophe est ruinée par le débordement de ses eaux.

Mais du Nil, du Nil seul, les inondations répandent sur ses rives la fécondité, la richesse, le bonheur!

Et cependant pas un affluent ne lui paye son tribut. Il chemine, en Egypte, sur une longueur de deux mille quatre cent cinquante kilomètres, sans recevoir une goutte d'eau du ciel, une goutte d'eau de la terre.

Aussi, comme il est fier des trésors qu'il sème sur son passage!

Mais alors qu'est-il donc et d'où vient-il? Là est le mystère dont depuis vingt siècles on cherche à pénétrer le secret. Son origine reste à l'état de problème, et la solution se fait bien attendre.

. . . . . . . . . . . . . . . . . . . . . . . .
. . . . . . . . . . . . . . . . . . . . . . . .

A l'ouest de l'océan Indien, qui sert de limites à l'orient du continent africain, à 6° de latitude méridionale de l'équateur, à cent lieues des côtes, en face du Zanguebar et de l'île de Zanzibar, au sud de l'antique Ethiopie, l'Abyssinie actuelle, il est un vaste, très-vaste plateau élevé de deux à cinq mille pieds au-dessus des mers, qui affecte, par les bourrelets circulaires qui l'entourent et lui tiennent lieu de contreforts, la forme d'un immense plat renversé.

Tout à l'entour de cette région subéquatoriale, dont le point central est une contrée qui s'appelle Unyamnesi, se dessine une chaîne de montagnes dont les points culminants sont, au nord, le Kénia, au sud le Robeho, et entre les deux, séparés par une longue ligne légèrement arquée, le neigeux Kilimandjaro. Kénia, Robeho et Kilimandjaro sont les pitons de ce cirque dont le nom plus connu est celui de Montagnes de la Lune.

Vers le nord, le plateau est interrompu ; il descend peu à peu vers la Méditerranée. A l'orient, au contraire, c'est subitement que s'abaisse le bourrelet dont j'ai parlé. Là, il sert de limite aux terres qui, sur une grande largeur, s'acheminent vers l'océan Indien, dont elles sont des alluvions.

Supposons qu'un aérostat nous promène au-dessus de ce plateau, enchevêtré de hautes montagnes, de marécages, de vallées, de lacs, de plaines entrecoupées de collines boisées, de contrées diverses, qu'illumine et féconde un soleil vertical, ce serait d'un aspect magnifique, car l'Afrique, toute brûlante qu'elle soit, possède des paysages ravissants, des sites merveilleux.

Or, c'est de ce vaste camp retranché que s'échappe le Nil. Mais sur quel point? Et, parmi les nombreux cours d'eau qui se présentent, quel est le Nil? Enfin, où sont les sources de ce fleuve? Là est la difficulté qu'il s'agit de résoudre...

Au IIe siècle de l'ère chrétienne, l'habile Ptolémée, tout à la fois géographe et astronome, disait en parlant de l'océan Indien et en faisant allusion à ce plateau :

« C'est autour de ce golfe barbare que demeurent les Ethiopiens anthropophages, à l'ouest desquels se trouvent les Montagnes de la Lune, desquelles les lacs du Nil reçoivent les neiges... » (*C. Ptolomæ Geographiæ*, lib. IV, c. IX, § 3.)

C'est une satisfaction pour tous ceux qui aiment à s'instruire de pouvoir sonder les secrets de la nature. Néanmoins, personne ne devait plus désirer connaître l'origine du Nil que l'ancien Khédive Méhémet-Ali, puisqu'il était souverain de l'Egypte, dont, en arrivant de ses régions cachées, le Nil fait la fortune. Aussi ce prince favorisat-il toujours les nombreux voyageurs qui se présentèrent pour aller étudier le cours du fleuve, en le remontant jusqu'à sa source.

Hélas! toujours cette source semblait reculer à mesure que les investigateurs s'avançaient!

Le Nil-Bleu avait tout dit; on le connaît maintenant.

Mais le Nil-Blanc, *Bahr-el-Abiad*, se taisait avec obstination et se laissait chercher, toujours se dissimulant.

En 1841, un Français, M. d'Arnaud, remonte le Nil sans résultat.

Après le Français, un Sarde, M. Brun-Rollet, prend un affluent du Nil pour le Nil même, et s'égare, en explorant inutilement ses rives.

En 1854, un missionnaire autrichien, le R. P. Knoblecher, s'avance jusqu'au 3° 40' de latitude septentrionale. Mais là, des nègres de Bari lui apprennent qu'il lui faut marcher encore *une lune* entière avant d'atteindre, non pas les sources du Nil, mais un endroit où le fleuve se partage en plusieurs branches.

Enfin une expédition égyptienne arrive, elle aussi, au 3° 23' de la même latitude, à quelque chose comme soixante-quinze lieues du bourrelet du plateau qui possède les sources du Nil, et de la coupure de ce cordon, par laquelle descend le fleuve pour s'acheminer vers l'Abyssinie, la Nubie, l'Egypte et la Méditerranée. Mais bientôt elle revient sur ses pas, effrayée par les rapides et ne pouvant rien espérer du voyage qui reste à faire.

De cette exploration et d'une autre encore entreprise par des missionnaires allemands, aux frais de l'Eglise anglicane, qui purent apercevoir à distance les cimes blanches du Kilimandjaro, et plus tard les neiges du Kénia, il résulta que la certitude fut acquise de la position des sources du Nil sous la ligne de l'équateur, et même plus au sud encore.

Une carte de l'Afrique orientale équatoriale fut alors dressée, carte inexacte, mauvaise même dans ses détails, mais précieuse pour l'ensemble, car on y voit figurer une immense étendue d'eau qui n'est autre que le Nyansa, dont il sera question dans ces pages de la relation du capitaine Speke, lac que traverse le Nil, ainsi que nous le verrons.

Il fut alors décidé par la Société royale géographique de Londres que l'on entreprendrait une expédition scientifique qui pousserait ses recherches jusqu'au lac Nyansa. Dans ce but, on fit choix des plus énergiques explorateurs connus, et deux officiers de l'armée des Indes, les capitaines Burton et Speke furent distingués, comme gens éprouvés, pour se rendre dans l'Afrique équatoriale.

Le programme que se tracèrent ces deux hardis personnages comprenait l'examen du pays des Saumalis et des Gallas, au sud de l'Abyssinie, et des contrées qui se rapprochent du Zanguebar, pour aboutir à Zanzibar. C'était à tort que l'on spécifiait l'étude de ces régions, car le caractère peu commode de leurs habitants devait rendre difficiles les explorations exigées.

En effet, dans l'Afrique orientale, il est trois classes de nègres indigènes, qu'il est fort essentiel de connaître, car leurs mœurs sont absolument différentes.

Les uns, tribus agricoles répandues au sud de l'équateur et près des lacs du plateau, occupent des villages retranchés comme des campements militaires, et jamais ils ne s'en écartent. Toujours en querelles les uns avec les autres, ils accueillent assez volontiers les étrangers, tout en se montrant rapaces et disposés aux rixes.

Les autres composent des peuplades autant nomades qu'adonnées à l'agriculture. Ce sont les femmes qui se livrent aux travaux de la terre. Quant aux hommes, ils se réservent le soin du bétail, à titre de pasteurs. Ces nègres sont changeants et mobiles dans leurs mœurs, comme dans leur genre de vie lui-même. Un explorateur doit bien les étudier, afin de profiter des bons moments pour passer au milieu de leur territoire. Ils sont au nord des précédents.

Les troisièmes ne sont que nomades. Mais, hélas! qui dit nomades, en Afrique, doit ajouter : Gens méfiants, chercheurs de disputes, amis de la bataille, cruels, sanguinaires.

Or, c'est par le pays de ces nomades, Saumalis, Gallas et autres, et au milieu de leurs tentes, de leurs pâturages, etc., que doivent passer les explorateurs venant d'Aden et de la mer Rouge.

Afin de suivre à peu près la marche des explorateurs en quête des sources du Nil, que le lecteur veuille bien porter les yeux sur le croquis ci-joint, sorte de carte des régions qui vont être parcourues.

Speke et Burton eurent trop vite l'occasion de juger les peuplades nomades de l'Afrique orientale, car, presque dès le premier jour, ils furent attaqués et pillés par les Saumalis. Le capitaine Hern fut tué dans l'action; Burton reçut une grave blessure, et Speke tomba vivant aux mains de ces farouches sauvages, dont il devint l'esclave.

Par bonne fortune, Burton put retourner à Aden, où on le guérit. Puis, un beau matin, Speke, après avoir eu l'heureuse chance de s'enfuir de chez les Saumalis, vint rejoindre son ami, contre toute attente.

A Aden, les deux voyageurs reçurent l'ordre de se rendre à Zanzibar, et de choisir d'autres lignes que la précédente, pour arriver au but de l'exploration, les sources du Nil toujours.

Ils partirent donc d'Aden. A Zanzibar, ils employèrent six semaines à se renseigner et à réunir tous les éléments nécessaires pour obtenir le résultat voulu.

Du littoral oriental de l'Afrique, des caravanes de commerce, nombreuses et bien équipées, se dispersent sous l'équateur et pénètrent dans le cœur du continent par trois lignes différentes.

La première part de Tanga, placée sous le 5° 25' de latitude méridionale. Elle traverse l'Usambara, laisse sur la gauche les monts Robeho, de six mille pieds d'élévation, passe à la droite du Kilimandjaro, en traversant les turbulentes peuplades du Masaï, vaste contrée mal connue et placée entre les Monts de la Lune et les lacs du plateau occupé par l'Unyamnesi, et arrive à Ururi, sur les rives du lac Ukéréwé, où se fait le trafic de l'ivoire.

Le second point de départ est à Bagamoyo, à l'opposite de Zanzibar. Les caravanes de cette ligne passent à Kaseh, dans l'Unyamnesi, sur le plateau des sources du Nil présumées, et de là se rendent à Ujiji, sur le lac de Tanganika ou Ujiji.

La troisième ligne des caravanes s'étend de Quiloa, sous le 9° de latitude sud, à Kaseh, mais en faisant quantité de zigzags, afin d'échapper aux violences de tribus dangereuses.

Une fois suffisamment renseignés, Burton et Speke, partant de Pagani, afin d'aller étudier le Kilimandjaro, gravissent le pic du Rongway, gradin de deux mille pieds conduisant au plateau qui porte le pays d'Ousambara. Ils atteignent Fonga, où règne un sultan. Mais alors, dans l'impossibilité de pouvoir payer une escorte de cent nègres, au chiffre de trois à quatre cents francs par jour, ils reviennent à Pagani, et de Pagani à Zanzibar, avec la fièvre, premier tribut imposé par le climat de l'Afrique.

Bref, avec une suite nombreuse, — quatre-vingts personnes, — le 26 juin 1857, les deux explorateurs franchissent, en cinq mois, la distance qui les sépare de Kaseh, comptoir très-important de l'Unyamnesi. Puis, le 3 mars de 1858, ils arrivent sur les rives du Tanganika, que les Arabes appellent lac Ujiji.

Le lac Tanganika, de cinq cents kilomètres de longueur sur quarante-cinq de largeur, affecte la forme d'une poire, se dirige du nord au sud, à une altitude de dix-huit cents pieds au-dessus du niveau de la mer, et occupe le bassin formé par une immense dépression du sol. On ne peut imaginer rien de plus pittoresque que ses bords découpés en baies et en ports nombreux. L'aspect en est d'autant plus ravissant que les magnifiques collines qui l'entourent sont chargées d'opulentes forêts. Ses eaux bleues sont ponctuées d'une infinité de petites îles vertes comme émeraude. Notez que toutes ces îles sont peuplées, comme le pays d'alentour, et fournissent aux spéculateurs quantités d'enfants voués à l'esclavage et vendus par leurs parents dans le but ignoble d'un gain sordide.

Nos deux Anglais durent renoncer à naviguer sur l'Ujiji, toute espèce d'embarcation faisant défaut. Mais ils en observèrent à maintes reprises la partie septentrionale, afin de s'assurer qu'il n'en sortait aucun cours d'eau. Dès lors le Nil restait étranger au lac Tanganika, qui reçoit deux rivières et n'en déverse pas. D'ailleurs sa ceinture de montagnes démontre clairement l'impossibilité pour ces eaux de franchir cette enceinte.

L'exploration des hardis voyageurs se prolongea pendant soixante-quinze jours, sous les rayons d'un soleil dévorant, par la pluie souvent, une pluie torrentielle, et, durant les nuits, sous une chute des plus abondantes de la plus fraîche rosée. Aussi, nouvelle maladie qui ne put être guérie que par un long repos pris à Kaseh. Là, s'ils n'agissaient plus, ils causaient. Aussi leur fit-on connaître l'existence d'un autre lac, situé vers le nord, et qui était de beaucoup plus grand que le Tanganika.

Mais comment se porter vers cet autre lac qu'on leur désignait sous le nom d'Ukéréwé? L'escorte prise à Zanzibar leur avait fait défaut longtemps avant d'entrer à Ujiji. De trente ânes qu'ils avaient achetés pour le transport de leurs bagages, il n'en restait plus un seul. Trois nègres dévoués, telle était leur suite. Or, que faire avec trois hommes seulement pour traverser jungles et déserts, villages de sauvages et plaines brûlées par un soleil vertical?

Et puis, Burton, malade encore, était cloué sur un lit de douleur, dans une misérable hutte de Kasch.

Néanmoins Speke se met en route le 9 juillet 1859.

Sur les bords du lac Tanganika, on lui a désigné un entrepôt d'ivoire qui a nom Ururi, et un autre lac, plus vaste encore, qui en est voisin. C'est vers ce point que se dirige le capitaine anglais. Chemin faisant, plusieurs caravanes chargées de dents d'éléphants se croisent avec lui. Il est enchanté des merveilleuses contrées qu'il traverse, de la riche nature qu'il observe, et des admirables échantillons que lui livrent la faune et la flore de ces opulentes régions subéquatoriales.

Speke traverse l'un après l'autre douze districts. Dans celui de Salawé, à la distance de douze kilomètres, il aperçoit comme une gigantesque colonne qui se dresse devant lui. Il arrive à sa base. Ce sont des piliers de granit, dont l'un dépasse en hauteur la fameuse colonne de Pompée, qui fait la gloire d'Alexandrie. Il trouve des mines de fer en parfaite exploitation un peu plus loin. Enfin, après vingt-cinq jours de marche, il s'arrête, ému, joyeux...

L'heureux aventurier a devant lui, à ses pieds, un lac bien autrement grand que le Tanganika : c'est l'Ukéréwé, le *Nyansa*, comme disent les Arabes, mot qui signifie *petite mer*. Ces eaux limpides, qui reflètent l'azur du ciel, et qui s'agitent devant lui avec un harmonieux bruissement, sont-elles donc enfin les eaux qui deviennent le Nil?

C'est le Nil en effet! Speke entrevoit, au nord, le déversoir par lequel s'échappent, en bouillonnant, les eaux du grand fleuve qui court arroser l'Abyssinie, la Nubie et l'Egypte..

L'Ukéréwé, c'est bien le lac dont parle le savant géographe Ptolémée!... L'antiquité et les temps modernes se donnent la main...

Quelle joie pour notre Anglais! Comme il voudrait s'élancer de l'éminence d'où il plonge ses regards sur le lac, et naviguer sur sa surface liquide!

Tout d'abord, en fidèle sujet, l'Anglais Speke donne au lac Ukéréwé le nom de sa bien-aimée reine, *Nyansa*-VICTORIA!

Mais quant à parcourir le lac et l'île d'Ukéréwé, impossible. Pas la moindre barque, pas le plus léger canot! Et cependant cette île, et les vingt autres qui l'entourent de leur gracieuse couronne, en se reflétant dans le miroir des eaux, le fascinent et semblent le convier à venir. A défaut de moyen de naviguer, Speke questionne les riverains du lac. Questionnez donc des sauvages! Ne pouvant comprendre la pensée qui l'inspire, les naturels voient dans l'étranger un être suspect, un charmeur, un sorcier peut-être, un ennemi enfin qui veut empoisonner leurs eaux. Aussi lui insinue-t-on bientôt qu'il fera bien de partir, sans avoir le projet de jamais revenir...

Il faut bien s'éloigner en effet : les ressources de Speke sont à leur terme. Mais il reviendra, certes!

A Kaseh, l'investigateur triomphant trouve Burton complètement rétabli. Aussitôt les deux amis se dirigent sur Zanzibar, où ils sont navrés d'apprendre la mort du consul d'Angleterre, leur excellent ami Hammerton. Le consul français, M. Cochet, s'efforce de remplacer, dans son accueil, le colonel défunt. Mais c'est pour peu de temps, car Speke et Burton retournent en hâte dans leur pays, afin de lui révéler le succès de leur mission, et de lui demander les moyens de la compléter.

La Société de Géographie de Paris leur décerne sa grande médaille d'or, et le monde savant applaudit à l'heureuse découverte des lacs Tanganika et Nyansa-Victoria, comme prélude de découvertes plus importantes encore

Les capitaines Grant et Speke.

C'est un grand point d'avoir révélé l'existence des deux lacs Tanganika et Victoria. Mais il reste encore à dégager la principale inconnue du problème : — Le Nil a-t-il son origine dans ce dernier lac ?

Pour sortir de cette incertitude, il faut un témoin oculaire : Le capitaine Speke sera ce témoin. Il laisse Burton à Londres ; mais il s'adjoint un de ses amis, le capitaine Grant, comme lui officier dans l'armée des Indes. Avec ce nouveau compagnon, Speke quitte encore l'Angleterre, arrive en Afrique, et se met en mesure de résoudre la difficulté, en faisant le tour du lac Ukéréwé ou Victoria.

Kasch sera le point central des opérations.

Voulez-vous le portrait d'un homme aussi entreprenant que le capitaine Speke? Le voici : Des moustaches en croc, une barbe en pointe, des yeux de feu, le courage et la résolution répandus sur toute sa personne, et, en quelque sorte, à cheval sur les brandebourgs de son veston, tel est l'homme!

Quittant Londres le 27 avril 1860, le capitaine Speke arrive le 4 juillet au cap de Bonne-Espérance. Il est porteur de la somme trop minime de deux mille cinq cents livres sterling de la Société de Géographie. Mais il a le passage sur les vaisseaux de l'Etat, d'une part; de l'autre, on lui donne une ample provision de poudre de chasse; on lui remet un lot énorme d'horlogerie; la ville du Cap lui offre trois cents livres sterling, et, de ci et de là, il recueille des étoffes, des verroteries, etc. Le gouverneur du Cap décide même des fusiliers hottentots à l'accompagner.

Le 17 août, il est à Zanzibar. Là, on lui apprend que le docteur Roscher, qui a pénétré jusqu'au lac Nyamesi ou des Etoiles, au 12° de latitude méridionale, séparé seulement par sept kilomètres du lac Shirwa, découvert en 1859 par Livingstone, a été massacré par les gens du pays.

Rien n'arrête l'intrépide capitaine. Parmi les nègres libres, il choisit quatre-vingt-onze de ces hommes délurés, que l'on nomme *wanguanas*, lesquels, avec les Hottentots, composent un total de cent huit personnes. En outre, il loue toute une légion de cent un portefaix, *pagaris*, qui devront l'accompagner jusqu'à Kaseh. Ces porteurs seront chargés de ballots de bijouterie fausse, d'étoffes, etc.

Alors, le 2 octobre de la même année, la caravane se met en route. En tête, s'avance le porte-drapeau, bagages au dos. Il est suivi des cent un pagaris, leurs fardeaux sur les épaules, arcs et flèches aux mains. Après eux, viennent les wanguanas, carabine au bras et chargés des ustensiles de campement. Puis, s'avancent les fusiliers hottentots, avec douze mulets, ayant à dos les munitions de guerre. Enfin apparaissent les capitaines Speke et Grant, suivis d'une escorte spéciale fournie par le sultan de Zanzibar, pour accompagner les deux amis jusqu'aux confins de l'Uzaramo. Comme arrière-garde, des femmes, trois ânes, vingt-deux chèvres et les écloppés terminent la marche.

C'est toute une caravane, dont l'aspect original sourit à l'imagination et en impose aux naturels, car tous ces hommes s'avancent en bon ordre, sur un front de dix ou douze, et d'une profondeur de quinze à dix-huit.

Un Arabe, le chef des wanguanas, et Bombay, le nègre modèle, un serviteur dévoué qui jamais ne s'est démenti, sont chargés de la comptabilité quotidienne, car tout ce monde se paie en nature : qui reçoit des étoffes, qui des verroteries, qui de la rassade, etc. Les soldats ont la garde du camp. Les Hottentots sont de corvée pour la cuisine. Les pagaris dressent les tentes. D'autres veillent sur les troupeaux.

Quant aux chefs de l'expédition, ils prennent constamment des notes, calculent les distances, tracent les itinéraires, dessinent les paysages, notamment Burton, fort habile aquarelliste; photographient les indigènes, les scènes, les objets, etc. Le soir, les deux amis dînent ensemble, prennent le thé, fument et se couchent.

C'est dans le district d'Uzaramo que l'on pénètre tout d'abord. Ici et là, se montrent des villages composés de quinze à vingt huttes à toits coniques. Les indigènes cultivent les champs, mais font aussi la traite des esclaves. Ils soignent leur chevelure et croient se signaler à l'admiration en se frottant le corps d'ocre jaune. Arcs et flèches ne les quittent pas, et ces dernières, trempées dans un poison subtil, sont encloses en un carquois très-joliment travaillé. Du reste, les tribus de cette contrée pillent à outrance. Malheur au pauvre voyageur sans défense qui passe solitaire! Les caravanes, souvent, ne sont pas épargnées.

Le soir du premier jour de marche, sur les trente-six hommes de l'escorte donnée par le sultan, dix ne répondent pas à l'appel. Ils se sont enfuis, persuadés qu'ils doivent servir d'aliments aux gens de l'expédition. Un pagari disparaît à son tour, mais en abandonnant la solde qu'il a reçue. On est encore dans l'Uzaramo, cependant, c'est-à-dire à douze milles de la côte : que sera-ce plus loin ?

Et puis voici un sultan de village, le *phanzé* Griffe de Lion, qui, à Ikamhuru, prétend imposer les voyageurs. On lui jette quelques mètres d'étoffe, qu'il repousse au début, et qu'il accepte ensuite.

Parfois, sur la ligne suivie par la caravane, on rencontre de légers amoncellements d'ossements et de cendres. Les gens du pays racontent que ce sont les restes de misérables femmes livrées au feu comme sorcières.

La limite qui sépare l'Uzaramo de l'Uségura fut, il y a quelques années, le théâtre du meurtre d'un officier de la marine française. Après avoir été en station dans les eaux de l'océan Indien, M. Maizan avait conçu le projet de traverser l'Afrique entière de l'est à l'ouest. C'était trop vouloir à la fois : mais, hélas ! l'intrépide pionnier fut arrêté dès le début de sa course. Les trafiquants arabes, jaloux de tout Européen qui peut être initié aux secrets de leur commerce, source d'immenses trésors, firent massacrer Maizan par un indigène du village de Dège-la-Mhoras, à l'entrée de l'Uségura. Le meurtrier vit encore, et il ne craignit pas de raconter au capitaine Speke le crime dont il avait été le farouche instrument.

Sur la droite, les voyageurs découvrent la vallée du Kingans et les regards embrassent les vastes plaines de l'Uségura, qui succède à l'Uzaramo. Il faut alors monter presque constamment pour atteindre le bourrelet de cette chaîne de montagnes qui donne à Unyamnesi une certaine ressemblance avec un plat renversé, ainsi que je l'ai dit précédemment, car c'est vers le district de l'Unyamnesi que l'on s'achemine. Aussi, à raison des difficultés du chemin, les voyageurs ne font-ils guère que cinq kilomètres par jour, les montées et les descentes se succédant sans interruption.

Ils atteignent enfin cinq mille pieds au-dessus du niveau de la mer, et sur le plateau de ces montagnes, de production volcanique, ils trouvent un Etat nègre, qui a nom Ugogo. Mais quel magnifique horizon se déploie bientôt de ce point élevé !

Les naturels de l'Ugogo, d'un brun foncé, avec un mélange de noir, vivent dans des huttes construites en terre, mais qui ont des ailes divisées en pièces nombreuses, et au centre desquelles se trouve une cour. Les villages, composés de ces huttes, s'appellent *tombés.* Les habitants sont aussi sauvages qu'est sauvage l'aspect de leur pays. On les nomme Wagogo, ce qui veut dire Peuple de Gogo, comme Ugogo signifie Pays de Gogo. En Afrique, au moins dans cette partie, *U* veut dire *pays* en tête d'un mot, *m* exprime un individu, *wa* la réunion de ces individus, et *ki* la langue du lieu. Ainsi, Ugogo signifie Pays des Gogo, Mgogo un homme du Gogo, Wagogo le peuple de Gogo, et Kigogo le dialecte du Gogo. Et de même, chez les peuplades subéquatoriales.

Il est peu de nègres plus remuants et plus avides que les nègres de l'Ugogo. Se porter en masse à la rencontre des visiteurs, les interroger, rire de leur costume et de leurs manières, pénétrer dans leurs tentes et les dévaliser autant que possible, telle est leur nature ordinaire. Or, cette fois, c'est bien une autre affaire, car les Anglais trouvent l'Ugogo en pleine famine. Aussi un Mgogo aux dents longues et au ventre creux dénonce-t-il au capitaine Speke la visite d'un rhinocéros, chaque nuit, à l'étang voisin.

Le lever de la lune trouve le chasseur anglais à l'affût. Speke est suivi du nègre affamé et de deux jeunes Arabes qui sont chargés chacun d'une carabine. On se cache dans un massif de roseaux. Minuit sonne... à la montre du capitaine. Le site est des plus sauvages ; le silence, un silence de désert, plane sur toute la contrée. Les effets de lune dans les arbres sont des plus fantasmatiques. Le nègre effrayé détale. Il s'éloigne à peine qu'une masse noire s'agite dans l'ombre. Les formes s'accentuent : c'est le rhinocéros. L'animal hésite ; il flaire un péril. Speke a blanchi le point de mire de son arme : il épaule et fait feu. Le rhinocéros tombe, il est tué.

Le succès alors encourage le Nemrod. Il attend une nouvelle proie. Une heure se passe. Tout-à-coup, il avise deux autres victimes qui se présentent d'un pas mal assuré, timide. La lune joue à cache-cache dans les nuages. Néanmoins une nouvelle explosion retentit : mais cette fois, une seconde carabine devient nécessaire, la première n'ayant porté qu'imparfaitement. Speke la demande aux deux gars. Plus personne, les petits Arabes ont disparu. Où sont-ils? L'Anglais les aperçoit se balançant, à la façon des singes, dans les branches d'un grand arbre. Pendant qu'il les rappelle à l'ordre, les deux rhinocéros, blessés, se sont enfuis.

Aussitôt revenu au campement, le capitaine envoie de ses gens dépecer et chercher la bête. Plus rien! Les Wagogo sont arrivés en foule, au point du jour, et se sont partagé la venaison... *Sic vos non vobis!...*

Cinq semaines pour franchir l'Ugogo, à cinq kilomètres par jour!

Dans le désert de Ngunda, qui se présente ensuite, une rivière grossie par les pluies torrentielles du moment arrête la marche de la caravane pendant cinq longs jours.

Enfin elle atteint la ville de Kaseh, le 24 janvier 1861.

Là, on est dans l'Unyamnesi, nom qui veut dire Pays de la Lune. Notez que la contrée est aussi vaste que l'Angleterre.

Comme nous l'avons dit, Kaseh est le point central d'un commerce très-actif. Tout fait supposer que les indigènes de l'Unyamnesi sont d'origine hindoue. En effet, avant notre ère, l'Hindoustan trafiquait avec les naturels du Pays de la Lune et des montagnes qui l'entourent, d'après certaines chroniques. Le fait est que les nègres de Kaseh ne connaissent qu'une chose : vendre, acheter, brocanter, échanger, et... voler! Ces indigènes, beaucoup plus noirs que leurs voisins, s'enveloppent le corps dans une pièce d'étoffe bleue qui est leur costume spécial de fête. Mais, au travail, une peau de chèvre devient leur unique vêtement.

Tout l'Unyamnesi est en guerre, quand y arrive la caravane. Cette guerre est le fait des marchands arabes qui exploitent ces contrées et mettent, à leur profit personnel, les soulèvements de tribus contre tribus. De là de grands embarras pour les explorateurs. Mais rien ne les décourage, et ils n'interrompent pas un seul jour l'accomplissement du programme de leurs recherches. Ils sont constamment en quête de renseignements sur les chemins à suivre pour arriver aux sources du Nil : ils les comparent, les rectifient, les disposent avec ordre. Enfin, toutes choses en bon état, les voyageurs reprennent leur essor.

Le 16 mars 1861, les voici qui entament la partie principale de leur itinéraire vers le nord-ouest. Deux jours après, ils sont à Iviri, où, au bruit de sonnettes dans les rues, on fait le recrutement du contingent d'hommes que le village doit fournir pour la guerre.

On atteint ensuite Mininga, où la bande fait la rencontre, dans la plaine, d'un vieux trafiquant usé par l'âge, et qu'entourent nombre d'esclaves enchaînés quatre à quatre, pour faire la récolte du riz de l'ancien marchand d'ivoire, devenu fermier. Parmi ces esclaves épuisés par la chaleur, la fatigue et les mauvais traitements, quel n'est pas l'étonnement du capitaine Speke de s'entendre appeler par l'un de ces infortunés, qui lui dit s'être trouvé avec lui précédemment à Uvisa, sur les rives du lac Tanganika. Mais alors une bataille avait été livrée à Ujiji, et le nègre, cruellement blessé, avait été fait captif. Vendu à des Arabes, on le tenait enchaîné et on le contraignait à un travail bien au-dessus de ses forces.

— Que vous me rendriez heureux, ajouta-t-il, si vous vouliez me faire rendre la liberté ! je serais volontiers votre esclave, à vous, pour le reste de mes jours... *Haï bana wangi!*...

Speke est bon. Il rachète le noir, le baptise du nom de *Farhan*, mot qui veut dire *Joie*, et le brave Africain ne le quitte, au Caire, que le dernier de tous les serviteurs des Anglais.

Franchissant les limites du vaste Pays de la Lune, le 9 juin, le capitaine entre dans l'Uzinza. Ce qui distingue les naturels de l'Uzinza, parfaitement semblables à leurs voisins, c'est qu'ils s'enduisent les membres d'une épaisse couche de graisse.

Là, périls de toute sorte, difficultés sans nombre; le passage de l'expédition devient impossible. Les plus hardis des wanguanas sont tremblants; les pagaris s'éclipsent ; plus d'interprètes! Tout manque au capitaine. Il se rend à Kaseh, d'où il fait savoir ses embarras au consul anglais à Zanzibar, en lui demandant des marchandises pour un groupe de cinquante hommes armés.

Speke revient alors au campement de Grant, où il laisse ses bagages, et s'avance vers le nord. Mais, dans ces régions, un chef madré, Makaka, voit un blanc pour la première fois. Aussi, prenant le capitaine en extrême amitié, amitié intéressée! ce nègre ne veut plus se séparer de lui; il en extorque tout ce qui lui paraît à sa convenance, imprègne tout ce qu'il touche du beurre rance dont il est enduit, et ne délivre l'infortuné voyageur de sa présence que par la force. Une nuit, son village est attaqué par les Watutu, et Makaka s'enfuit.

Mais alors Speke tombe de mal en pis. Un autre chef, Humérési, plus voleur encore et plus repoussant, si tant est que cela soit possible, le harponne et le rançonne à ce point que, épuisé de fatigue et par les contrariétés, l'ardent explorateur perd ses forces, et tombe dangereusement malade.

Ce n'est pas tout encore. Est apportée une lettre de Grant, qui annonce le pillage du campement par les naturels du M'yanga et la dispersion de ses gens. Heureusement le sultan de l'Uzinza fait rendre une partie des objets volés et les hommes enlevés. Aussitôt, comme par enchantement, le courage revient au cœur des deux amis, qui se rejoignent et reprennent leur voyage au milieu de la plus admirable contrée. Quelle poétique succession de merveilleux paysages se déroule alors devant eux! Un soir, ils s'arrêtent avant l'heure, afin de savourer le splendide spectacle d'une magnifique vallée au fond de laquelle serpente une large rivière qui charrie le tribut de ses eaux vers un lac immense dessinant ses contours au fond de la perspective la plus charmante. A l'entour, des arbres centenaires de la plus luxuriante végétation couronnent les collines de leur opulent feuillage, et ces éminences, en se superposant, vont se rattacher au plateau sur lequel s'étendent le Karagué et le Kiskakka, lequel plateau fait partie d'une suite de montagnes à formes arrondies, à sommets chauves, dont le versant, vers l'orient, est zébré de larges stries blanchâtres, d'une physionomie qui révèle l'existence de volcans éteints dont le lac fut certainement le cratère.

Ce lac n'est autre que le lac Ukéréwé, ou Nyansa, que le capitaine Speke a déjà découvert d'un autre point, qu'il suppose donner origine au Nil, et qu'il a baptisé du nom de *Victoria*, par honneur pour la reine d'Angleterre.

Huit mois après leur sortie de Kaseh, le 7 novembre 1861, les deux Anglais Speke et Grant font leur entrée dans le Karagué.

Le soir de ce jour, nos voyageurs atteignaient le point culminant d'une colline élancée, haute de cinq mille cinq cents pieds, lorsque, tout-à-coup, ils aperçoivent devant eux, dans la profondeur d'une délicieuse vallée, une large nappe d'eau, et, en avant, au milieu d'un épais massif d'arbres, mieux qu'une hutte ordinaire, une vaste construction dont les détails leur échappent. C'est l'enclos royal et la résidence de Rumanika, le roi du Karagué. Cette vue leur semble d'autant plus belle qu'elle est plus rare, car, jusque-là, les villages qui se présentent sont composés de maisonnettes construites en terre, couvertes en feuillages, et n'offrant rien des commodités de la vie. Il y a donc une sorte de civilisation dans le Karagué, et les deux amis se félicitent de leur bonne fortune.

Ayant à l'orient le lac Ukéréwé ou Victoria, et à l'occident la chaîne circulaire des Montagnes de la Lune, formant la ceinture du lac Rusiri, le Karagué a pour chef suprême Rumanika, dont les voyageurs anglais sont connus par les récits de Musa, un trafiquant arabe bienvenu du sultan, auquel ce Musa les a chaudement recommandés.

Grant et Speke arrivent à peine, qu'un nègre de la résidence royale se présente à eux de la part du sultan. Le négus, — appelons-le de ce nom, quoiqu'il ne soit pas le roi de l'Abyssinie, — le négus attend les deux voyageurs. Nos Anglais déposent leurs armes, et le fidèle Bombay et les plus anciens des wanguanas pour escorte, en suivant une avenue que bordent à droite et à gauche de très-belles huttes, ils atteignent un long bâtiment à pignons et toit incliné, lieu de réception et cabinet de travail du monarque noir.

Là, sur des tapis étendus sur le sol battu, jambes croisées et paré de riches vêtements arabes et nègres, est assis Rumanika, ayant à coté de lui son frère Nanaji. Le premier est un bel homme noir, au visage affable : le second, docteur émérite, se figure être le plus savant des savants, en conséquence de quoi ses habits sont décorés d'amulettes et de talismans sur toutes les coutures. Sept jeunes nègres, immobiles comme des cariatides et muets comme des carpes, sont groupés derrière le prince ; ce sont ses fils.

A l'entrée des deux amis, Rumanika leur prend les mains, qu'il serre affectueusement, et questionne les étrangers sur leur pays, leur nation, la reine qui les gouverne, et leurs aventures de voyage. Il leur dit ensuite qu'il les verra volontiers camper dans l'enceinte du parc royal.

Grande joie chez les wanguanas, qui dressent immédiatement leurs tentes, car ces infortunés grelottent de tous leurs membres, transis qu'ils sont par la température du Karagué, température qu'ils trouvent glaciale, alors que le thermomètre marque, à l'ombre, vingt degrés de chaleur.

Les rapports de la plus étroite amitié s'établissent dès lors entre les Anglais et le sultan. Parties de chasse aux rhinocéros et à l'hippopotame ; excursions en barques sur de petits lacs du voisinage ; échange non interrompu de bons offices, rendent chaque jour plus étroits les liens qui unissent les visiteurs et le visité. Il n'est pas jusqu'à la musique royale, orchestre dont des instruments à vent faits de roseaux, et des tambours, exécutent les parties les plus notables, que ne leur envoie, dans le but de les récréer, le prince africain.

Que leur demande Rumanika, en échange de ces généreux procédés, car les souverains des chaudes régions de la zone torride ont pour habitude de donner peu... pour recevoir beaucoup? Rien, presque rien. Tout simplement un... maléfice pour mettre à mal et enclore en tombe noire... son frère Rogero, dont le négus redoute l'ambition. Les Anglais ne manquent pas d'un certain esprit, dans l'occasion. Le maléfice en question est livré par le capitaine Speke : c'est tout bonnement... un vésicatoire. Advienne que pourra !...

Cependant Rumanika, Speke et Grant visitent ensemble les points les plus éloignés du royaume de Karagué. C'est dans une de ces excursions que les explorateurs découvrent le mont altier du Mfumbéro, d'une élévation de dix mille pieds, appendice des Montagnes de la Lune, sises au couchant du Kiskakka.

Deux mois se passent ainsi, pendant lesquels le roi du mystérieux pays de l'Uganda, Mtésa, ayant été prévenu par une ambassade de Rumanika de l'arrivée de deux blancs, on reçoit la bonne nouvelle que les étrangers seront les bienvenus dans le royaume de l'Uganda.

La caravane se remet en marche aussitôt. Speke laisse le capitaine Grant, blessé à la jambe, aux bons soins du négus, et il s'empresse de remonter vers le nord, en passant au milieu de peuplades noires dont la physionomie lui fait remarquer la différence qui se produit entre la race dominatrice de cette partie de l'Afrique. En effet, les uns, c'est-à-dire les chefs, accusent l'origine caucasienne, tandis que les autres, le peuple, conservent les traits caractéristiques de la race nègre. Aux premiers, visage ovale, nez busqué, yeux bien fendus, front accentué. Le bétail fait la richesse de ceux-ci, qui sont nomades et que l'on appelle Wahumas. Ils sont en possession du pouvoir partout où ils s'établissent. Les seconds, au contraire, nègres purs, cultivent la terre et obéissent.

Les Wahumas descendent évidemment des Abyssins, qui viennent eux-mêmes de tribus asiatiques. Les nègres, eux, sont les aborigènes de la contrée. Les Abyssins ont fondé le Kittara, qu'ils ont ensuite partagé en royaumes de Karagué, Uganda et Unyoro, dont les chefs sont d'origine abyssine.

La cour du sultan de l'Uganda ne ressemble en rien à celle du Karagué. Le pouvoir y est absolu, et tout y est original, étrange, bizarre. Ainsi, le conseil royal se compose du général en chef, et de... la femme qui a coupé le cordon ombilical du souverain, à l'heure de sa naissance. On compte ensuite comme dignitaires le perruquier, les gouverneurs provinciaux, l'amiral, le porteur de dépêches, le bourreau, l'inspecteur des tombeaux, le brosseur et le cuisinier de S. M.

Tous ceux qui appartiennent à l'aristocratie noire sont dans l'obligation de se présenter fréquemment devant le sultan Mtésa, pour lui rendre leurs devoirs. Cette cérémonie consiste à se coucher sur le ventre, à ramper devant le maître, et à agiter le corps, comme fait un chien qui frétille de la queue. A cette pantomime il faut joindre le cri *nyanzig*, répété sur tous les tons. En outre, il faut être vêtu du costume exigé par l'étiquette, sinon *capout!* comme disaient si éloquemment les Prussiens de 1870-71. Toucher le trône du chef suprême de l'Uganda, même sans le vouloir; regarder une des négresses ses femmes, et ceci, et cela, entraîne la peine capitale.

Le souverain a son grand lever, tout comme Louis XIV. S. M. s'assied sur un trône. Il est entouré de prêtresses qui n'ont d'autre fonction que de lui présenter des coupes remplies de vin de bananes. Elles sont attrayantes, ces prêtresses; jugez-en par ce détail: la coiffure qui décore leur noir *facies* est faite de lézards desséchés. Leur toilette consiste en un tablier de peau de chèvre, garni de grelots.

Messieurs les gens de cour, assis, accroupis en demi-cercle sur plusieurs rangs, entourent le monarque. Au centre du demie-cercle, se trouvent les tambours et la musique.

Le roi laisse tomber de ses lèvres de telles paroles :

— Les bestiaux, les femmes et les enfants sont rares dans l'Uganda. Qu'on lève une armée de deux mille hommes, et qu'on se rende dans l'Unyoro pour en ramener bestiaux, femmes et enfants...

Ou bien encore :

— Mes sujets ont été outragés par les Wasongas. Qu'ils soient punis, ces Wasongas!... Prenez des hommes, que la flotte parte, et vengez-nous!

Enfin :

— Les Wahongous refusent le tribut... Guerre aux Wahongous!...

Mtésa achève à peine, que l'on désigne officiers et soldats. L'armée part. Une bataille quelconque, un pillage, des violences ont lieu. L'armée revient. Le roi s'empresse à sa rencontre. On lui raconte les faits d'armes. Il récompense par le don de femmes et de troupeaux, et tout redevient calme et paisible. Ajoutons que le lâche est marqué d'un fer rouge.

Le pays de l'Uganda est la terre promise de l'Afrique. Courbée comme un arc à l'entour du lac Ukéréwé, le Nyansa-Victoria, sous l'Equateur qui la partage, cette région est certainement plus riche que le Karagué, en patates, maïs, ignames, cannes à sucre, caféiers, etc. On y rencontre partout de magnifiques prairies, dans lesquelles paissent d'innombrables troupeaux. Mais ce qui en fait le charme, c'est le bananier, le plus opulent des végétaux, le *musa paradisiaca* cet arbre à feuilles admirables, le *manz* des Arabes, qui, d'après certains théologiens, offrit ses fruits délicieux à Eve, pour tenter Adam. En effet, des régimes de bananes on peut faire un aliment cru, sec, grillé, ou cuit sous la cendre, une boisson exquise, etc. En outre, de sa pulpe on produit un pain exquis, des potages très-appréciés, etc.

Enfin, de ses feuilles, les Wagandas font des vases, des tuyaux, des toits de hutte, etc.

Les naturels de cette contrée fortunée ont les traits durs, résultat de la terreur dans laquelle ils vivent en présence d'un indéfinissable despotisme. Ils s'habillent d'une sorte de burnous de bandes d'écorce de figuier, fixé à leur épaule droite, et tombant jusque sur leurs talons, qu'ils appellent *mbougóu*

Le 10 janvier 1862, Speke avait quitté Rumanika, et le 29, entré dans l'Uganda, des hauteurs d'une colline il revoit son Nyansa-Victoria. Combien il est ému ! Il retrouve enfin le lac de Ptolémée, juste à l'opposite du point où il l'avait aperçu la première fois. Oh ! qu'il se gardera bien de le quitter maintenant, avant d'en avoir fait le tour !...

Néanmoins il s'arrache à sa contemplation pour gagner la vallée voisine. Il y trouve les nègres s'agitant comme des fous. Ces pauvres gens donnent un charivari aux mauvais esprits de l'endroit, pour les éloigner et les chasser de leurs côtes !...

Le 8 février, le capitaine anglais passe la ligne équatoriale, et de nouveau le lac lui apparaît, au lieu même où se rejoignent ses deux rives, la rive du nord et la rive de l'ouest. Partout où se portent au loin ses yeux, il entrevoit un immense développement de collines servant d'encadrement à la splendide nappe d'eau qu'il admire et sur laquelle nage une portion de la flotte royale de l'Uganda, à l'abri d'îles charmantes.

Puis il visite la vallée de Katonga, que les renseignements qui lui ont été fournis représentent comme arrosée par une large et profonde rivière. Seulement, à cette heure, ce cours d'eau ne laisse voir que des ruisseaux peuplés d'abondants roseaux.

Speke est ébloui par les beautés de nature de cette oasis et les merveilles de végétation qui l'entourent, lorsque se présente à lui un groupe d'envoyés du sultan Mtésa. Ces noirs ont tous la tête rasée : elle conserve pour unique ornement un demi-cercle de cheveux de laine crépue. Les députés du roi lui présentent trois baguettes. Chacune de ces baguettes représente un remède demandé par le souverain. Le premier remède devra débarrasser un des courtisans de rêves qui l'obsèdent; le second aura pour but de donner à Mtésa une nombreuse postérité; du troisième résulteront d'infaillibles moyens de compression pour le peuple nègre, qui devra en ressentir une saisissante terreur...

Speke fait répondre au sultan que bientôt il sera question, dans une entrevue, de cette importante affaire.

En attendant, l'explorateur traverse le cours d'eau du Mwarango, dont, à son grand étonnement, la marche se dirige du sud au nord.

Donc le voyageur a franchi l'arête de partage des eaux de l'Afrique subéquatoriale.

Bien mieux : ce courant doit être, sinon le Nil lui-même, tout au moins l'un de ses tributaires.

Le fait est que les nègres qui connaissent la contrée affirment à Speke que cette rivière vient du lac, et qu'elle va rejoindre le Nil, assez près de la résidence du sultan de l'Unyoro.

Le 19 février, tout-à-coup de vibrantes détonations se font entendre aux oreilles du capitaine anglais et de sa suite. C'est la mousqueterie du souverain de l'Uganda, qui annonce à la caravane qu'elle arrive à la demeure du sultan Mtésa.

Ce n'est pas une habitation ordinaire, cette résidence. Elle couvre toute une colline de palais et de dépendances. Figurez-vous un immense damier, et, dans chacun des carrés de ce damier, représentez-vous une hutte, mais une hutte grandiose, une hutte de prince. Rien de semblable encore n'a été vu par Speke dans toute l'Afrique équatoriale. L'aspect de ces huttes immenses, disposées ainsi en ordre sur toute une colline, a véritablement une physionomie majestueuse, monumentale.

A la salve royale le voyageur répond par une autre salve de toutes ses carabines. Aussitôt un officier vient excuser le sultan de ce qu'il ne tient pas une cour plénière en son honneur, pour le recevoir, le mauvais temps ne le permettant pas : mais il l'assure d'une réception solennelle pour le jour suivant. Ensuite, comme il tombe en effet beaucoup de pluie, le page royal s'empresse de conduire le capitaine aux huttes qui lui sont destinées, ainsi qu'à sa suite. Hélas! tout ce qui brille n'est pas or, et la preuve, c'est que les huttes se trouvent dans un tel état de malpropreté que Speke refuse d'y entrer, en disant au représentant du roi qu'il est « prince du sang, lui, Anglais! » et qu'il doit habiter dans le palais, ou qu'il s'éloignera incontinent. Sur ce, le page se prosterne, en conjurant l'étranger d'accepter pour le moment l'abri qu'on lui offre en attendant mieux.

Pour la fameuse présentation, Speke a choisi des présents éblouissants... pour un roi nègre : boîte en étain, coupons de soie, chronomètre en or, carabine, revolver, fusils de chasse, sabres, poudre, télescope, pliant, douze couverts et verroteries en masse. Puis, afin de donner une haute idée du *prince du sang*, le capitaine fait habiller ses wanguanas, etc., de cotonnade rouge : il les coiffe du fez; il les élève au rang de gardes du corps, et enfin il s'achemine, richement paré, vers la royale demeure de S. M. Mtésa. Deux officiers précèdent l'escorte : les pages du sultan marchent ensuite; puis vient le guide ayant en main le pavillon d'Angleterre. Après lui, s'avancent la garde d'honneur en rouge, arme au bras, baïonnette au fusil, les porteurs de présents et enfin lui-même, le capitaine Speke, marchant sur le côté de la ligne.

— *Irungi! Irungi!* s'écrient les gens du monarque.

*Irungi!* mot d'admiration suprême chez les nègres...

Et pourtant officiers, courtisans et gens du roi sont richement vêtus, eux aussi. Vaste manteau d'une écorce qui simule le velours feuille-morte, et, sur ce manteau, sorte de pèlerine de peaux d'antilopes. Leurs visages noirs sont surmontés de turbans décorés de défenses de sanglier, de perles, de coquillages, de talismans, etc. Et puis, au cou, aux bras, aux jambes, des colliers, des bracelets, etc., toutes sortes d'ornements d'un grand effet.

L'escorte s'est mise en marche. On approche de la colline royale, sur laquelle, de la base au sommet, sont étagées les larges huttes aux toits brillants. De belles palissades de roseaux les entourent. Il y a les huttes des officiers, il y a les huttes des femmes. Celles-ci sont au nombre de quatre cents. Beaucoup sont autour du prince sans doute; mais on en voit un grand nombre encore qui jouissent par les fenêtres et les portes de l'aspect de la phalange des étrangers, qui passe.

L'entrée de la résidence présente de majestueuses dimensions. Une irréprochable propreté se produit partout. A chaque porte, un officier. Enfin, voici le sultan Mtésa, dans une vaste cour d'honneur. Il est assis sur un trône de gazon recouvert d'un tapis rouge. C'est un jeune nègre de vingt-cinq ans, soigné dans sa mise, élégant même, de belles formes et d'un visage avenant. Il tient un mouchoir plié et un second mouchoir brodé d'or, dont il se sert pour s'essuyer la bouche quand il a vidé une calebasse de vin de bananes que lui présentent ses femmes ou ses sœurs. Il lui arrive aussi de dissimuler derrière le second mouchoir de soie le rire qui lui vient aux lèvres parfois. Négresses de toutes tailles et nègres de tous rangs entourent le jeune sultan.

Speke se présente le chapeau à la main. Il est invité à s'asseoir. Mais comme le soleil de l'équateur lui brûle la tête, sans façon l'Anglais se couvre de son feutre, s'abrite sous son parasol et se place, en face du roi, sur son pliant. Alors, pendant plus d'une heure, notez bien cela, l'étranger blanc et le roi noir se contemplent dans un silence absolu, solennel. Par moment, Mtésa murmure un mot, communique une idée à ceux qui peuvent l'entendre. Puis enfin il demande au voyageur d'ôter et de remettre son chapeau, d'ouvrir et de fermer son ombrelle; et il termine cette première séance en disant :

— M'as-tu bien vu?...

— Pendant une grande heure!... répond le capitaine.

Sur ce, le nègre couronné se lève, et, à pas très-lents, se rend dans une cour voisine. Je dis à pas très-lents, parce que l'étiquette veut que les rois de l'Uganda adoptent l'allure majestueuse du lion.

Je ne puis redire ici les phases diverses de la réception de Speke par Mtésa. On alla de cour en cour, et enfin, dans l'une d'elles, le sultan demanda à l'étranger quel message lui envoyait le roi du Karagué. Les officiers chargés d'interroger le capitaine, avant de transmettre à leur maître la réponse du voyageur, se prosternèrent sur le sol et se tordirent comme des serpents blessés.

Dans le but d'obtenir du jeune roi, grand enfant irascible et peu commode, les moyens de faire venir le capitaine Grant du Karagué, où vous vous rappelez qu'il était resté malade, la faveur de parcourir le pays d'Uganda pour y chercher les sources du Nil, et la permission d'étudier le lac Victoria, Speke offrit au noir une bague qu'il avait au doigt. Hélas! l'amitié du prince, qu'il convoitait, fut obtenue et de reste, et les riches cadeaux de l'explorateur lui gagnèrent de trop les bonnes grâces de Mtésa, car comme le séjour de l'Anglais était pour le nègre et la cour une magnifique et rare occasion de se divertir, et de passer agréablement le temps, il devint très-difficile au premier de s'arracher aux importunités obséquieuses des seconds, et de décider le jeune tyran à donner la liberté que sollicitait le voyageur de continuer ses investigations. Il dut user de toute sorte de ruses pour arriver à ce résultat.

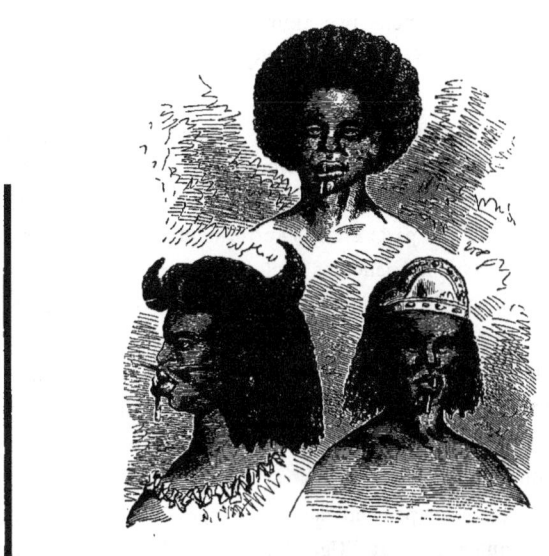

Femmes des chefs du centre de l'Afrique.

Le séjour de Speke à la cour du sultan Mtésa ne dure pas moins de six mois. Il obtient enfin que des officiers du roi aillent chercher Grant, qu'on lui ramène couché sur un palanquin; puis, la promesse d'une excursion sur le lac Nyansa-Victoria.

L'excursion se réduit à une promenade de six jours. Il est vrai qu'il est gardé à vue par Mtésa lui-même, et que le tyran ne veut jamais s'éloigner du rivage. Là, jeux d'adresse exécutés par les plus maladroits des barbares, les Wagandas, régates joyeuses, descentes dans les îles de l'Ukéréwé, si charmantes, mais malheureusement habitées par le grand-prêtre de la divinité locale, lequel en défend les abords et qui est tourmenté de la crainte de maléfices de la part de l'étranger; tout est prodigué pour fasciner le voyageur, que le jeune prince veut conserver près de lui.

Ah! que le capitaine eût bien mieux aimé errer en liberté, à la recherche de son Nil!...

Afin d'obtenir l'autorisation de quitter l'Uganda, il ne faut pas moins, de la part de Speke, que le sacrifice de sa chère boussole, cet instrument si nécessaire au voyageur, que convoite et sollicite sans fin le prince noir, d'une part; et, de l'autre, la promesse de revenir bientôt à la cour, avec les richesses renfermées dans des vaisseaux que lui amène un certain trafiquant du nom de Péthérik, avec lequel Péthérik il a été convenu, en effet, à Londres, où ce marchand d'ivoire s'était trouvé en même temps que Speke, que des hommes et des bateaux remonteraient le Nil jusqu'à la hauteur de l'Asua, son premier affluent, pour y attendre l'explorateur anglais et le conduire au comptoir dudit Péthérik.

Enfin, Grant et Speke peuvent donc s'éloigner. Ce n'est pas avec regret, certes, qu'ils quittent l'Uganda, car les deux Européens, quoique habitués aux scènes de meurtres de l'Inde, sont fatigués des spectacles sanglants et de la vue des supplices si ordinaires à la cour du sauvage barbare qui a nom Mtésa.

La splendide colline aux huttes royales, qu'est-ce autre chose qu'un coupe-gorge? Et quand on songe que les victimes de ces ignobles cruautés sont généralement innocentes!... Ainsi, pour ne citer que peu de faits, après le don des carabines fait par le capitaine anglais au nègre souverain, le tyranneau n'a rien de plus pressé que d'essayer la précision de l'arme sur le premier individu qui passe, et il fait mordre la poussière à un vieillard!... Deux heures après, il trouve charmant de faire assommer une jeune femme, qu'il prétend lui avoir manqué de respect, parce qu'elle lui a offert un fruit magnifique qu'elle vient de cueillir...

Bref, Mtésa donne à la caravane soixante vaches, quatorze chèvres, dix paniers de beurre, quantité de café, de tabac, et de cette étoffe pour *mbougou*, afin d'habiller l'escorte entière.

Après quoi les deux amis, entamant les recherches qu'il leur reste à faire, s'avancent dans la direction du nord-est. Cent vingt kilomètres pour arriver au Nil!... Mais combien de temps pour ces cent vingt kilomètres avec des troupeaux et des bagages, alors qu'il suffit d'une étape de huit à dix de ces kilomètres pour mettre sur les dents gens et bêtes!

Mais voilà que, partout, sur leur passage, nègres et négresses des contrées qu'ils traversent s'enfuient, abandonnant toutes choses à la discrétion des hommes de Mtésa, chargés de l'escorte. Et puis, Grant ne peut marcher facilement. Que faire? Les deux capitaines conviennent de se séparer. L'un, Speke, prendra la direction du nord; l'autre, Grant, celle de l'ouest.

Le point de ralliement sera l'Unyoro, et, dans l'Unyoro, la résidence du roi Kamrasi.

Le 21 juillet, la caravane de Speke atteint le village d'Urondogani, et là, subitement, vers le milieu du jour, et sous l'éblouissant rayonnement du soleil, le voyageur aperçoit peu à peu devant lui un admirable cours d'eau de huit cents mètres de largeur, marqueté d'une infinité de petites îles vertes se détachant, comme des émeraudes, sur les eaux bleues d'un fleuve, dont la rive gauche est couverte des plus frais herbages, tandis que la rive droite offre aux yeux les reflets d'or des sables.

Speke est en présence du Nil, en présence de ce fleuve antique auquel se rattachent l'histoire et la vénération des peuples. Aussi, je vous laisse à penser avec quel enthousiasme il le salue, avec quel bonheur il savoure ses eaux!

Le moment est venu pour l'explorateur de réclamer des barques qui lui ont été promises par Mtésa, pour remonter le Nil jusqu'à ses sources. Et, comme ces barques n'arrivent pas, impatienté, l'ardent capitaine se décide à franchir à pied la distance qui l'en sépare, en suivant les bords du courant. Il arrive de la sorte jusqu'à Isamba. En cet endroit, il admire davantage encore les eaux du Nil, lesquelles, irritées par d'innombrables obstacles s'opposant à sa marche, mugissent et tonnent, en composant des rapides du plus bel effet. Par bonheur, les rayons du brûlant soleil de l'équateur sont tempérés par d'épaisses ramures d'acacias, auxquelles se balancent de magnifiques guirlandes de convolvulus, décoration naturelle qui semble destinée à faire hommage au cours du grand fleuve.

On traverse ensuite des régions dont les vallées et les éminences sont capitonnées de nombreux villages. Au moins, les naturels qui les habitent ont-ils des allures débonnaires, et présentent-ils des physionomies affables. Ils livrent volontiers toutes les provisions dont peut avoir besoin la caravane.

Bientôt, c'est le 28 du même mois, se montre aux regards émerveillés une immense et majestueuse cataracte, vantée déjà bien des fois aux oreilles du voyageur par les indigènes qui l'accompagnent. Le fait est que cette cataracte est grandiose, car le Nil, large de cinq cents pieds en cet endroit, se précipite d'une hauteur de douze, sur des amoncellements de roches de formes fantastiques.

Alors, le canal qui amène jusque-là les eaux du fleuve reçoit du capitaine le nom de Napoléon, — canal Napoléon, — comme témoignage de gratitude pour la France, qui lui a offert la médaille d'or de la Société de Géographie de Paris, à l'occasion de sa découverte du Nyanza-Victoria.

Quant à la chute, il l'appelle Ripon, nom du président de la Societé de Géographie de Londres.

Des hauteurs qui dominent cette cataracte, très-voisine du lac Nyanza-Victoria, le spectacle est saisissant : eau limpide qui se brise en bouillonnant contre les rochers de son lit ; poissons de toute forme bondissant sous le harpon des nègres pêcheurs ; crocodiles effrayants, aux aguets ou dormant au soleil, sur des bancs de terre ou des récifs ; barques sillonnant le courant d'une rive à l'autre ; troupeaux de bétail et bêtes sauvages venant se désaltérer aux abords des anses ; et, dans un vaste pourtour, sites merveilleux et collines surchargés de la plus opulente végétation, riches plantations de bananiers, et enfin massifs d'arbres de toutes les essences tropicales, dont les magnifiques feuillages charment les regards.

Quel triomphe pour Speke ! Evidemment le Nil sort du lac Nyansa-Victoria. Oui, c'est bien là le fleuve qu'il a déjà vu, de loin, s'écoulant du lac Ukéréwé, son lac Victoria, à lui ; voilà bien le père nourricier de la Nubie, de l'Egypte, du Delta, le vieux fleuve tributaire de notre mer Méditerranée... Le Nil laisse enfin connaître son origine et ses mystérieuses sources tant et tant recherchées !...

Le problème est résolu, Speke en est convaincu du moins. Il est là en présence du Nil qui a servi de berceau à Moïse, l'homme de Dieu, le sauveur d'Israël, le précurseur du Christ !...

Hélas ! comme il déplore d'avoir autant perdu de temps près du tyran de l'Uganda. Qu'il l'eût bien mieux employé, s'il lui avait été donné de visiter le littoral à l'orient de ce grand lac ! Là, il aurait reconnu le lien qui unit le Nyansa-Victoria à une autre nappe d'eau que les indigènes désignent sous la dénomination de Baringo, et d'où se projette le premier affluent du Nil.

Mais, dans ce moment même où il voudrait encore prendre son vol pour aller à la découverte sur le lac et son littoral de l'est, on l'arrête, on lui fait violence. Un officier de Mtésa qui l'accompagne le contraint à s'éloigner. Il part, bien à regret, et maintenant il retourne vers Urondogani.

Enfin, à Urondogani, Speke trouve les fameuses barques. Mais elles sont dans le plus pitoyable état. Notre Anglais s'y installe néanmoins, et il descend le cours du fleuve, dont les eaux sont très-paisibles tant qu'elles traversent l'Uganda. Une fois dans l'Unyoro, il n'en est plus de même. Le courant semble se montrer rétif et d'humeur querelleuse, tout comme les naturels du rivage de ce turbulent Unyoro. En effet, nombre de canots, montés par de noirs sauvages, armés et furieux, l'assaillent et menacent de lui faire un mauvais parti. Il faut en venir aux dernières extrémités pour les éloigner. Un feu de mousqueterie les repousse, et un nègre est tué. Les autres s'enfuient au plus vite.

Toutefois Speke comprend que le Nil ne sera pas une route favorable. Il débarque, et sa caravane s'aventure dans la contrée de l'Unyoro par voie de terre. Alors, contre toute attente, le chef de l'expédition se trouve tout-à-coup en face de son ami, le capitaine Grant.

Le mot de l'énigme est que Kamrasi, le sultan de l'Unyoro, ayant appris que les blancs mangent les noirs, lui a fait défendre l'entrée de ses Etats. En conséquence, il a dû, lui Grant, rétrograder au plus vite.

Nouvel embarras de nos explorateurs. Toute réflexion faite, Speke envoie demander à Mtésa un corps de mille hommes. Avec cette garde nègre, les deux Anglais se mettront en route, en passant au milieu des dangereuses tribus de la grande contrée du Masaï, pour regagner le Zanguebar.

Mais, le messager à peine parti, ambassade de Kamrasi faisant part à la caravane que la vérité sur la présence des étrangers lui étant connue, les voyageurs seront reçus volontiers par lui. Qu'ils viennent donc!...

Entrée dans l'Unyoro, le 23 août.

L'Unyoro est une région bien plus étendue que toutes celles qui ont été parcourues jusqu'alors. Ses limites orientales sont tracées par le Nil, et le Kidi, vaste contrée sise sur la rive droite du fleuve, fait partie des possessions de Kamrasi.

A l'ouest de l'Unyoro, d'après nos pérégrinateurs, se trouve un lac, le lac Luta-Nzige, long de trois cents kilomètres et large de quatre-vingts, qui serait, pour le Haut-Nil, ce qui fut, dans l'antiquité, le lac Mœris pour le Bas-Nil du Delta.

Mais, au point de vue des richesses de nature, l'Unyoro est bien inférieur à l'Uganda. Paysages sans beauté, monticules à peine ébauchés, forêts qui ne possèdent que des arbres chétifs, peu de villages;

huttes basses ; gens d'une malpropreté révoltante. En outre, produits du sol à peu près nuls ; bétail rare.

Sous l'équateur, le Nil est à trois mille pieds au-dessus des mers : dans le pays d'Unyoro, non loin de la résidence de Kamrasi, le fleuve est déjà plus bas de mille de ces pieds.

Enfin on arrive à la porte du séjour du sultan le 8 septembre, après un parcours de plus de cent kilomètres, après le départ de l'escorte de l'Uganda, et aussi après le lâche abandon de vingt-huit des wanguanas, jusque-là très-fidèles…

La demeure de Kamrasi, autocrate moins cruel, mais bien autrement avide que Mtésa, placée au confluent du Nil et de la rivière Mwarengo, ou Kafu, selon les naturels, présente à l'œil une agglomération de huttes grossières, à toits plats, sans nulle élégance… C'est dans son voisinage, sur les bords du Kafu, que l'on octroie des cases immondes aux explorateurs : ils ne peuvent les accepter et réclament : on leur promet mieux. Mais que sont les promesses de ces tyrans !… En attendant, se passent dix grands jours sans qu'on leur accorde audience. Seulement, chaque jour, on vient leur dire que le roi prête *l'oreille à leur cri…* Cela signifie qu'il songe à leur *bien-être !…*

Vient un jour, cependant, où le sultan doit s'exécuter. L'audience a lieu. Kamrasi, majestueusement campé sur un siége d'herbes sèches à demi recouvert d'une peau de vache, donne l'ordre d'introduire les étrangers.

S. M. est grave et fière. Elle semble chercher à deviner l'impression qu'elle produit. Ses yeux plongent dans les yeux des deux Anglais. Un nez d'oiseau de proie saillit du milieu du visage ovale du souverain, assez haut de taille, et auquel ne manque pas un certain grand air.

Le chef de l'expédition, après avoir salué le roi de l'Unyoro, lui déclare qu'il a pour but de chercher les sources du Nil et de reconnaître le cours de ce fleuve, afin d'ouvrir des relations commerciales de l'Europe avec l'Afrique.

Sur ce, Kamrasi avoue qu'on l'a trompé, en lui faisant croire que les blancs sont anthropophages. Puis il ajoute :

— Quel est le maître de ton pays, l'Angleterre ?

— Une femme... lui répond Speke.

— Qui a des enfants? demande le noir.

— Oui. Et mon compagnon et moi, nous sommes deux de ces enfants...

En somme, l'accueil du despote est favorable, ce qui ne l'empêche pas de retenir ses visiteurs, pendant deux mois, dans leur étable du Kafu, car le Kafu est marécageux et les cases des voyageurs sont fort humides. Kamrasi les y tient cachés, parce qu'il veut les dissimuler aux yeux des guerriers de l'Uganda, qui, paraît-il, ont ordre de les enlever et de les ramener à Mtésa.

Dès lors, point d'excursion au lac Luta-Nzigé; point de présentation à la famille du sultan; ennui, désœuvrement, perte de temps pour les infortunés explorateurs. Kamrasi n'a de rapports avec ses hôtes que pour obtenir d'eux des présents, les voler, les spolier. C'est ainsi qu'il s'empare du chronomètre de Speke, brisé dès le soir même : c'est ainsi qu'il surprend la presque totalité des objets qui restent aux Anglais.

Enfin Bombay, le dévoué Bombay, envoyé à la rencontre de Péthérik, du côté de Gondokoro, revient et annonce qu'il a trouvé deux cents facteurs de ce trafiquant, qui attendent Grant et Speke, à distance, sur les bords du Nil. Kamrasi, à cette nouvelle, prétend mettre encore des entraves au départ de la caravane : il a la pensée d'achever de dépouiller les étrangers avant de leur octroyer la liberté de se quitter. Mais Speke agit avec tant de résolution, que Kamrasi n'insiste plus.

Leur prison du Kafu s'ouvre enfin pour les deux amis, le 6 de novembre 1862. Ils s'embarquent sur ce Kafu, dans deux canots. Là encore, ils sont cachés aux regards des indiscrets, par d'énormes roseaux dont sont bordées les rives de ce courant.

Le jour qui suit leur départ, ils entrent dans le Nil, et, pour la première fois, ils y trouvent le papyrus. Çà et là, glissent à côté d'eux des îles flottantes que tapissent des mousses, des graminées, des fougères.

Ils traversent le Chopi, le Kidi, et ils y voient non sans étonnement les indigènes affables, pour tout vêtement de longues perruques bouclées. Ils y rencontrent l'arbre à papier de verre, dont les feuilles ont, comme la langue du chat, un appareil qui râpe la chair, le bois, etc.

Se présentent ensuite les nombreuses chutes de Karamne, succession de rapides, dont le plus élevé compte de trois à quatre mètres d'altitude. Evidemment le sol de l'Afrique placé sous l'équateur est soulevé et boursouflé : aussi le fleuve subit-il l'action de descente des terrains, au fur et à mesure que l'on s'éloigne de la ligne équatoriale.

Vient ensuite le Garri, dont les villages sont fortifiés de palissades, qui les mettent à l'abri d'un coup de main.

Le 3 décembre, ils sont à Faliro. Alors, quelques minutes après leur arrivée, quel n'est pas leur étonnement d'entendre le crépitement d'armes à feu que l'on décharge. Ce sont les deux cents facteurs de... Péthérik?... non, de Debono, qui, drapeaux, fifres et tambours en tête, viennent à la rencontre des voyageurs.

Comment Debono s'est-il substitué à ce Péthérik? Je n'ai pas le temps de le dire. Cela offre peu d'intérêt, du reste. En tout cas, ce sont des amis.

Le 1ᵉʳ février 1863, après un repos plus ou moins prolongé, dans le voisinage des montagnes de Kuku, et quelques jours employés à la chasse de buffles, d'antilopes, voire même d'élans et de girafes, Speke et Grant touchèrent encore au Nil, courant à travers les rochers ces mêmes montagnes. Ils suivirent ce fleuve jusqu'à son confluent avec l'Assua, échappèrent aux hostilités des redoutables peuplades du Bari, ressentirent un tremblement de terre, et enfin atteignirent Gondokoro, le point central du commerce de l'Afrique avec le vieux monde.

Gondokoro se trouve en communication avec le Caire, par la navigation du Nil.

C'était donc déjà l'Egypte.

Mais sur ce point, et après un tel voyage subéquatorial, l'Egypte... c'était presque l'Europe !

———

Maintenant, résumons cette relation par une simple question :

— Le problème posé, il y a 2,000 ans, est-il résolu cette fois, et connaissons-nous enfin les véritables sources du Nil?...

Non! la solution de la difficulté n'est pas encore nette et précise, hélas !

Speke a découvert le lac Victoria... A merveille ! Mais il est loin d'avoir fait le tour de ce lac. Tout le côté oriental de cette petite Méditerranée demeure inexploré. Or, ne peut-il pas se trouver, sur cet immense parcours, descendant du Kénia ou du Kilimandjaro, quelque cours d'eau venant alimenter le lac Ukérewé-Nyansa-Victoria, le traversant et en ressortant?

Le fait est que le versant oriental du Kilimandjaro et du Kénia donne naissance à plusieurs fleuves qui vont porter le tribut de leurs eaux à l'océan Indien. Ne peut-il pas arriver que le versant occidental de ces mêmes montagnes donne également naissance à quelque fleuve qui porterait le sien au Nyansa-Victoria?

Une vue de Rio-Janeiro.

# LES VOYAGES DE MADAME IDA PFEIFFER

## DANS LES DEUX AMÉRIQUES

### de 1825 à 1852.

L'Amérique, découverte par Christophe Colomb en 1493, est située dans l'hémisphère occidental de notre globe, et se compose de deux continents triangulaires. Ces deux continents, réunis par l'isthme de Panama, prennent suivant leur position les noms d'Amérique septentrionale et d'Amérique méridionale.

L'isthme de Panama, qui les tient soudés l'un à l'autre, est long d'à peu près quatre-vingts lieues et large de vingt-cinq dans sa partie la plus étroite. Il est formé par la chaîne immense de la Cordillière des Andes reposant sur un massif de roches élevées qui, semblables à une digue formidable, séparent l'océan Atlantique du grand océan Equinoxial ou Pacifique.

Il a été longtemps question de couper par un canal cet isthme de Panama, pour abréger les voyages et mettre les deux océans Atlantique et Pacifique en communication directe. Mais la nature met obstacle à un tel travail, et on a remplacé le canal par un chemin de fer qui unit la ville de Panama à celle de Puerto-Bello, la première sur l'Atlantique, la seconde sur le Pacifique. Ce n'est pas tout-à-fait la même chose, attendu que les vaisseaux, ne pouvant voyager en wagon, sont toujours obligés d'aller doubler le cap Horn, mais enfin on peut, par le chemin de fer, expédier les marchandises d'un port à l'autre.

C'est sur le littoral oriental des deux Amériques que s'est répandue et groupée toute l'activité politique et commerciale du peuple américain. Cela devait être, car l'Atlantique unit les deux mondes qui se regardent de ses rivages, et les met en relation facile et incessante.

Des nombreuses contrées qui composent le Nouveau-Monde, nous allons visiter la plus étendue, à savoir le Brésil.

Le Brésil est peu connu. C'est la vaste région des forêts vierges, la terre de l'or et des pierres précieuses. Nulle contrée ne peut être comparée au Brésil, arrosé par des fleuves immenses, sillonné par les chaînes des Chiquitos, peuplé par les plus terribles animaux de la création, riche de tous les trésors de la nature, possédant de grandioses exploitations rurales appelées *faciendas*, mais obtenant tous ses produits à l'aide du fouet du surveillant des nègres, le feitor, car, là, l'esclavage est dans toute sa plus révoltante réalité.

Sous les brûlantes latitudes du Brésil, s'il y a des villes, de grandes cités, *cidades*, habitées par les Européens civilisés et les créoles, fils d'Européens et d'indigènes, dans les profondes forêts il y a aussi le *rancho*, c'est-à-dire la hutte de feuillage qui prête son abri à l'Indien, et cet Indien, le Botocudo, est réfractaire à toute civilisation, lui. Comme le jaguar, il recule dans ses déserts à mesure que la hache des pionniers européens pénètre dans ses forêts, car il a les gens de l'ancien monde en profonde haine.

Cette haine de bête fauve que le Peau-Rouge a vouée à tous les blancs s'explique facilement, à tous les blancs à cheveux noirs notamment, si l'on se souvient du sans-façon avec lequel Espagnols et Portugais prirent possession de ces territoires, après la découverte de l'Amérique. En voulez-vous un exemple? Ecoutez :

Le Hollandais Hans Stade est fait prisonnier par les Indiens Botocudos. Ils n'attendent que le moment où leur captif sera suffisamment gras pour le mettre à la broche. Vainement Hans Stade cherche à convaincre ses terribles ennemis qu'il n'appartient pas à la race de leurs bourreaux.

— J'ai déjà mangé cinq blancs, lui dit un jour le chef, qui vient le tâter, et tous, comme toi, disaient qu'ils n'étaient point Portugais...

A bout d'arguments, le pauvre Hollandais imagine enfin d'invoquer la couleur de ses cheveux, qui sont d'un roux ardent, comme ceux de tous ses compatriotes, prétendait-il. Cette réflexion devient son salut. Les Botocudos se rappellent que les prisonniers rôtis et mangés étaient bruns, le délivrent et le laisser aller.

Dans le Brésil, les Indiens ne composent pas de timides populations qu'une décharge d'artillerie met en fuite : ce sont de vigoureux athlètes qui défendent leur sol avec acharnement.

S'enfoncer dans les bois reculés qui bordent les grands fleuves, et y rencontrer la tribu des Guaranis n'est pas sans danger. Jugez des hommes par les enfants. On voit de ces petits Indiens, à peine sevrés, se précipiter dans l'eau et y folâtrer des journées entières, sans souci des caïmans qui fourmillent dans les eaux du Brésil. Ces affreux petits Peaux-Rouges se démènent comme des diablotins quand vous essayez de leur parler, et, pour les empêcher de mordre, toutes les précautions sont de rigueur.

C'est donc dans le Brésil que je vous conduis, à la suite de madame

Le temple du soleil à Cuzco.

Ida Pfeiffer, cher lecteur. Aussi, tout d'abord, un mot sur cette illustre et vaillante voyageuse.

A Vienne, capitale le l'Autriche, venait au monde, en 1797, Ida Reyer, fille d'un riche négociant. Unique sœur de sept garçons, vive, hardie, entreprenante, toujours vêtue pendant de longues années comme ses frères, Ida prit naturellement, et ne put s'en défaire, les allures masculines. Ardente patriote, elle conçut de bonne heure une vive antipathie pour les Français et Napoléon I$^{er}$, dominateurs de son pays.

A l'âge de vingt-deux ans, mademoiselle Reyer devient l'épouse du docteur Pfeiffer, l'un des plus habiles avocats de la Gallicie. Néanmoins, tourmentée bientôt, obsédée par le désir de voyager et d'explorer les différentes contrées du globe, madame Pfeiffer livre à eux-mêmes ses deux fils et son mari, absorbé par ses affaires, et, un beau jour, la jeune femme part pour Constantinople, et, dans un premier voyage, visite la Syrie, la Palestine, l'Egypte, traverse le désert de Suez, et revient à Vienne par la Sicile et l'Italie.

A l'aide de ses notes, elle fait de cette longue pérégrination un récit très-attachant, dont le renom lui procure assez d'argent pour la mettre à même de reprendre bientôt ses courses aventureuses.

C'est vers l'Islande et le nord de l'Europe, cette fois, qu'Ida Pfeiffer dirige ses investigations. Elle fait l'ascension de l'Hécla, va voir de près le Geyser, visite les lacs Mœlar, Venner et Vetter, dans la Suède, de Christiania vient à Copenhague, et enfin rentre à Vienne, en passant par Berlin.

Une nouvelle relation de son parcours lui vaut de nouveaux trésors. Mais déjà, sans prendre de repos, l'intrépide voyageuse rumine une autre expédition, à savoir le Tour du Monde!

Notez qu'Ida Pfeiffer est une femme délicate, frêle, petite, la taille légèrement inclinée en avant. Mais souvent ce sont ces natures chétives qui, dans l'action, déploient le plus d'énergie.

Nous sommes en 1840. Il est dix heures du soir, le 29 août. Un navire à voiles, — les vapeurs sont rares encore en 1846, — franchit l'équateur et pénètre dans l'hémisphère austral, en plein océan Atlantique. C'est l'heure des ténèbres, mais la nuit est transparente et chaude : les plus admirables constellations ponctuent le bleu pavillon du ciel. D'ailleurs, les feux du vaisseau, qui se balancent dans les agrès et sont suspendus dans les enfléchures, permettent de voir ce qui se passe sur le pont. Les officiers du bord entourent une jeune femme et avec elle, pleine d'enthousiasme, on le devine au feu sacré que produit sa vive physionomie, saluent le passage de la ligne équinoxiale au joyeux bombardement de nombreux flacons de Champagne, tandis qu'un pauvre petit diable de mousse reçoit le baptême traditionnel au moyen de seaux d'eau dont on l'inonde.

Cette fringante touriste, c'est Ida Pfeiffer qui, pour entamer son Tour du Monde, cingle vers les côtes du Brésil.

En effet, quinze jours après, la brise de mer annonce l'approche de la terre, car elle apporte, en se jouant, les miasmes des plus suaves parfums de fleurs tropicales. Puis, le 16 septembre, apparaît le charmant amphithéâtre de la ville de Rio-Janeiro, émergeant peu à peu des flots, et s'estompant en blanc sur les échancrures les plus fantaisistes de longues chaînes de montagnes.

La rade de Rio-Janeiro a pour ceinture d'élégantes villas, de gracieux villages, de riants jardins et des parcs opulents. Il se fait comme une procession de maisons, accompagnant la promenade publique, plantée de palmiers, et descendant jusqu'à la mer, comme pour faire un accueil de bienvenue au voyageur. Toute une forêt de mâts se balance dans le port et dans la moindre baie du voisinage. On demeure en extase en face de la richesse et de la variété de l'admirable végétation qui décore les rivages. Aussi, vu de la haute mer et du large, ce spectacle a quelque chose de magique qui éblouit le regard.

Mais tout tableau a ses ombres.

Ida Pfeiffer est presque désenchantée lorsqu'elle met pied à terre, sur une place couverte d'immondes détritus, au milieu desquels pullulent, grouillent et se jouent des nègres nus et malpropres, qui néanmoins ont la prétention d'offrir aux amateurs des friandises et des fruits.

Heureusement, à cette *praya dos Mineiros* succède une large rue, *rua Diretta*, à laquelle certains monuments font honneur : douane, bourse, etc., et qu'emplit une foule très-variée.

Apparaît alors, à l'extrémité de la voie, un large palais que ne recommandent ni son architecture, ni le goût qui a présidé à sa construction. C'est la demeure de S. M. l'Empereur. Une place, ornée d'une fontaine, précède cette habitation impériale, et de son balcon, comme de toutes les fenêtres des maisons du pourtour, on peut avoir l'indicible agrément de contempler, à toute heure, les mendiants faisant leur toilette et les nègres qui n'ont pas de maîtres évoluant, sans vergogne, dans l'eau de cette fontaine, car de cette place ces aimables hôtes font une véritable chambrée.

La rue de la Miséricorde est ensuite l'une des artères importantes de Rio-Janeiro. Il en est de même de la rue Ouvidor, dont les magasins sont fort grands et passablement approvisionnés. Ce qui attire davantage le regard du passant, ce sont des étalages de fleurs artificielles particulières au pays. Elles sont faites de plumes d'oiseaux, d'ailes d'insectes et d'écailles de poisson. C'est original et tout-à-fait charmant.

La plus vaste des places de Rio-Janeiro, c'est certainement la place Santa-Anna : mais, hélas ! pourquoi donc n'est-elle pas plus propre ? Croirez-vous qu'on laisse pourrir sur ses dalles et infecter l'air de tout le quartier, des cadavres de chiens, de chats, voire même de mulets !... Une fontaine occupe le point milieu de cette praya; mais parmi ces affreuses ordures, il faut voir se démener les blanchisseuses de la ville. Comme l'eau de cette fontaine est essentiellement douce, ce qui est rare à Rio, ces dames s'emparent de la place tout entière et accaparent l'eau sans le moindre souci des autres.

Linge séchant au grand soleil du Brésil, cris d'enfer, tapage sans nom, telle est la place Santa-Anna.

Les maisons sont la reproduction des maisons de nos villes de province : un rez-de-chaussée et un étage. De misérables balcons les décorent, et y sont appendus aux fenêtres des volets massifs presque constamment fermés.

Des églises, rien à esquisser, soit du dehors, soit de l'intérieur. Pourtant le cloître de San-Benito et l'église Candelaria offrent un assez bel aspect.

Il en est de même pour l'architecture de l'Académie de Musique. Mais lorsqu'on pénètre dans la salle, elle est d'un effet grandiose, magnifique, et la scène est large et profonde.

Rio-Janeiro possède un travail monumental digne de l'antiquité. C'est un aqueduc imposant et splendide. Mais, comme contraste, pas le moindre égout dans toute la ville. Aussi, quand vient l'heure d'un orage ou la saison des grandes pluies, les rues se transforment en rivières. Alors l'unique ressource est de se confier aux épaules des nègres qui vous portent dans leurs bras, ou de prendre une voiture. Ces véhicules sont attelés de deux mules, dont l'une est montée par le conducteur : ce genre de locomotion revient de quatorze à quinze francs, et la police laisse exiger de tels prix.

Ainsi, voilà une grande ville, admirable d'aspect vue de la mer, qui, de près, n'a guère que des monuments vulgaires et rien de remarquable, mais qui, en outre de la malpropreté de ses places, étale aux regards le plus hideux des spectacles : nègres et négresses à demi nus ou en haillons, leur gros nez aplati, leurs lèvres en bourrelets, et d'affreuses créature, que la maladie du pays, l'éléphantiasis, lèpre horrible qui attaque gens et bêtes, rend repoussantes.

Le code brésilien prohibe l'esclavage, et l'esclavage se montre partout. Heureusement les pauvres esclaves sont assez bien nourris, bien traités. Peu ou prou de punitions corporelles, si ce n'est pour les nègres déserteurs.

A Rio-Janeiro, singulier usage à l'endroit des morts. Il y a des cimetières, sans doute, mais on est loin d'y enterrer tous les trépassés. On inhume les riches dans les églises qui possèdent des caveaux. Leurs cadavres, à l'aide de chaux, sont réduits à l'état de squelettes. Ces ossements sont alors renfermés dans une urne que l'on dépose dans les galeries souterraines, ou que les familles emportent dans leurs maisons.

J'ai dit que la végétation est admirable dans le Brésil. Elle dépasse, en effet, tout ce que l'imagination peut rêver de plus beau en arbres magnifiques, en riche verdure, en splendides effets de feuillages. Le printemps dure toute l'année et tout est vert, fleuri, parfumé. Pourtant les contrastes se produisent aussi, car l'air est lourd, la chaleur accablante, les orages violents. Les éclairs font de tout l'horizon une mer de flammes. D'autre part, comme cela a lieu sous les tropiques, à peine le soleil est-il couché que l'obscurité règne, épaisse et profonde. Partant, rien, jamais rien de nos beaux et poétiques crépuscules.

Alors que madame Ida Pfeiffer est à Rio-Janeiro, on parle beaucoup d'une colonie allemande établie au cœur d'une forêt vierge, dans un site charmant, et qui a nom Pétropolis. C'en est assez pour piquer l'ardente curiosité de notre excursionniste. Elle prend donc place sur une barque et remonte la rivière jusqu'à Porto d'Estrella. Puis elle franchit les taillis d'une large vallée, encadrée de montagnes, où elle cueille des ananas sauvages plus beaux à la vue qu'agréables au goût, admire pour la première fois les gracieux et mignons colibris, picorant à même dans le calice des fleurs, et atteint la rampe d'une montagne de neuf cents mètres d'altitude. Là, nonobstant le chemin qui sillonne les talus, on est en pleine forêt vierge; aussi l'excursionniste fait-elle moisson de plantes et d'insectes. Nulle crainte, dans ces bois immenses : des bandes de dix mules chacune vont et viennent, dirigées par des nègres; et puis, ici et là, des gens, hommes et femmes, cheminent, descendant ou gravissant la montagne sur laquelle est située Pétropolis.

Pourtant, madame Pfeiffer, qui du reste est accompagnée, mais par des promeneurs peu braves, la suite de l'histoire me le fait croire, commence à remarquer qu'elle est obstinément suivie par un noir. En effet, au moment où elle se trouve plus isolée, dans un pli de terrain que les arbres rendent obscur, ce nègre, armé d'un poignard d'une main, et de l'autre tenant un lasso, c'est-à-dire une corde assez longue, munie d'un nœud coulant à son extrémité, et avec laquelle on arrête dans leur course les animaux sauvages, en la leur jetant avec adresse autour du corps, se précipite sur la touriste allemande et ceux qui l'entourent, et fait mine de vouloir les entraîner à l'écart. Evidemment ce misérable a pour but de frapper et de dépouiller les voyageurs. Ceux-ci n'ont d'autre moyen de défense que leurs parasols. Toutefois Ida Pfeiffer tire un couteau de sa poche, l'ouvre rapidement et contient la lutte. En un clin d'œil les ombrelles sont déchiquetées par l'affreux assassin. Seule, la jeune femme conserve la sienne. Le nègre parvient cependant à la lui arracher : mais dans son effort, il perd son poignard, qui lui échappe. Madame Pfeiffer se baisse pour s'en emparer : elle va le saisir quand le noir, plus agile, le reprend et blesse à deux reprises son adversaire. Surexcitée par la vue du sang qui coule, et voulant sauver sa vie, celle-ci cherche à plonger son couteau dans la poitrine du nègre, qui se baisse, et qu'elle blesse à son tour. Dans sa fureur, le meurtrier montre ses dents blanches, comme une bête fauve, et va triompher de la résistance de la voyageuse, lorsque, soudain, des bruits de chevaux se font entendre. Le nègre va détaler au plus vite. Mais les survenants, qui devinent ce qui se passe au désordre des vêtements et à la vue des ombrelles et du couteau sanglant, se précipitent sur ses pas, atteignent l'assassin, le lient fortement malgré les morsures du brigand, et on s'empresse de l'enfermer dans une maison peu éloignée d'où la justice saura l'extraire pour le juger. On l'a su plus tard, ce nègre, esclave châtié sévèrement, avait voulu se venger des blancs, en les rendant victimes de sa fureur.

Enfin, les blessures pansées et tout motif de peur ayant disparu, le voyage est mis à bonne fin. On arrive à Pétropolis. Cette colonie se compose d'une rue de petites maisons rangées en ligne, et de huttes dispersées dans la clairière de la forêt. C'est d'un aspect pittoresque, mais on y trouve peu d'aisance, encore moins de confort.

Les Allemands sont-ils donc si malheureux dans leur pays, qu'ils abandonnent ainsi leur patrie, pour venir chercher aussi loin, à l'étranger, au-delà des mers, un asile aussi mesquin, car tout au plus concède-t-on à chaque case deux ou trois arpents de terrain? Puissent ces émigrants y trouver le bonheur!

Le comte Berchthold, son compatriote, a bien mal défendu sa compagne de voyage dans l'attaque du nègre, auprès de Pétropolis. Il paraît que Ida Pfeiffer ne lui en garde pas rancune, car c'est encore avec cet aimable protecteur que, plus tard, au mois d'octobre, elle pénètre dans le cœur du Brésil.

Cette fois la voyageuse allemande veut visiter les Indiens Pouris.

D'abord les deux excursionnistes franchissent des montagnes dont les épaisses forêts sont de très-difficile accès. Des plantes magnifiques couvrent le sol sur tous les points : mais il en est de plus belles encore qui s'attachent aux arbres et grimpent jusqu'aux branches les plus élevées, d'où l'on voit pendre et s'agiter sous la brise les fleurs les plus brillantes et s'épanouir des corolles jaunes et rouges du plus charmant effet, sur de larges feuilles blanches qui glacent d'argent l'opulente verdure qui les entoure. Les palmiers s'y trouvent voilés par les plus admirables feuillages.

Ils arrivent à Novo-Friburgo, autre colonie fondée par des émigrants de l'Allemagne et de la Suisse française. Tout au plus y compte-t-on cent maisons de briques. Là, Ida rencontre un naturaliste-préparateur qui, avec sa femme, passe sa vie et fait sa fortune à colliger insectes, reptiles et animaux, à les rendre incorruptibles et à les expédier en Europe.

A Novo-Friburgo, le comte allemand, dont une égratignure, reçue des mains du nègre de Pétropolis, paralyse la marche, s'arrête, et sa compagne est obligée de partir sous la conduite d'un guide.

De quel admirable spectacle jouit, pour la première fois, madame Pfeiffer, le 6 octobre! Des colons mettent le feu à toute une forêt. Cet embrasement général est le moyen le plus expéditif pour défricher fondamentalement le sol qu'ils veulent livrer à la culture. D'abord on entend le pétillement du feu qui s'allume sourdement. Puis des nuages de fumée roussâtre s'élèvent en épaisses colonnes et obscurcissent le ciel et la vive lumière du soleil. Çà et là s'élancent et jaillissent, comme des éclairs, des gerbes de flammes qui crépitent. Par moments, éclatent et tonnent comme des coups de canon. Ce sont les vieux géants des bois qui tombent, en ébranlant le sol qui les a portés.

Madame Pfeiffer et son guide sont à cheval. Des nègres leur montrent, encadré dans le feu, le sillon de la route qu'il faut suivre en toute hâte, et les voilà qui se précipitent à fond de train dans la gorge de cet enfer. Le brasier les aiguillonne; la fumée les aveugle; des cendres brûlantes les couvrent; la respiration fait défaut à leurs montures; et néanmoins ils dévorent l'espace. Rassurez-vous, lecteur; tout au plus ont-ils un espace de cinq à six cents mètres à franchir ainsi, et on peut s'exposer au péril.

Disons-le cependant : notre héroïne ne manque pas de courage!

A la ville, tout chacun est muni de longs poignards et de pistolets. Dans l'intérieur des terres, là où il y a bien autrement de dangers, les propriétaires d'estancias, de faciendas, etc., seuls avec leurs familles, au milieu de myriades d'esclaves parmi lesquels on trouve de bien mauvaises têtes, vivent sans soucis dans leurs domaines taillés au milieu d'impénétrables forêts. Alors le voyageur qui leur demande asile pour la nuit, partage leurs dangers, et en recevant leur hospitalité, s'endort dans des chambres dont les fenêtres n'ont point de barreaux, et dans une maison dont les portes n'ont pas de verroux et sont sans serrures. C'est d'autant moins rassurant que les esclaves, seuls défenseurs du logis, habitent, à l'écart, les granges et les étables.

Aussi madame Pfeiffer ne se trouve-t-elle pas tout d'abord fort à l'aise, quand elle entend la grande voix des forêts pousser ses formidables clameurs dans le silence des nuits, et que les rugissements des bêtes sauvages y joignent leurs épouvantables concerts. Pourtant, petit à petit, elle se fait à cette existence agitée.

Dans ces faciendas, la vie est étrange et tout-à-fait primitive. Là, les fenêtres sont sans vitres et les portes sans loquets, ai-je dit. De simples cloisons séparent les chambres. Le même toit pour toutes. Meubles des plus grossiers. Grande table dans la salle à manger. Aux murailles, vêtements de toute étoffe et de toutes formes appendus au porte-manteau. Linge dans les coffres, par exemple, par crainte des fourmis et autres petites bêtes. La maîtresse de la maison reste étrangère à la cuisine : elle ne se mêle pas non plus du ménage. Le maître dirige l'une et l'autre choses. Aux fourneaux, négresse chef, et négrillons aides de camp. Le sel est écrasé à l'aide d'une bouteille : fourchettes et cuillers sont remplacées par une baguette de bois très-pointue.

A la table sont assis tous les blancs. Bœuf rôti, fèves mélangées avec ce que l'on nomme dans le pays *carne secca*, c'est-à-dire viande sèche et conservée. Riz, racines et farine de manioc, pommes de terre, tel est le menu des hommes et des femmes libres, menu dont chacun prend sa part, à sa guise. Le café noir est le complément du festin.

Aux esclaves, *carne secca* et fèves bouillies.

Tout près de l'une de ces faciendas, celle de Canto-Gallo, minuscule mais gracieuse cascade. Et puis, au-delà, des forêts vierges, encore des forêts, et toujours des forêts. Tout au plus y trouve-t-on un sentier côtoyant un cours d'eau. Les plus magnifiques essences d'arbres, et, les dominant toutes de leur tête altière, les splendides palmiers. Partout des lianes qui courent, qui grimpent, qui escaladent, qui descendent, qui s'enchevêtrent et qui composent des barricades difficiles à franchir. Orchidées puissantes et nombreuses, sur les ramures des arbres, auxquelles on les voit s'attacher et se suspendre en formes de volutes et de guirlandes. L'air est embaumé du plus délicieux parfum de fleurs. Ici et là, partout, du tronc des arbres à leurs sommets, les plus beaux oiseaux, mais surtout le plus charmant, le gracieux colibri, dont le léger gazouillement récrée les oreilles. Enfin, sautant de branche en branche, perruches et perroquets de toute couleur caquètent avec frénésie.

D'animaux dangereux, reptiles ou quadrupèdes, madame Pfeiffer ne rencontre que des serpents d'un vert bronzé de deux à trois mètres. Elle voit aussi un lézard de cent à cent vingt centimètres. Pas un singe : ces quadrumanes se tiennent le plus possible à l'écart de l'homme.

Vers le milieu d'octobre, les voyageurs atteignent, au milieu d'une clairière de la forêt, une grande maison de bois, entourée de cases. La maison, c'est la dernière facienda appartenant à des blancs : les cases, ce sont les habitations des nègres. En avant de la ferme, vestibule assez vaste sur lequel ouvrent quatre pièces, ayant pour mobilier des hamacs et des nattes, et qui sont habitées par des blancs. La cuisine, qu'on pourrait comparer à une halle, est à côté de l'habitation. Elle regorge de gens de la plantation : blancs et nègres, Pouris et métis, c'est-à-dire fils de Pouris et de noirs, ou de blancs et de Pouris, etc. Plusieurs feux dans l'âtre; et, sur chaque foyer, des marmites qui fument. Tourne-broches sur les côtés de la cheminée, attendant l'heure de servir.

Pendant que la cuisine est ainsi remplie de ces échantillons des races du pays, dans la cour se démènent des légions de poules, de canards, d'oies au très-beau plumage, de chiens, de porcs, etc. Là encore, des blancs et des nègres, à l'ombre de tamarins et de cocotiers, dont les fruits appétissants pendent au-dessus de leurs têtes, et tenant des tessons de plats, des pots cassés, des calebasses, qu'ils ont remplis de fèves, de racines, de viandes, qu'ils dépècent avec leurs doigts, dévorent gloutonnement leur pitance. De nombreux enfants, accroupis à terre, des citrouilles creusées entre les jambes, mangent de même, avec avidité : mais les infortunés sont sans cesse en haleine pour défendre leurs victuailles contre les chiens et les petits cochons de lait, qui trouvent toujours moyen de leur dérober quelques bribes.

Grands cris, au-dehors de l'enceinte de l'estancia. Madame Pfeiffer s'empresse de sortir, et se trouve en présence de gars en guenilles qui, à l'aide d'une corde d'écorce, ont amarré un énorme serpent noir, de trois mètres de long, mort déjà, fort heureusement, et qu'ils promènent triomphalement.

— C'est le plus dangereux des serpents, dit-on à notre Allemande ; à peine ce reptile a-t-il mordu, que sa victime enfle et meurt...

Effroi de madame Pfeiffer qui, ne voulant pas affronter de tels monstres dans les bois, où il lui faudrait camper sous les arbres pendant la nuit, remet son départ au jour suivant.

On lui sert un excellent souper : poulet rôti, œufs durs, riz, oranges et fruits du tamarin. En échange, elle montre ses collections de plantes et d'insectes. On la consulte alors, car dès lors on la prend pour un savant : aussi, érigée en docteur, elle prescrit toutes sortes de remèdes, à la grâce de Dieu ! Enfin, on lui fait un lit, dans la cour, à l'aide d'une natte, lit facile à improviser, après quoi les bonnes femmes qui la servent la rassurent à l'endroit des sauvages, chez lesquels elle arrivera le lendemain. Mais l'amour-propre fait répondre à Ida qu'elle a peur des serpents et nullement des Indiens, quoiqu'un prince allemand, Maximilien de Neuwied, affirme avoir vu les Pouris rôtir leurs prisonniers de guerre, pour les manger ensuite.

**Au soleil levant, départ, le lendemain. On voyage à travers bois,**

c'est-à-dire dans l'épaisseur inextricable d'une forêt vierge. Arrivée chez les Pouris, bien autrement hideux que ne le sont les nègres. Verdâtres, bouffis, trapus, ces Indiens, de médiocre stature, ont le visage épaté, les cheveux noirs, raides, tombant sur les épaules, comme des crins. Les femmes font des nattes d'une partie de leur chevelure et laissent aller le reste à l'aventure. Leur habillement consiste en loques fixées aux hanches à l'aide d'une corde d'écorce. Généralement, hommes et femmes se tatouent de rouge ou de bleu, surtout sur la lèvre supérieure. Ils ont toujours, tous, la pipe à la bouche et l'eau-de-vie fait leurs délices. De leur front bas, de leur nez écrasé, de leurs yeux bridés, à peine entr'ouverts, et de leurs grosses lèvres toujours pendantes, résulte une expression de stupidité qui est, en effet, le caractère propre des Pouris.

D'après madame Pfeiffer, il existait encore, en 1846, dans le Brésil, cinq cent mille sauvages, habitant la profondeur des bois.

On peut dire des Pouris qu'ils sont nomades. Vivant par groupes de six à sept familles, sur tel ou tel point des forêts, du moment que le gibier du canton devient plus rare, et qu'ils ont fait récolte de toutes les racines et des fruits du voisinage, ils décampent et vont ailleurs. Leur déménagement est facile : ils jettent bas leurs huttes de branches; ils enlèvent leurs hamacs et leurs nattes, mettent le tout sur leur dos et s'en vont.

La religion catholique a pénétré parmi eux, grâce aux missionnaires : mais son flambeau vacille souvent, car les Indiens Pouris n'ayant pas de prêtres à demeure, tout baptisés qu'ils soient, oublient vite les enseignements de leur foi, les confondent avec leurs idées païennes, et les appétits grossiers de ces demis-sauvages les reportent bien vite vers le désordre et le sensualisme.

Chose étrange, qui a son côté curieux : Lever le bras vers le ciel, chez les Pouris, veut dire *aujourd'hui;* mettre la main derrière eux signifie *hier*, et devant eux, *demain*.

Une faculté des Pouris, c'est l'odorat, porté à sa dernière puissance. A l'aide du flair, et sans efforts, ils arrivent droit au nègre qui s'est enfui, par exemple, en suivant parfaitement le rayon parcouru par celui-ci et en signalant les branches et les feuilles qu'il a touchées.

Ces familles indiennes rendent de grands services aux plantations des blancs, par leur travail actif et dévoué. En échange, on fait leur bonheur en leur donnant des étoffes à vives couleurs, du tabac, de l'eau-de-vie, etc.

En compagnie de ces braves gens, madame Pfeiffer alla dans la forêt, en quête de singes et de perroquets. Elle était en admiration devant l'adresse des sauvages qui, de leurs flèches, atteignent au vol les oiseaux et abattent un singe nonobstant ses évolutions et ses gambades.

Deux perroquets et un singe, mis à la broche et boucanés, puis placés sur de très-larges feuilles, entourés de grains de maïs et de pommes de terre cuits sous la cendre, firent les frais du souper de la chasseresse. Après quoi, sur sa demande, les Indiens allumèrent un énorme monceau de branchages, et se mirent à exécuter à l'entour des danses consistant à reculer et à avancer lourdement, en poussant la tête en avant. La même sauterie était ensuite répétée par les femmes. C'était une sorte de quadrille, dont la musique était représentée par d'épouvantables hurlements et de grotesques contorsions. Le tout avait pour accompagnement les sons discordants d'une manière de violon fait d'une côte de chou palmiste, dont les fibres, soulevées par un chevalet, tenaient lieu de cordes. Vue à la lumière du bûcher et entendue dans le majestueux silence de la forêt, cette danse fantastique de sauvages ne manquait pas d'un certain cachet.

Bref, toute fête a sa fin. Madame Pfeiffer, enveloppée d'un manteau, dut passer la nuit, seule, dans l'une des huttes indiennes. Mais lorsqu'elle voulut se livrer au sommeil, elle se prit à songer aux serpents, aux bêtes féroces, etc. Aussi le moindre frémissement dans le feuillage, le plus léger bruit du dehors, l'enlevaient à son demi-repos, pour la rappeler à la réalité. Elle ne dormit donc pas. C'était un sacrifice à faire plaisir de passer une nuit au milieu d'une tribu de sauvages.

Le lendemain, toutes les craintes de la femme émue et nerveuse s'étaient évanouies, et madame Pfeiffer disait adieu aux Indiens, en laissant à leurs femmes des objets de peu de valeur, mais qui les enchantèrent, car... ils flattaient leur coquetterie !...

La Forêt vierge.

À l'inverse de Rio-Janeiro, qui, vue de la mer, frappe l'imagination par la mise en scène de la ville et de son admirable encadrement, Lima, capitale du Pérou, n'impressionne pas agréablement le voyageur qui débarque. Mais, à Rio-Janeiro, l'intérieur de la cité brésilienne détruit bientôt l'effet produit par l'arrivée, et, au contraire, à Lima, la distribution de la cité péruvienne répare bien vite l'impression produite par le dehors.

Lima est l'une des belles villes de l'Amérique du Sud. Elle possède un mur d'enceinte, avec bastions et citadelle. On signale un pont en pierre qui est magnifique. Les rues sont larges et droites. On trouve aussi une place d'une beauté grandiose. Généralement, les maisons sont basses à cause des tremblements de terre. Elles sont en bois et en plâtre peint en pierre. Comme monuments, Lima montre avec orgueil sa belle cathédrale, certaines églises, San-Domenico, Santa-Rosa, San-Francisco; le palais du Gouvernement, la Monnaie, le Théâtre, le Cirque où se donnent les combats de taureaux, son cimetière même, appelé le Panthéon, et les deux promenades des Alamedas.

Cette ville fut fondée par Pizarre, en 1535. Bientôt elle devint immensément riche. Malheureusement la fréquence des tremblements de terre, si ordinaires dans ces contrées volcaniques, a nui à son développement.

Ida Pfeiffer, qui revient de son grand voyage de circumnavigation a l'entour du globe, est désenchantée en voyant les faubourgs de la capitale du Pérou, dont les longues murailles sans fenêtres, et presque sans portes, lui rappellent les villes de l'Orient. Toutefois elle est plus satisfaite au fur et à mesure qu'elle pénètre au cœur de la cité. Là, elle retrouve de nombreuses fenêtres aux maisons à un seul étage et à toits plats. Et puis, partout elle voit des balcons de bois, plus ou moins élégants, mais grillés, qui saillent des façades. A la manière orientale encore, elle reconnaît bientôt cependant que les demeures ont leur physionomie bien plus animée au-dedans, sur les cours, dont on décore les dalles de vases de fleurs et de murailles peintes à fresques, qu'au-dehors.

C'est sur ces cours que s'ouvrent les salons, en face de la grande porte d'entrée, de sorte que toute personne qui pénètre dans la maison découvre l'harmonie de l'intérieur, la beauté des tentures, la richesse des meubles, et même le jardin qui occupe le fond de la propriété, et que l'on entrevoit par les fenêtres entr'ouvertes. Les passants eux-mêmes peuvent se donner la satisfaction de connaître ces intérieurs péruviens, et jusqu'aux Péruviennes qui, le soir, vont et viennent dans leurs salons éclairés.

Lorsque les Incas régnaient sur le Pérou, avant la découverte du Nouveau-Monde, Cuzco était leur capitale.

Cette ville avait été fondée par Manco-Capac, prétendu fils du Soleil, qui, avec Mama-Oello, réunit les sauvages peuplades éparses du Pérou, leur fit connaître un dieu, en instituant le culte du Soleil, et bâtit la cité de Cuzco. C'était en l'an 1025 de J.-C.

La civilisation commencée par ce prince alla se perfectionnant pendant 500 ans, sous les successeurs de Manco-Capac, qui, au nombre de dix-sept, avec le titre d'Incas, gouvernèrent le pays.

Les lumières se répandirent bientôt chez les Péruviens, les prêtres devinrent habiles en astronomie.

Et puis Cuzco devint une ville splendide. De magnifiques palais sortirent rapidement du sein des eaux du lac sur lequel la cité fut assise. Un temple, le temple du Soleil, le temple de Pachacamac, plus merveilleux encore que tous les autres édifices, domina toutes les demeures. Ses murailles élancées étaient recouvertes de plaques d'or. Sur le grand autel, tourné vers l'orient, on voyait une image colossale du dieu Soleil, entièrement d'or, d'une seule pièce, le visage rond, entouré de flammes. Cette figure du Soleil s'étendait de la muraille de droite à la muraille de gauche, et occupait tout le fond du temple. Les portes de l'édifice étaient également couvertes de lames d'or. Autour de l'enceinte, en manière de frise, régnait une plaque d'or, découpée comme une guirlande.

Autour du temple étaient disposés cinq pavillons, qui en formaient comme le cloître. Gilla, femme du Soleil, la Lune en un mot, occupait le pavillon central. On y trouvait son autel, et sur l'autel, un immense et radieux visage de femme. Là, tout était en argent, comme il convient à l'astre des nuits : image, plaques des murailles et des portes, frises, etc.

On ne se figure pas l'immensité et la puissance formidable, gigantesque, de cette civilisation donnée par les Incas. Ainsi, aux portes mêmes de Cuzco, commencent deux chaussées grandioses de cinq cents lieues de long, allant à Quito, une autre ville des Incas, et l'une des grandes villes du Pérou actuel. Là aussi, les Incas avaient de merveilleuses résidences. Eh bien! la première de ces chaussées longeait les rivages de la mer, et la seconde traversait les montagnes. L'une et l'autre étaient d'un travail tellement solide qu'elles subsistent toujours. Sur le point culminant de ces routes, règne une terrasse, avec des escaliers en pierre des deux côtés, destinée à faire reposer la chaise à porteur de l'Inca en voyage, et à lui donner le plaisir de porter au loin la vue sur le vaste horizon de ses Etats.

Ne pouvant aller voir les temples de Cuzco, qui se trouvent à six cent cinquante kilomètres de Lima, tout au moins madame Pfeiffer alla-t-elle visiter un temple du Soleil, le temple de Pachacamac, œuvre des Incas également, dans le voisinage de Lima. Elle n'y trouva guère que des ruines, mais des ruines affirmant sa grande magnificence.

Le but principal du voyage au Pérou de notre voyageuse Germaine, était l'ascension du Chimborazo.

Aussi, de Lima se mit-elle bientôt en route pour Quito, que je vous signalais tout-à-l'heure, ami lecteur, et là, par le col le plus pittoresque, le plus admirable de toute la longue chaîne des Cordillières des Andes, le col du Chimborazo, elle arriva en vue du Chimborazo, dont l'altitude est de six mille cinq cent trente mètres.

Or, des trois points culminants de notre globe, la hauteur, dans la chaîne de l'Himalaya, en Asie, du Dhawalagiri étant de huit mille cent soixante-onze mètres, et celle de notre Mont-Blanc de quatre mille huit cent dix, de la comparaison de leurs altitudes relatives il résulte que le Chimborazo occupe le second rang parmi les montagnes.

La chaîne de montagnes appelées Cordillières, du mot espagnol *cordel*, chaîne, et du péruvien *antis*, cuivre, commence dans l'Amérique du Nord, sous le nom de montagnes Rocheuses, et s'étend dans toute la longueur occidentale de l'Amérique du Sud.

La vallée de Quito, comme du reste toutes les villes situées dans le voisinage des Andes, la vallée de Quito, placée à deux mille deux cent soixante-dix-huit mètres au-dessus du niveau de la mer, est souvent bouleversée par d'affreux tremblements de terre, dont la cause est des plus simples.

Les Andes comptent vingt-six volcans principaux en ignition !

En effet, le sol de la base des Andes est crevassé partout par les irruptions des feux intérieurs qu'il recouvre. On y rencontre des plaines brûlantes qui exhalent le soufre, et des collines d'où s'échappent des nuages de fumée. Les Cordillières des Andes sont donc, dans l'Amérique méridionale, un foyer perpétuel de combustion. Mais, au lieu de vomir de la lave et de la pierre ponce, comme nos volcans de l'Europe, ils ne rejettent que de l'hydrogène sulfuré, du carbonate d'alumine, et quelquefois des masses de poissons.

Chose étrange! la plupart de ces hautes montagnes sont couvertes de neiges éternelles, même sous l'équateur. Au Pérou, et dans la Nouvelle-Grenade, il pleut presque toute l'année sur les Andes. Or, M. de Humboldt fixe la limite des neiges à quatre mille six cents mètres, en Amérique, tandis que, en Afrique, elle est de quatre mille huit cents. Le climat de l'Amérique du Sud est donc généralement moins brûlant que celui de la même latitude dans l'Ancien-Monde.

Rien n'est splendide à voir, du milieu de la mer, comme le Chimborazo, avec son cône majestueux, couvert de sa couronne de neiges éternelles!

La petite caravane formant la suite de madame Pfeiffer se prit à cheminer, un matin, dès le point du jour, pour aller visiter les hauteurs du Chimborazo. Il fallait gravir sans interruption une montée de plus de trente kilomètres, par une chaussée mauvaise, avant de trouver la couchée. Souvent il devenait préférable d'aller à pied.

Aussi madame Pfeiffer laissait-elle son cheval à lui-même, et marchait bravement, mais péniblement. L'air vif de la montagne la rendait haletante, et elle souffrait alors de la poitrine et dans tous ses membres. A chaque pas elle craignait d'être obligée de s'arrêter : mais le désir d'arriver lui faisait prendre en dédain ornières et torrents, et elle allait, elle allait toujours.

Du reste, la ligne à suivre devint meilleure, et malgré vents et pluies, neiges et rafales, on avançait petit à petit, quand les nuages et les brouillards se mirent tant et si fort de la partie, que l'excursionniste désappointée dut renoncer à voir le pic du Chimborazo.

Enfin, après dix-neuf autres kilomètres, la montagne aux allures si fantasques consent à se découvrir et fait son apparition au centre d'une petite plaine du plateau supérieur. Mais la pluie qui tombe à torrents ne permet pas de contempler longtemps de près ce géant des éminences américaines. Aussi l'ascension de notre touriste n'offre-t-elle qu'un médiocre intérêt.

Toutefois, madame Pfeiffer fait remarquer le contraste qui se produit à ses yeux entre le versant oriental des Cordillières des Andes et leur versant occidental, dont on peut suivre les rampes du regard, jusqu'à l'océan Pacifique.

A l'ouest de la chaîne, les massifs montueux se présentent sous toutes formes : gorges, défilés, vallées étroites, etc., le tout revêtu de la plus luxuriante végétation ou des abîmes les plus sauvages. Ici et là, forêts magnifiques, et sur les plateaux, même les plus élevés, champs fertiles. A l'est, au contraire, pas de forêts, à peine des fleurs, et partout landes et bruyères d'un aspect misérable et monotone.

Le plus beau des plateaux, celui d'Ambato, est encadré par le Chimborazo, le Tunguragua, etc., et la température y est telle qu'il produit et fait mûrir la banane et les fruits qui aiment la chaleur.

Magnifique tableau, du haut d'Ambato : c'est la petite ville de ce nom, enfouie dans une gorge, mais sertie de jardins et d'une zone d'arbres à fruits ; c'est une délicieuse perspective, qui charme la voyageuse de loin, car, de près, Ambato se réduit à de pauvres habitations qui manquent de fenêtres et n'ont qu'une seule porte.

Du plateau d'Ambato, par un chemin bordé de cavités, sur lequel on est obligé d'annoncer sa présence à force de cris stridents pour arrêter les voyageurs qui arrivent en sens contraire, on atteint un autre plateau, bien autrement vaste et beau. C'est celui de Latacunga, où l'on rencontre aussi la ville du même nom.

De là la vue du Chimborazo s'efface peu à peu : mais d'autres montagnes s'élancent vers les cieux, à savoir le Cotopaxi et l'Iliniza.

Ce sont des chefs de plantations, des maîtres de haciendas, chez lesquels stationne madame Pfeiffer. Mais quelle compagnie sale et misérable que ces hommes, et quelles demeures immondes que ces haciendas. Sur la table, nappes déchirées, tellement marbrées de taches, qu'il n'y a plus une place blanche. Pas d'ustensiles de cuisine, pas de vaisselle. Ainsi, à un repas, onze convives et trois couverts seulement ! A celui-ci une cuiller, à celui-là une fourchette, à un autre un couteau. La cuiller passe à tour de rôle de la main de l'un à celle de l'autre : de même pour la fourchette, de même pour le couteau. C'est dans un pot ébréché que se trouve l'eau, mais il n'y a qu'un seul verre pour toute la société. Et puis voici venir des enfants dont les vêtements sont en loques, pieds nus, figures sales, mains noires. Charmants minois, du reste, et des yeux pétillants, et des dents blanches, de véritables anges joufflus, qui prennent tout avec leurs doigts et s'ingurgitent ainsi sans honte les meilleurs morceaux. Contemplez la scène !...

Toute la journée du 2 avril 1854, la caravane longe le plateau de Latacunga, dont la route est tapissée de fleurs et court entre des buissons de cactus et d'aloès : mais pas d'eau, pas de bois.

Le gigantesque volcan du Cotopaxi appelle de là l'attention de madame Pfeiffer. Il s'en élève d'immenses colonnes de fumée, qui se partagent et se transforment en nuages courant en désordre dans les plaines de l'air.

On conçoit que le Cotopaxi fixe le regard de la curieuse touriste. Ce volcan terrible, dont la cime est tout à la fois de neige et de feu, fascine en effet le regard du voyageur. Lorsque vous avez atteint le pied du géant, vous vous trouvez au sein d'un immense chaos de rochers entassés, rochers dont quelques-uns atteignent des dimensions cyclopéennes, que le cratère a lancés cependant de trois lieues de distance, et qui forment en tout sens des traînées dirigées vers le volcan. A la vue de ces blocs gigantesques et de la masse de scories qui couvrent la contrée environnante, on peut dire, avec Humboldt, que leur réunion formerait une montagne colossale. Quoique la marche soit pénible dans cette enceinte, on peut néanmoins continuer son chemin, tantôt en escaladant les quartiers de rochers, tantôt en les contournant. Puis, on gravit comme autant d'échelons, une suite de collines dont quelques-unes sont couvertes d'une riche végétation, et les autres stériles et arides. Enfin on atteint la base du cône terminal. Ici, une large zone de pierre ponce arrête vos explorations; vous plongez jusqu'aux genoux dans les couches de cendres et de soufre qui vous brûlent. Et si, pour gagner la région des neiges éternelles, vous vous servez de cordes et de crampons, les exhalaisons sulfureuses et les courants d'air chaud et âpre qui sortent des crevasses oppressent votre poitrine. Epuisé de fatigue, vous vous arrêtez. Vos regards se portent une dernière fois vers cette cime mystérieuse, dont vous n'êtes plus séparé que par une faible distance, et vous renoncez à une entreprise impossible.

Jacques Arago disait, avec raison, que le condor est le seul être vivant qui ait jamais vu le cratère du Cotopaxi, en baissant la tête.

Ce qui frappe le plus madame Pfeiffer, c'est que tandis que le Cotopaxi, jusqu'à son sommet, est légèrement poudré d'une couche de neige, l'Iliniza se dresse, fièrement campé sous son épais manteau blanc, sans craindre que le soleil ne fasse disparaître un seul des plis de son ample vêtement. Le contraste est des plus saisissants.

Quel désappointement, en arrivant à Quito!

Pas de jardins à l'entour de la ville, pas d'arbres, mais des champs, mais des prairies! maisons de triste mine, sales au-delà de ce qu'on peut dire. Immondices et flaques d'eau dans les rues. Peuple encore plus dégoûtant que les maisons qu'il habite, et, avec cela, gens railleurs, insolents. On hue madame Pfeiffer parce qu'elle n'est pas absolument vêtue selon l'usage du pays.

Au centre de la ville, toutefois, les maisons, basses, à portes vitrées pour remplacer les fenêtres, et enjolivées de balcons, présentent une physionomie plus convenable. Il se produit même quelques beaux édifices, notamment la cathédrale et deux ou trois palais.

Dans tous les pays, il y a des gens malhonnêtes. On a porté à quinze francs la location d'une salle pour madame Pfeiffer. Au moment de la lui livrer, on en demande vingt. Grande colère de l'Allemande! Il en résulte que notre voyageuse renonce à se rendre à Bogota par les Cordillières, et qu'elle continue alors à côtoyer les rivages du Pacifique.

En conséquence elle s'éloigne de Quito, sans domestiques, dont elle ne veut plus, tant leur service est dérisoire, et, seule avec un muletier, elle repasse au-dessous de la chaîne des Andes. O bonheur! Pour lui rendre hommage sans doute, le Chimborazo se montre dans toute sa merveilleuse splendeur, et le soleil, se mettant de la fête, fait luire ses plus ardents rayons sur le voile virginal qui enveloppe le colosse de ses plis immaculés. Par quatre fois, cet admirable spectacle se reproduit, tantôt d'un certain point de la route, et tantôt d'un autre. C'est à être ravi en extase. Madame Pfeiffer s'en donne à cœur joie, et en toute hâte, car le capricieux géant rappelle bientôt à lui sa fourrure de nuages et de brouillards, et toute la magie des merveilleux aspects de la montagne s'efface et disparaît.

Le Chimborazo compte une cime principale, à laquelle trois autres plus petites font cortége. Entre ces cimes semble régner un plateau s'inclinant du couchant au levant. Quant à l'endroit le plus favorable pour le contempler, c'est bien certainement du plateau d'Ambato, d'après notre touriste. De là, le cône du Chimborazo semble véritablement supporter sur sa cime la large voûte des cieux.

A toute joie succède quelque peine. Le Chimborazo, si lumineux tout-à-l'heure, s'est à peine caché dans ses coulisses, que l'air s'obscurcit, et l'on signale à madame Pfeiffer le lieu où un Anglais a été assassiné par son muletier. Un muletier qui poignarde celui qui s'est confié à lui !... Cette idée fait frissonner la pauvre femme, qui s'est mise d'elle-même dans une position identique.

A la descente de Guaranda, son mulet s'enfouit à demi dans une tourbière. Madame Pfeiffer pique une tête dans le marais. Vous vous figurez le muletier arrivant en hâte, pour lui porter secours? Nenni pas. Le bonhomme rit de ses trente-deux dents, et c'est tout...

Quelques jours après, dans le mouvement qu'elle est obligée de faire pour mettre le pied sur un bateau qui, traversant le Guaya, va la conduire à Guayaquil, elle glisse et tombe dans le fleuve, où pullulent les horribles caïmans. Elle oublie les caïmans, par bonheur, mais elle pense que les gens du bateau vont au moins lui tendre la main. Ah! bien oui! Personne ne bouge, mais tout le monde la regarde. Par trois fois elle disparaît sous l'eau, et par trois fois elle revient à la surface. Enfin un passager lui tend un mouchoir auquel elle s'accroche, et peut alors prendre pied sur l'embarcation.

Aimables Américains! Quand madame Pfeiffer raconte cette aventure et que, en exprimant sa reconnaissance pour Dieu qui l'a sauvée, elle se plaint de la méchanceté des gens de l'équipage :

— Une chose m'étonne, lui répond-on; c'est que les mariniers vous aient laissée remonter à bord et ne vous aient pas repoussée dans le Guaya : c'est leur manière de s'approprier les valises des voyageurs...

Au mois de juin suivant, en 1854, vers minuit, madame Pfeiffer débarque à la Nouvelle-Orléans, dans l'Amérique septentrionale.

Enfin voici la grande excursionniste qui foule aux pieds la terre de la liberté, le territoire de l'admirable République, citée, en France et ailleurs, par les fervents républicains, comme le modèle par excellence de toutes les républiques passées, présentes et futures. Aussi cherche-t-elle incontinent à contempler et à admirer quelque épisode de cette égalité républicaine qui doit être l'essence de la nation. Elle est servie à souhait.

En montant sur le steamer, à Aspinwall, où elle s'est embarquée, madame Pfeiffer remarque une charmante jeune fille d'une vingtaine d'années, blanche de peau, cheveux noirs, mais peut-être légèrement crépus sur le front, d'exquises manières et d'une réserve parfaite. Puis, tout-à-coup, cette gracieuse apparition s'éclipse et s'efface. Qu'est devenue la belle voyageuse? Madame Pfeiffer s'en informe.

— Mais c'est une femme de couleur, lui dit un grave personnage, et jamais une telle misérable n'aurait l'audace de se montrer parmi nous!... Nos dames s'éloigneraient au plus vite!...

Quand les Américains ont dit : « C'est un homme, c'est une femme de couleur!... » c'est-à-dire c'est un être humain qui a du sang de nègre dans les veines, ils tournent le dos d'un air triomphant qui signifie que le nègre n'est pas un homme, et qu'ils sont, eux, Américains, les rois de la création! Pauvre nègre! Il n'en est pas moins la créature de Dieu, comme eux, et leur frère à eux. Ils ont beau dire; cette fraternité, la nature l'a faite, et c'est en vain que l'orgueil américain se débat et s'insurge, l'homme et la femme de couleur font bien partie de la grande famille humaine!...

Dans les derniers moments du voyage, la belle voyageuse reparut sur le pont du vapeur. Madame Pfeiffer s'empressa d'aller causer avec elle, sans honte et le front levé. Or, elle la trouva fort aimable, très-instruite, et bien autrement capable à tous les points de vue que nombre de fières Américaines blanches, mais ignorantes!...

Egalité! Egalité républicaine, voilà de tes affreux mensonges et de tes ignobles déceptions!...

Que vous en semble, frères et amis de la république radicale? C'est bien ainsi que vous pratiquez l'égalité : tout pour les uns, rien pour les autres!...

La Nouvelle-Orléans, de cent cinquante mille habitants, tant Français qu'Allemands, et Anglais ou Américains, est située en contre-bas du Mississipi, sur la rive gauche duquel elle est assise. Cette ville est d'un brillant aspect. Ses nombreuses maisons en briques, ses larges rues, ses places, ses squares et ses jardins sont du plus bel effet. Malheureusement les soins de propreté ne sont pas aussi complets qu'il le faudrait. Aussi les chaleurs du climat engendrent-elles fréquemment la terrible fièvre jaune.

La splendeur du spectacle est tout entière sur le Mississipi, dont le cours est caché par les navires de toutes les nations et les vapeurs sur un espace de plusieurs kilomètres. Ce fleuve est parcouru généralement par huit cents steamers qui exploitent ses affluents. Le confort de l'époque fait de ces bâtiments de véritables palais.

L'hôtel Saint-Charles, fier de son magnifique portique, de ses salons grandioses, etc., est sans contredit le plus beau de la ville. On y a réuni tout ce que peut imaginer le luxe moderne.

La grande curiosité de la Nouvelle-Orléans, pour madame Pfeiffer, c'est le marché, ou plutôt les marchés aux esclaves.

Salle immense, au plateau surélevé, entouré d'estrades communes aux trafiquants de chair humaine et à leurs tristes victimes, et pouvant contenir six cents personnes, tel est le lieu de vente principal. Afin de parer la marchandise et de flatter l'œil de l'amateur, on met esclaves, hommes, femmes, jeunes filles et enfants, dans le meilleur état de santé possible. Ensuite on les habille le mieux qu'on le peut, eu égard à l'âge, au sexe et à la physionomie de ces infortunés.

— Tant l'esclave!

Pauvre mère et pauvres enfants, l'un à la main et l'autre sur le bras, on les met au prix de trois mille cent quatre-vingts francs, et l'enchère s'étend jusqu'au chiffre de sept mille trois cent vingt-quatre. Mais pas d'adjudication : sept mille trois cent vingt-quatre francs, ce n'est pas assez !

Des jeunes filles de douze ans sont adjugées pour trois mille cent quatre-vingts francs. Naïveté sans pareille! Les malheureuses sont dans le délire de la joie. N'ont-elles pas des robes magnifiques?... Quelle désillusion, tout-à-l'heure, quand on leur enlèvera leurs belles robes, et qu'on leur mettra la chaîne aux bras et aux pieds!...

Madame Pfeiffer est indignée. Il y a lieu.

Elle se rend chez un de ces marchands d'esclaves, dont elle sait que tout le monde a horreur, et elle feint de vouloir acheter une femme. On sonne une cloche. Hommes, femmes, filles, enfants, tous les esclaves à vendre se présentent, et le trafiquant d'exalter les qualités de ses sujets.

— Prenez cette cuisinière, elle a une valeur de six mille neuf cents francs !

— Aimez-vous mieux ce valet? Cinq mille huit cent trente francs!

Dans certaines plantations, le sort des esclaves est assez doux. Ainsi, en une hacienda d'un M. Kok, tout le monde est bon, maître, maîtresse et enfants. Ainsi, c'est avec bonheur que madame Pfeiffer voit un de ces enfants conserver près de lui certaines portions des plats qui passent devant lui.

— C'est pour notre petite compagne, une négresse malade... dit-il à sa voisine de table, qui l'interroge.

Cette hacienda se trouve isolée au milieu des cases des nègres qui sont placées en ordre tout autour. Chacune d'elles forme une pièce spacieuse et bien aérée, dont la literie est excellente, et qui est meublée d'une table, d'un buffet, de quelques siéges, et même pourvue d'une moustiquaire.

On a même réservé une case qui tient lieu d'asile, et où les négrillons et les négrillonnes sont reçus pendant le jour, et gardés par une vigoureuse et bonne négresse. Cette case est dans le village voisin, où M. Kok a installé aussi un hospice qui reçoit chaque jour la visite d'un médecin.

Voilà la véritable philanthropie !

Souvent madame Pfeiffer se rend à ce village, et elle voit avec grand plaisir les paysans, confortablement habillés, mangeant d'excellent porc et de beau et bon pain blanc. Le soir, elle les trouve, après leur repas, qui a été composé de viande et de maïs, allant d'une maisonnette à l'autre, et se livrant à des causeries et à des jeux.

Oui, voilà la vraie philanthropie, bien différente des belles œuvres de dévoûment de messieurs les radicaux et les internationaux ! Certes, si par bonheur il en était ainsi dans toutes les haciendas, mais l'esclavage serait préférable au triste sort de beaucoup de nos paysans et de nos ouvriers d'Europe ! Au moins M. Kok ne rougit pas, lui, d'être en compagnie des nègres et des gens de couleur !...

Cependant un superbe steamer emporte madame Pfeiffer sur le Mississipi.

Le Mississipi ! Ne suffit-il pas de rappeler ce nom, le *Meschacebé* ou *Père des Fleuves*, comme l'appellent les Indiens, pour évoquer aussitôt dans l'imagination la vision d'un fleuve immense, aux rives qui se perdent à l'horizon, d'un fleuve incompréhensible comme l'infini, roulant avec lenteur ses eaux grossies par des rivières sans nombre, et baignant mollement de lames arrondies des chapelets d'îles pittoresques, produites par des dépôts successifs de limon.

Les îles de ce vaste cours d'eau, comme celles de beaucoup d'autres fleuves de l'Amérique, formées par les arbres de ses bords tombés de vétusté, ou déracinés par les ouragans, puis enchevêtrés l'un à l'autre dans les eaux par les lianes qui y adhèrent, et enfin cimentées par la vase, voguent quelquefois sur les eaux, avant de s'ajuster et de se fixer sur le fond du courant. Mais quand enfin elles sont au repos, bientôt d'épais rideaux de jeunes pousses, qui y trouvent un aliment pour leurs racines, ondulent sous le souffle du vent, et de toutes les plantes qui, de la nuit au jour, y ont étalé leurs calices et ouvert leurs corolles, s'exhalent des parfums enivrants que les brises répandent au loin. Rien ne trouble plus leur solitude que l'appel doux et plaintif de la colombe bleue, les cris des flamants aux ailes roses, et le gloussement des pluviers et des cardinaux qui volètent de branche en branche. Comme pour faire contraste avec ces bruits pacifiques, sous les clairières des rives de ces fleuves, au loin, se fait entendre la voix rauque et stridente du tigre, qui s'ébat à l'ombre, ou le ronflement de monstrueux alligators et de redoutables caïmans qui se vautrent nonchalamment dans la fange.

Madame Pfeiffer, dans cette navigation charmante, remarque qu'il n'est au monde nulle contrée où se rencontrent autant d'établissements d'instruction, soit publique, soit privée, que dans les Etats-Unis. Et pourtant, elle ne rencontre ni jeunes dames, ni demoiselles, qui soient véritablement instruites. Toutes n'ont qu'une superficielle connaissance des choses : ce qui ne les empêche pas de se croire très-avancées dans les lettres et les arts. Ainsi, comme par malheur sur chaque bateau à vapeur se trouve quelque piano, c'est à qui s'en emparera au plus vite dans la pensée de faire montre, aux nombreux assistants, d'un talent que l'on croit supérieur, et qui est de la plus déplorable vulgarité. Mais l'amour-propre et l'orgueil des pauvres humains ne vivent, hélas! que d'illusions...

Notre touriste passe à Saint-Louis, dans le Missouri. Elle se rend au lac Pépin, aux chutes de Saint-Antoine, et trouve au pied du fort Snéling, à l'endroit où la Minnesota se jette dans le Mississipi, un campement de chasseurs de fourrures. La vie de ces aventuriers l'intéresse : elle leur fait raconter leur histoire, leur vie aventureuse. Alors ces batteurs d'estrade lui disent comment ils passent leurs jours au milieu des sauvages, se mariant avec de jeunes Indiennes, et ne s'occupant que de surprendre des bêtes fauves pour s'enrichir de leurs peaux. Ils passent des mois entiers dans les plus inextricables forêts, s'avancent le plus qu'ils peuvent vers le nord, et entament des communications avec les Peaux-Rouges les plus reculés dans ces parties de l'Amérique. Ils obtiennent des fourrures précieuses, moyennant des étoffes de couleur, des objets de parure, des perles en verre, etc. Quand est complet le chargement des chariots attelés d'un cheval, qu'ils emmènent avec eux, ils vont revendre leurs pelleteries, et à ce commerce gagnent des sommes magnifiques. Ou bien ils les échangent pour de la poudre, du sucre, du thé, du café, etc., toutes choses qu'ils savent être très-prisées des sauvages.

Afin de se protéger mutuellement contre les hommes ou les fauves, ces chasseurs ne s'avancent que par petites caravanes dans l'intérieur des bois, des prairies, et ils établissent leurs camps en rase campagne : ces camps sont formés de tentes de peaux. Généralement ces gens sont Français, pourtant on trouve aussi d'autres Européens parmi eux.

Madame Pfeiffer visita aussi les grands lacs.

Elle signale douze îlots placés sur le lac Supérieur, au lieu appelé la Pointe, et que l'on nomme les Douze Apôtres.

Au moment où elle arrive à la Pointe, nombre d'Indiens s'y trouvent rassemblés. C'est ainsi qu'elle fait connaissance avec les Sioux, les Chippewais, et autres Peaux-Rouges. D'après elle, ce sont de fort beaux hommes, grands et vigoureux. Ce qui lui sourit le moins, c'est la couleur de leur peau, qui ressemble trop à du cuir. Elle en voit quelques-uns qui portent les costumes de l'Europe : elle en entend qui parlent le français, d'autres l'anglais.

Disons que ce ne sont déjà plus là les vrais sauvages : sans cela, madame Pfeiffer aurait épouvé de plus vives émotions que celles qu'elle analyse. Les sauvages en question, à demi civilisés, ne se rencontrent, sur les rives du lac Supérieur, que pour avoir part à des générosités que leur faisait alors annuellement le gouvernement des Etats-Unis, achetant ainsi la paix moyennant de l'argent, des habits et des provisions de toute sorte.

Le steamer a touché à Buffalo, et vient aborder à la portée des chutes du Niagara.

Ce nom, qui rappelle une tribu indienne effacée du sol de l'Amérique par la civilisation, est celui du canal par lequel les eaux du lac Erié vont se perdre dans celles du lac Ontario.

C'est une rivière comme il y en a beaucoup dans les régions septentrionales du Nouveau-Monde, et peu dans les nôtres. D'abord paisible et large, le Niagara se rétrécit vers le milieu de son cours, et bientôt il arrive sur un point où le lit manquant à ses eaux, il s'épanche en une nappe qui forme la plus belle cataracte du globe, si elle n'est pas la plus haute. Un bruit sourd en annonce l'approche, à la distance de plusieurs lieues. Mais quelle émotion à sa vue!

Figurez-vous, lecteur, une nappe d'eau de deux mille pieds de largeur, entraînant une masse liquide évaluée à sept cent mille tonnes par chaque minute, et tombant d'une hauteur de plus de cent cinquante pieds dans un gouffre dont on ne peut sonder la profondeur. Le frémissement du sol sous les pieds et le brouillard qui s'élève au-dessus des eaux bouillonnantes, la signalent de très-loin.

Le chemin qui conduit à la cataracte, d'abord pénible, et même dangereux, frayé au milieu de rochers éboulés, devient ensuite plus facile. Pour descendre l'escarpement qui en domine la base, on suit un sentier tracé au milieu des broussailles, dans une forêt de pins qui en dérobe la vue, et c'est subitement que l'on se trouve en face de ce merveilleux spectacle. D'un seul coup d'œil, vous voyez les rives escarpées et les forêts immenses qui environnent cette scène majestueuse, la force irrésistible de ces flots, de ces tourbillons, de ces nuages d'écume; la rapidité de leurs mouvements, l'éclat et la variété magique des couleurs; le volume, la vélocité de ces vagues en furie; les masses de vapeurs qui s'en élèvent à perte de vue et se condensent dans les airs. Tel est l'ensemble de ce vaste tableau.

En présence de cette magnificence de la nature, madame Pfeiffer s'écrie que le poète ne peut pas plus la décrire qu'un peintre ne peut la rendre avec ses pinceaux et ses couleurs. Elle ajoute que si jamais il y a quelque part des athées, cette monstruosité de l'espèce humaine, elle les engage à venir étudier la cataracte du Niagara. Là, ils seront bien forcés de reconnaître l'existence de Dieu, et sa puissance et sa force, et certes ils retourneront chez eux pleins de foi dans la Providence.

Comme elle admire les étranges effets de la nappe neigeuse des deux chutes d'eau rutilant, sous les rayons du soleil, de toutes les couleurs du prisme et offrant en permanence les plus beaux arcs-en-ciel qu'il soit donné de contempler! Elle s'extasie sur la nuance spéciale que reçoit l'eau, près de ses chutes, et savoure les étranger émotions qu'elle a ressenties en regard du Niagara.

Changement à vue! On est appelé bientôt, à l'extrémité du lac Ontario, par le signal du vapeur, et convié à monter sur une plus légère embarcation, pour aller visiter ce que l'on nomme les Mille-Iles et juger le fleuve Saint-Laurent, dont les rapides exigent un bateau évoluant facilement.

Les Mille-Iles sont, en réalité, une promenade fantastique; on va et on vient, ici et là, entre une quantité de petites îles charmantes. Le paysage n'est jamais le même : il change à chaque mouvement, et toujours il est empreint d'une exquise poésie. Et cependant les rives de ces îles s'élèvent d'une façon insensible au-dessus de l'eau.

Néanmoins madame Pfeiffer compare la vue des Mille-Iles aux beautés pittoresques du lac Mœlar, dans la Suède, et elle donne tout l'avantage aux Mille-Iles de ce dernier.

La ville de New-York, que madame Pfeiffer veut connaître à son retour des lacs des Etats-Unis, lui semble plus tapageuse encore et plus animée, spécialement dans Broad-Way et Wall-Street, que la capitale même de l'Angleterre, pourtant si tumultueuse en certains endroits. Elle s'égare et perd toute contenance au milieu de l'encombrement des voitures, des omnibus, etc. Aussi ne comprend-elle pas que les dames new-yorkaises se montrent jamais en de tels quartiers.

Elle trouve pourtant que New-York est une très-belle ville, grâce à ses larges rues disposées en damier, souvent bordées d'arbres superbes, et offrant aux piétons des trottoirs réservés et séparés de la voie des équipages, etc.

Mais dans des villes où la population est considérable, ne rencontrer donc pas de boue, de flaques d'eau, des immondices! La chose est difficile. Et cependant la voyageuse allemande se plaint fort de ces inconvénients, qui la blessent dans New-York.

Des édifices de la cité, peu de chose, si ce n'est qu'il y en a beaucoup et de très-grands. Puis elle ajoute malicieusement que cette grandeur est leur seule beauté.

C'est par sa très-rapide esquisse de la ville par excellence des Etats de l'Union de l'Amérique septentrionale, que madame Pfeiffer termine son second voyage autour du monde.

Malheureusement, quelques années après, Ida Pfeiffer, atteinte d'un cancer au foie, causé sans doute par la fatigue de ses voyages, rendait paisiblement son âme à Dieu, dans la nuit du 27 au 28 octobre 1858.

Peut-être la retrouverons-nous dans quelques pages des autres voyages de la collection E. Ardant et C$^{ie}$. Je l'espère, et nous l'écouterons encore volontiers nous racontant ses aventures.

Tout à coup, une bande d'Indiens pénètrent dans la pampas. (P. 207.)

# AVENTURES D'UN FRANÇAIS, M. GUINNARD
## CHEZ LES PATAGONS, DANS L'AMÉRIQUE DU SUD
### de 1856 à 1861.

L'une des grandes jouissances de la vie, pour l'homme instruit ou qui désire s'instruire, sans contredit, ce sont les voyages

En effet, voir de près la grande nature; vivre en contact immédiat et constant avec les œuvres admirables sorties de la main du Créateur; gravir les pics qui plongent leurs pointes aiguës dans les nuages; descendre pas à pas des montagnes aux sommets sourcilleux, et en franchir les gorges, les vallons et les vallées; surprendre les eaux à leur sortie de terre, étudier leur origine, suivre leurs mouvements; surveiller la réunion, juger la puissance des cours d'eau par leur mélange avec d'autres; la surprendre se transformant en cascatelles, en cascades, en cataractes, composant des lacs aux vaporeux horizons, et devenant fleuves ou rivières; pénétrer dans les vastes forêts, où toutes les essences d'arbres sont représentées; entendre la grande voix du vent ou de la foudre, dans les solitudes infinies qui s'appellent Saharas, prairies, pampas, llanos, déserts; y entrevoir les innombrables espèces d'animaux dont elles sont peuplées; s'extasier devant les unes, se mettre en garde contre les autres; naviguer sur les mers, parcourir les océans, être témoin des phénomènes si variés des eaux : phosphorescence, tourmentes, tempêtes, ouragans, trombes, etc.; arriver dans les ports, voir les cités les plus étranges, les paysages les plus pittoresques; surprendre les peuples dans les costumes les plus bizarres, et connaître leurs mœurs et leurs usages; sur le tout, assister à de splendides levers et couchers de soleil, ou voir la lune trôner sur son banc de nuages; tout cela est d'une exquise poésie, tout cela est charmant...

Mais c'est souvent plus charmant pour celui qui lit les relations de ces voyages et des aventures qui surviennent aux voyageurs, que pour les héros eux-mêmes des drames dont les contrées qu'ils visitent sont le théâtre. J'en donne pour preuve ce premier récit.

Les Provinces-Unies du Rio de la Plata, ou Confédération Argentine, constituent l'un des Etats de l'Amérique méridionale.

La République Argentine est bornée, au nord, par la Bolivie; à l'est, par le Brésil; au sud-est, par l'océan Atlantique; à l'ouest, par le Chili; et au sud, par la vaste région de la Patagonie.

La Confédération Argentine, pour le sol et le climat, varie selon la hauteur et la latitude des pays qui la forment.

Le centre et l'est se composent d'immenses plaines qui nourrissent beaucoup de gros bétail. L'ouest présente de hauts plateaux souvent arides, mais riches en minéraux précieux. Entre ces deux régions s'étendent d'épaisses et superbes forêts.

La Patagonie, théâtre du drame qui va nous occuper, comme la

Confédération Argentine, est la contrée la plus méridionale de l'Amérique du Sud. Ce pays fut découvert par Magellan, au profit de l'Espagne, en 1519, et reçut primitivement le nom de Terre-Magellanique. Il est séparé de la Terre-de-Feu par le détroit de Magellan, exploré par ce grand navigateur. Mais tout en se trouvant au sud de l'Amérique méridionale et voisine de la Terre-de-Feu, qui ne doit ce nom qu'à la couleur de son terroir, la Patagonie est une région très-froide, montagneuse, boisée au nord et parsemée de grands lacs. On y trouve peu d'animaux indigènes. Les Araucans, dont un Français, M. de Tonneins, prétend avoir obtenu la souveraineté, et qui s'intitule pompeusement roi d'Araucanie, et les Puelches occupent le nord du pays. Au sud, s'étendent les Tchuelchs ou Patagons proprement dits. La taille moyenne de ces derniers dépasse celle des Européens de plusieurs centimètres; il en est même qui atteignent de six à sept pieds. Mais ce sont les Indiens qui vivent à l'état sauvage.

Lorsque Magellan jeta l'ancre en face de la Patagonie, qui présentait l'aspect d'une profonde solitude, tout-à-coup, un matin, un Patagon, vrai colosse, presque nu, le visage teint de rouge, les yeux entourés d'un tatouage jaune et les joues maculées de taches blanches, les cheveux rares, poudrés de blanc, une peau de bête sur les épaules, un arc à la main droite et des flèches de roseaux dans la main gauche, parut sur le rivage, dansant, chantant et jetant des poignées de poussière. Aussitôt on mit à terre quelques matelots des vaisseaux, qui firent les mêmes simagrées. Alors, gagné par ces témoignages, le sauvage, à la taille duquel n'arrivaient pas les têtes des matelots, se laissa conduire au capitaine. Il but et mangea : mais quand on lui eut placé sous les yeux un miroir, le géant, effrayé de se voir, se trouva si horrible sans doute, qu'il recula vivement et fit tomber quelques hommes groupés derrière lui. On le remit à terre, avec des grelots et quelques verroteries qu'on lui donna.

Aussitôt il courut au loin prévenir sa tribu, et les Indiens accoururent en foule. A la vue des Espagnols, armés et descendus à terre, comme le géant ils se mirent à danser, à chanter, à jeter de la poussière, en montrant le ciel, ce qui voulait dire que les étrangers arrivaient de l'empyrée. On les fit aussi monter sur les navires, et on leur fit don de quantité d'objets qu'ils chargèrent sur les épaules de leurs femmes.

Moins grandes que leurs maris, les Patagones étaient beaucoup plus grosses, tout aussi laides, peu vêtues, et peinturées des couleurs les plus étranges, aux épaules, aux bras, et surtout à la figure.

Un autre navigateur, le commodore anglais Byron, en 1764, lui aussi, arrêta sa flotte à la pointe méridionale de la Patagonie.

Du pont du vaisseau on voyait des guanacos paître dans les vallées de la côte et d'énormes gerbes de fumée qui s'élevaient au loin. Peu après, des Indiens, montés sur des chevaux, se montrèrent à leur tour. Ils agitaient des étoffes blanches et semblaient appeler l'attention des Anglais. Byron alla à terre. Les sauvages, au nombre de cinq cents, étaient rassemblés sur un cap fort allongé, qui tenait lieu de jetée. On ne leur voyait point d'armes : néanmoins on leur fit signe de reculer.

Alors Byron mit sa troupe en ordre, sur le rivage, et, seul, il alla droit aux Indiens. Un chef s'avança de son côté. C'était un vrai géant, il avait près de sept pieds. L'un de ses yeux était tatoué d'un cercle noir et l'autre d'un cercle blanc; le reste du visage était zébré de toutes sortes de couleurs. Une peau de bête fauve lui couvrait les épaules.

Le sauvage et le commodore se firent toutes sortes de compliments, sans se comprendre, bien entendu, et, ensemble, se dirigèrent vers les autres Patagons, tout aussi grands que leur chef. On voyait parmi eux quelques femmes, véritables hercules femelles. Ces naturels avaient pour tout vêtement une peau de bête sur les épaules, le poil en-dedans, comme le chef. Quelques-uns étaient chaussés de bottines en peau de même sorte, dont le talon était muni d'une petite cheville en bois, en guise d'éperon. Le commodore les fit tous asseoir et leur fit don, à tous, de verroteries jaunes et blanches, ce qui les charma.

Ces Patagons avaient avec eux quantité de chiens. Quant à leurs chevaux, petits, maigres, mais rapides comme l'éclair, ils avaient pour tout harnais des brides de peau, dont un petit bâton tenait lieu de mors. Les femmes montaient sur les animaux, sans étriers, comme les hommes, et semblaient meilleurs cavaliers qu'eux.

Enfin, en 1767, lors du premier voyage de circumnavigation qui fut exécuté par notre chef d'escadre français Bougainville, quand son navire mouilla en regard de la Patagonie, dans la baie de Boucaud, et que l'on eut mis pied à terre, on vit arriver six Patagons, à cheval et au grand galop. Ils s'arrêtèrent à cinquante pas, descendirent et accoururent en criant :

— *Chaoua! Chaoua!...*

En même temps, ils tendaient les mains et les appuyaient contre celles des Français. Il serraient ensuite les gens de l'équipage entre leurs bras, et répétaient à tue-tête :

— *Chaoua! Chaoua!*

Les Français, comme les Patagons, se prirent à redire :

— *Chaoua! Chaoua!*

Deux des sauvages Indiens, qui tout d'abord tremblaient, ne furent pas longtemps sans se rassurer. Après beaucoup de caresses réciproques, le chef d'escadre fit apporter, des canots, des galettes et un peu de pain frais qu'on leur distribua, et qu'ils mangèrent avec avidité. A chaque instant leur nombre augmentait. Bientôt il fut possible d'en compter une trentaine, parmi lesquels se trouvaient des jeunes gens et un enfant. On échangea quelques bagatelles, précieuses à leurs yeux, contre des peaux de guanacos et de vigognes. Ils demandèrent aussi, par signes, du tabac à fumer. Le rouge semblait les charmer. Aussitôt qu'ils apercevaient, sur les Français, quelque chose de cette couleur, ils venaient passer la main dessus et témoignaient en avoir grande envie. Au reste, à chaque chose qu'on leur donnait, à chaque caresse qu'on leur faisait, le *Chaoua* recommençait, et c'étaient des cris à étourdir.

On s'avisa de leur faire boire de l'eau-de-vie, en ne leur en laissant prendre qu'une gorgée à la fois, à chacun : alors, aussitôt qu'ils l'avaient avalée, ils se frappaient avec la main sur la gorge et poussaient un son tremblant et inarticulé, qu'ils terminaient par un roulement avec les lèvres.

Ces Patagons étaient d'une belle taille; aucun n'était au-dessous de cinq pieds et quelques pouces. Ce qui paraissait gigantesque, en eux, c'était leur énorme carrure, la grosseur de leur tête et l'épaisseur de leurs membres. Leur visage était rond et un peu plat; leurs yeux vifs, et leurs dents très-blanches, mais fort larges. Il y en avait qui étaient pourvus de moustaches plus longues que fournies. Quelques-uns avaient les joues peintes en rouge. Nulle femme parmi eux. Les seules armes qu'on leur ait vues étaient deux cailloux ronds fixés aux deux bouts d'un boyau cordonné. Ils avaient aussi de petits couteaux de fer. Pour tout vêtement, une peau de guanaco attachée autour du corps avec une ceinture, et descendant jusqu'aux talons.

Leurs chevaux, petits et fort maigres, semblaient pleins de feu.

A l'inverse du mouvement ordinaire que le temps imprime aux germes de civilisation, les Patagons, depuis qu'on en connaît quelques spécimens, ne sont nullement en progrès. Au contraire. A l'époque de Magellan, de Byron et de Bougainville, ces Indiens semblent doux, timides même. Mais de nos jours, 1856, nous allons les voir redoutables, farouches et féroces.

Le voyageur le plus éprouvé, l'un de ceux qui ont le plus ému et intéressé les lecteurs de pérégrinations lointaines, celui dont les infortunes ont appelé davantage l'attention de l'Europe, c'est sans contredit M. Guinnard.

C'est en 1856 que commence sa lamentable histoire.

M. Guinnard est un bon fils. En quittant Paris, pour se rendre à Buenos-Ayres, dans la Confédération Argentine, il a un but : celui de tenter la fortune, afin d'offrir à sa vénérée mère, non pas des richesses, mais la ressource d'une douce aisance pour ses vieux jours. La fortune est aveugle, hélas! elle ne seconde pas les efforts de notre jeune Français. Aussi M. Guinnard s'éloigne des contrées déjà trop exploitées par les Européens, et il descend vers le sud, afin de visiter les confins des tribus indiennes. Il s'agit simplement de trafiquer sur les exportations. Mais, là encore, succès nuls.

Notre hardi champion se décide alors à remonter vers Rosario, au nord-ouest de Buenos-Ayres. Grand embarras! il est nécessaire de traverser les pampas. Je l'ai déjà dit : les pampas sont de vastes plaines, couvertes de forêts et de taillis, capitonnées de petites dunes formées par une terre légère, sablonneuse et fertile, mais ayant aussi des terrains inondés pendant l'hiver, et de profonds marécages. Ces immenses espaces, particuliers au Pérou et au territoire voisin de Buenos-Ayres, sont en possession d'innombrables troupeaux de bœufs et de chevaux sauvages. Elles ne sont pas désertes, car on y rencontre assez fréquemment des *estancias*, c'est-à-dire des fermes où l'on élève des bestiaux, où l'on récolte des fruits et où l'on cultive les céréales. L'habitant des pampas, homme à demi-sauvage, a nom *gaucho*.

Au moment du départ, M. Guinnard se félicite de faire la rencontre d'un Italien qui, comme lui, jouit de la mauvaise chance, et qui lui propose de l'accompagner dans son voyage à travers le territoire argentin. L'accord est fait avec le signor Pédrito; on fixe sur la carte la route à suivre pour gagner Rosario; et, afin d'être plus sûr de ne pas s'égarer, on achète une boussole qui règlera la marche.

Un chapeau à larges bords sur la tête, une couverture de voyage, ou plutôt un plaid sur les épaules, les pieds dans des chaussures souples, et le pantalon retroussé, nos deux voyageurs cheminent à pied, très-allègrement d'abord. Ils ont au dos un sac qui renferme quelques hardes, des provisions de bouche et des munitions de chasse. Le fusil de chacun d'eux est en permanence sur le bras, car le gibier peut se présenter ici ou là.

A peine en route vers le nord-ouest du vaste triangle que forme l'Amérique du Sud, la Patagonie, à laquelle ils tournent à peu près le dos, leur envoie d'épouvantables rafales de vent; et bientôt après, des nuées, dont les nuances sombres annoncent l'hiver qui se déchaîne, déversent sur eux des pluies torrentielles. En effet, on est au mois de mai, et, dans ce désert argentin, l'hiver commence, et quelles tempêtes alors!

Plusieurs jours durant, cette horrible pluie tombe sans discontinuer. Mais enfin, un soir, elle cesse, et le soleil perce la nue. Ses doux rayons réchauffent la nature et les deux amis sentent revenir leur ardeur première.

La nuit vient, elle est venue. Les voilà au pied d'une chaîne de rochers; ce sera leur asile, le lieu de leur repos. Ils sont en face d'un paysage charmant, sur lequel la lune répand bientôt toutes ses splendeurs. Certes, ils n'y voient ni château en ruines, ni parcs aux arbres centenaires : pour eux, le décor c'est une solitude sauvage sans limites. De ci, de là, un reflet argenté s'accroche aux aspérités des roches, aux troncs des palétuviers, aux feuillages frémissants des conifères. A quelques pas, dort une mare aux ondes polies comme l'acier, et qu'alimente un ruisseau. Des nénuphars à fleurs jaunes et à larges feuilles luisantes s'étalent à la surface, mêlées aux algues vertes. Autour de cette flaque morne, le silence, l'ombre, le mystère. Ils renaissent à l'espérance, sans doute; mais cependant il leur semble que quelque chose de sinistre plane sur eux, du haut de ces rochers, dans les anfructuosités desquels ils vont dormir, au fond d'une grotte.

Ils s'endorment en effet, enveloppés dans leurs couvertures. Mais tout-à-coup, voici que M. Guinnard est réveillé par un bruit, un fracas épouvantable, dont tout d'abord il ne peut se rendre compte. Horreur! ce sont les eaux, les eaux gonflées subitement par les pluies des jours précédents, qui changent soudain en torrent le petit ruisseau qui leur souriait tout-à-l'heure. Déjà est envahie la grotte où se sont réfugiés nos deux héros. M. Guinnard éveille Pédrito en toute hâte. Ils saisissent leurs armes, disputent leur mince bagage à l'avidité du sinistre, et les voilà qui s'élancent au-dehors. Mais la chaîne des rochers, en cet endroit, forme une falaise à pic, et pour gravir cette muraille lisse, dans l'obscurité qui est devenue profonde, ils sont contraints de planter leurs poignards, ici et là, dans les fissures des pierres, afin de s'en servir comme d'échelons. Ils atteignent enfin le plateau de la chaîne. Ils sont sauvés! Ils perdent bien quelque peu de leur poudre de chasse et d'autres munitions, mais leur vie est arrachée au danger.

A genoux sur la crête des roches, ils remercient la Providence, car rien ne rend la foi en Dieu comme le péril, et cette terrible nuit s'achève pour eux dans un sommeil profond, épuisés qu'ils sont par une fatigue excessive.

Mais, le jour venu, impossibilité de franchir le torrent qui mugit, le torrent devenu rivière large et tourbillonnante. Ils tentent le passage néanmoins. Ils se jettent à la nage, tiennent leurs armes élevées au-dessus de l'eau, et s'avancent peu à peu vers l'autre rive, en sacrifiant encore quelques menus objets. L'eau les pousse vers un gouffre épouvantable; un nouveau danger les menace. Toutefois l'énergie de leur volonté redouble leurs forces et les soutient. Ils échappent encore une fois, et une fois encore rendent grâces à Dieu du secours qu'il leur envoie en donnant le courage à leur âme. Ils allument un grand feu, font sécher leurs armes, se sèchent eux-mêmes, et se mettent en quête de quelque gibier. O bonheur! une biche-gama, sorte de chevreuil, se présente bientôt : ils le tuent, le font rôtir, et l'animal leur offre un repas délicieux.

Ils veulent alors se remettre en marche. Hélas! leurs pieds endoloris, enflés, blessés, sanguinolents, d'une extrême sensibilité, ne peuvent plus se poser à terre sans une douleur aiguë. Vainement ils se fabriquent des sandales avec la peau du chevreuil; ce nouveau genre de chaussures, trop souple, ne garantit point leurs pieds; à peine les préserve-t-il des effets du froid et de la gelée.

Est-il position plus triste? Certes, ces épreuves sont cruelles; mais quand l'homme de cœur sait prendre une résolution, rien ne l'arrête. Or, les deux amis se décident à marcher quand même, et à marcher jour et nuit, qui plus est, car, s'ils s'arrêtent, ils sont perdus, les provisions commençant à leur faire défaut...

Ils partent donc, mais cette fois ils cheminent à travers une partie de pampas que l'on appelle *campo*. Là, nul animal ne se montre, la région est stérile à ce point qu'on n'y découvre par la moindre trace de végétation : le sol est absolument calcaire, imprégné de salpêtre, et l'homme qui s'y engage doit y mourir, s'il n'emporte avec lui les ressources de la vie. Pas le moindre filet d'eau. Rien à boire, rien à manger. Aussi, bientôt, les infortunés sont contraints de rafraîchir leur gosier desséché à l'aide de ce moyen qu'emploient les naufragés, les voyageurs dans les pays chauds : vous devinez quel est ce moyen? En outre, ils arrachent à la terre qu'ils foulent aux pieds des racines sans nom et les dévorent, nonobstant l'amertume qu'ils en ressentent.

Après des souffrances qu'il est impossible à la plume de traduire, un soir, n'en pouvant plus, les deux martyrs se font un feu d'épines, difficilement recueillies, s'accroupissent auprès de ce maigre foyer, et préparent leurs armes... Oui, leurs armes mettront fin à leurs tortures. Ce n'est plus contre des animaux qu'ils vont s'en servir, c'est contre eux-mêmes! Ne vaut-il pas mieux mourir que languir davantage dans une torture heureusement inouïe?...

Le ciel vient encore à eux, et le souvenir de la famille, le tableau des êtres bien-aimés qui la composent, les arrête à temps... Le froid d'ailleurs engourdit leurs membres; les pensées trop amères s'effacent, et le sommeil, un sommeil invincible, calme les aiguillons du désespoir et de la faim...

Au retour de la lumière, et quand ils se réveillent, Guinnard et Pédrito se sentent faibles des jambes, mais plus vaillants du cœur. Ils reprennent leur marche à travers le *campo*. Par bonne fortune, le terrain n'est bientôt plus le même. De calcaire il devient sablonneux. Puis la verdure reparaît. Voici des plantes touffues, voici des herbages qui entourent des marais sans doute. On peut s'avancer sur un sol plus doux, sans trop souffrir. En effet, sur la vaste plaine, brillent à distance, comme de larges fragments de miroir, les eaux d'un étang fort irrégulier dans sa forme. Les deux amis, altérés, éperdus de joie, se hâtent de l'atteindre, se couchent sur ses bords et boivent à longs traits.

Mais suffit-il de boire? Non, certes! Aussi se séparant alors, et l'un tournant à droite pendant que l'autre tourne à gauche, ils explorent les rives de l'étang. Un bruit se fait entendre dans les herbes : Guinnard se retourne. Il est en présence d'un puma qui l'observe... Le puma ou couguar se nomme aussi lion des Péruviens, tigre rouge, etc. C'est le felis-puma de la science. Ce genre chat est caractérisé par un pelage d'un fauve agréable et uniforme, sans aucune tache. Les oreilles, ainsi que l'extrémité de la queue, sont noires. D'un naturel féroce, le puma est cruel comme le tigre, mais il n'a pas le courage de ce dernier. Il attaque le bétail et fuit l'homme. Notre chasseur fait feu sur l'animal et l'atteint au poitrail. Furieux, le puma s'élance et va déchirer son adversaire : mais ses forces le trahissent, il retombe et meurt...

Pédrito, venu au bruit de l'explosion, prépare un feu de broussailles; Guinnard dépèce le puma, qui est mis à la broche et avidement... dévoré. Quel bon souper pour de pauvres affamés! Puis, le lieu du festin paraissant favorable, après conseil tenu, on se décide à y camper, en prenant là deux jours de repos, car la fièvre mine les infortunés. Les herbages seront le lit, et les arbres serviront d'abri. Ce n'est pas du luxe, deux jours d'oisiveté!... Pendant ce temps, la fièvre disparaît, en effet, mais les pieds ne perdent rien de leur enflure.

Nouveau départ, nouvelle halte, quarante-huit heures après. Un lièvre et un daim approvisionnent la table rustique des explorateurs.

Hélas! trois fois, cent fois hélas! Quelle cruelle déception, un matin, à leur lever, à l'heure de repartir, plus allègres, plus dispos! La boussole qui les a guidés jusqu'alors, la boussole qu'ils consultent si fréquemment dans le but de s'avancer toujours vers le nord-ouest, la boussole les a trompés, elle les trompe, elle les trahit, elle les conduit à leur perte!... Avarié par les eaux dans cette nuit fatale de l'envahissement de la grotte, cet instrument précieux s'est détraqué. L'aiguille tourne à l'aventure, ils s'en aperçoivent enfin, et restent muets de surprise et d'effroi. Où sont-ils maintenant?... Il est bien évident qu'ils ont fait fausse route : ils se sont égarés, ils s'égarent davantage à chaque pas. Et nul être au monde, sur leur chemin solitaire, pour redresser leur route!...

Que faire? Ils consultent l'immense horizon, l'horizon infini, qui dessine au loin son cercle monotone, sombre, chargé de nuées. Ils avisent des montagnes dont les crêtes sont perdues dans les nuages. Espoir! Là peut-être sera leur salut... Ils se dirigent de ce côté; ils s'en rapprochent en hâte. Ils désirent y arriver promptement, car des indices assurés leur pronostiquent de nouvelles tourmentes. Des pierres détachées des sommets ont glissé, en feuilles, jusqu'à la base des montagnes. Ils les emploient pour se construire un abri, protégé par un pli de terrain. Il est temps qu'ils mettent fin à leur œuvre. Voici la rafale qui souffle; voici la tempête qui éclate; voici la pluie qui tombe. Et plus de vivres! Ce qui reste des dernières chasses est épuisé... Ils jeûnent, et ils attendent!...

Enfin, après deux jours pendant lesquels les éléments font rage, le ciel redevient serein. Mais le froid les saisit. Ils entassent alors des épines, le seul combustible qui soit à leur disposition. Nouvelle terreur! ces épines ont déjà subi l'action du feu. Evidemment un incendie a été allumé dans la plaine. Des tribus sauvages ont passé par les pampas. Les Indiens ne sont pas loin. C'est leur usage de livrer à la flamme les lieux qu'ils abandonnent. Où sont-ils maintenant? Quels sont ces Indiens? Dans quel horrible piége les a donc jetés leur boussole maudite!...

Courage, cependant! Il ne faut pas se livrer à une folle défiance de l'avenir. Dieu est là... En avant! Le soleil du matin se montre radieux : la plaine est riante, les pampas semblent en fête; voici même des troupes de gamas qui ponctuent la verdure et semblent se livrer à des jeux folâtres... Sus aux gamas!...

Le gama, genre guanaco, alpaga ou vigogne, a la taille d'une grande chèvre. Son port est gracieux, sa physionomie très-vive. C'est un animal doux et timide. La chair du gama n'est pas sans saveur : sa laine est très-fine et très-douce.

La chasse est dans tout son feu : plusieurs gamas sont atteints, mais un seul paraît de bonne prise. On s'élance pour s'en emparer. Horreur! tout-à-coup, d'un vallon de la montagne sort, à la file, une bande d'Indiens à cheval, qui pénètre dans la pampas, et semble marcher à la poursuite d'une proie. Rester cois, immobiles, s'effacer derrière les touffes de verdure, telle est l'unique ressource de nos amis. Puis, n'étant pas aperçus, ils détalent et vont se réfugier dans leur cachette.

Ainsi donc, plus de repos! Les Indiens, des Indiens sauvages, on le voit à leur nudité, à leur allure, sont là, tout près. Et cependant, ne plus sortir est impossible. Il faut manger pour vivre, et pour manger il faut chasser et battre la plaine. Guinnard et Pédrito reprennent courage, à cette pensée, et après trois jours de réclusion ils vont se mettre en embuscade et tuent la plus belle des biches...

Cette fois, c'en est fait : ils pourront se rassasier, reprendre des forces, emporter quelque provision, et s'éloigner... partir au plus vite, le plus loin possible...

Mais non. Les épreuves subies jusqu'alors ne sont que douceurs.

Vient l'heure cruelle de la plus épouvantable catastrophe : elle sonne!...

La biche tuée se trouve à peine à califourchon sur les épaules de Pédrito, que des cris inimaginables retentissent, dans la pampas, des cris gutturaux qui n'ont rien d'humain. En même temps, le sol est ébranlé par la course furibonde de chevaux lancés à toute vitesse. Hommes et bêtes accourent avec la rapidité de la foudre...

Plus d'illusion possible; ce sont des sauvages qui arrivent en foule; il en sort de tous les plis du sol; il en surgit comme par enchantement de tous les buissons. Ces sauvages, couleur de suie, laissent flotter leurs longs cheveux noirs autour de leurs larges faces hideuses, tatouées de lignes blanches, rouges, vertes ou bleues. Ils sont nus : tout au plus un bandeau blanc captive-t-il leur chevelure. Tous sont montés sur des chevaux pleins de fougue, qu'ils dirigent avec une adresse incroyable. C'est une vision fantastique, mais trop réelle tout à la fois.

Que tenter contre une pareille légion vomie de l'enfer? Les deux amis se regardent; ils comprennent qu'il n'y a plus d'espoir. Ils se serrent une dernière fois la main, et après cet adieu muet, mais résolu, l'un et l'autre épaulent leurs carabines et font feu...

Un des Patagons tombe, blessé... Car ce sont des Patagons, ces Indiens. A cette vue, la colère de la horde est à son comble. Ils brandissent leurs lances; ils font décrire des courbes à leurs lassos, composés de longues courroies et de pierres arrondies placées à l'extrémité de ces lanières; ils se précipitent avec rage contre des adversaires qui osent lutter contre eux.

Pédrito tombe à l'instant, percé de coups, écrasé par le nombre... Une dernière fois il regarde Guinnard, puis il ferme les yeux. Il est mort!...

Guinnard, lui aussi, est grièvement blessé. La pierre d'un lasso le frappe à la tête; puis une lance lui ouvre le bras. Il s'évanouit. L'un des sauvages veut lui porter le coup fatal, mais un autre Patagon arrête la fureur de celui-ci, et le calme, en lui baragouinant un discours superbe, sans doute. Il est compris. On dépouille le Français; on le met nu sur un cheval; on attache ses quatre membres au cou et à la queue de l'animal, et alors, pendant que le patient est insensible encore, il est enlevé par le coursier indien avec une extrême rapidité, comme le fut jadis Mazeppa, dans l'Ukraine, et porté à une grande distance, ballotté de droite et de gauche, soulevé par la course, retombant, secoué, meurtri, perdant du sang, respirant à peine, le tout au gré de l'animal que ses maîtres féroces excitent à l'envi.

On arrive enfin au campement des Patagons. Le cadavre de Guinnard, toujours dans ses entraves, est brutalement jeté à terre, comme un fardeau sans prix. Néanmoins la rapidité de la course et l'excessive fatigue d'un pareil voyage n'ont pas tari la source de la vie chez notre infortuné compatriote. Il revient à lui peu à peu; le frais du soir le ranime. Il est seul, sur un lit de poussière : mais il se rappelle, et il frémit d'épouvante.

Que va-t-il devenir? Dans l'impossibilité de faire aucun mouvement, il attend, il regarde, il écoute. Les sauvages ne sont pas loin; il est facile de recueillir leurs cris et d'ouïr au milieu de quelles clameurs ils se querellent et s'agitent. Du camp de la horde indienne, femmes, enfants, vieillards, surviennent et contemplent la victime. Quelle race! la cruauté brille dans tous les regards, la curiosité la plus farouche dénote l'amour de la souffrance et du sang.

Et pourtant voilà qu'on le délie. C'est une femme qui lui enlève ses liens. La femme, même chez les sauvages les plus dégradés, et nonobstant ses traits disgracieux, est-elle donc partout un ange tutélaire? Oui, on lui enlève ses entraves. Mais Guinnard est dans l'impuissance de se mouvoir. Pieds et mains ne peuvent lui être d'aucun usage. Bien plus, on lui apporte de la nourriture. Horreur! le pauvre Français, habitué aux délicatesses de la table, a devant lui d'af-

14

freux morceaux rouges et livides, des lambeaux dégoûtants de chair de cheval, l'aliment le plus recherché de ces sauvages...

Quelle nuit! quelles sinistres réflexions! Combien de fois ne voit-il pas les traits pâles et le corps sanglant du malheureux Italien!

Un troupeau de vigognes.

Non, les Patagons ne réservent pas Guinnard pour le livrer à quelque supplice barbare, en présence de leur tribu, au milieu d'une fête, et se réjouir de ses tortures.

Plus pratiques, et comprenant mieux leurs avantages, ils imaginent un genre de supplice qui sera plus lent, mais plus cruel que la mort. Ils font de notre héros un valet, un pâtre, un porcher, le gardien de leurs troupeaux...

Le Parisien Guinnard... valet des Patagons !...

Le pauvre jeune Français restera... nu, comme les tyrans : il couchera sur le sol durci, souillé, sans couverture, sans toit de feuillage même pour l'abriter. Il vivra parmi les chiens de ces sauvages et n'aura même pas le moyen de s'entretenir jamais avec aucun de ses ennemis, car il ignore leur langue. La mort n'est-elle pas préférable à pareille vie ? Et n'est-ce pas un raffinement de barbarie de la part de ces Patagons de l'imposer à leur triste captif ?

Ainsi, voilà un de nos frères, un Français, un Parisien, habitué, sinon aux jouissances du luxe, tout au moins au confort de la vie civilisée, dans toute la nudité originelle désormais, sous un climat sévère, réduit à ne manger que de la viande crue de cheval, réduit à disputer à des chiens avides cette chair sanglante qu'on lui jette avec dédain, réduit à se soumettre aux exigences impitoyables d'une horde d'affreux sauvages, les plus féroces de tous les Indiens du sud de l'Amérique, les Patagons-Poyuches...

Trois ans de captivité, d'horrible captivité, au milieu de tels hommes, cela effraie l'imagination. Et cependant l'infortuné Guinnard, dont heureusement le moral se relève peu à peu, a dû les subir ; mais il les a subies en homme qui compte sur l'avenir, et qui, l'œil au guet, épie constamment l'heure de la délivrance...

D'après lui, c'est au sud du Rio-Négro, un fleuve aussi fort que notre Rhin, qui de la Cordillière des Andes, à l'ouest, coule vers l'océan Atlantique, à l'ouest, parallèlement à l'Equateur, que commence la Patagonie.

Neuf tribus de Patagons. La plupart n'ont de ressources que dans le pillage, et elles sont constamment en mouvement, dans le but de prendre, errant à l'aventure au milieu du triangle qui s'étend du Rio-Négro à la pointe méridionale extrême de l'Amérique.

La première de ces tribus, les Poyuches, est assise immédiatement sur la rive méridionale du Rio-Négro, par lequel elle est séparée des pampas de la Confédération Argentine. C'est dans une de leurs incursions à travers les plaines de cette Confédération, qu'ils ont capturé Guinnard et tué Pédrito.

Comme les Puelches et autres, les Poyuches, habitant une contrée ingrate et stérile, sont pauvres, et cependant ils semblent se contenter de ce que leur donne la nature, à savoir une profonde misère, résultat des déplorables saisons de ces régions.

Qu'on ne s'étonne pas de leurs mauvais traitements vis-à-vis de leur captif! Ils ont dans la poitrine une haine profonde contre les blancs. Aussi, quand ils peuvent s'emparer de quelques infortunés voyageurs, ils les massacrent cruellement et sans pitié, gardant bien, toutefois, les enfants et les jeunes femmes, pour en faire des esclaves. Ils paraissent vouloir se venger ainsi de la triste situation que leur ont faite les Européens, auxquels ils doivent, en effet, d'avoir été ainsi refoulés dans une misérable contrée. Aussi n'ont-ils d'autre occupation que fondre à l'improviste sur les frontières des provinces de la Plata, du Chili, etc., afin d'emmener de vive force les troupeaux, et de nuire au commerce de leurs voisins.

Du reste, la façon de vivre de ces peuplades varie selon les différences de sol et de climat du pays.

Celles du nord, dans la zone la plus tempérée des pampas, adoptant l'usage de la Plata et du Chili, dissimulent quelque peu leur nudité. On retrouve chez elles certaines nuances des mœurs chiliennes et argentines.

Celles du sud, dans des contrées plus froides et plus humides, vivant au milieu de landes incultes et sauvages, et n'ayant d'autres perspectives que les rivages de deux grands océans, ne connaissent que la rude primitive existence des peuples, à savoir la vie nomade. Ces tribus sont absolument sauvages

Or, les Poyuches appartenant aux premières de ces peuplades, celles du nord, M. Guinnard, dans son effroyable calamité, avait encore à se louer cependant de ne pas être devenu le captif des autres tribus Que lui fût-il donc advenu alors?...

Notre infortuné compatriote nous donne, dans la relation de sa captivité, un détail bien digne de remarque : les Poyuches, nonobstant leur voisinage des Argentins, sont très-sauvages, comme leurs frères, les Puelches, les Tchéoue-tches, etc.; leur nudité, leur tatouage bizarre, leur façon de dévorer la chair saignante des animaux, leur férocité, etc., tout le démontre. Eh bien! cependant, ils ont des croyances, croyances partagées par les huit autres tribus des Patagons.

D'après eux, il y a deux dieux : le dieu du Bien, le dieu du Mal.

Ils honorent le premier, sans savoir où il se trouve, et vénèrent sa puissance et sa bonté.

Le second, d'après eux, est toujours en mouvement à la surface du globe, à la tête de légions de mauvais esprits, et il répand tous les maux possibles sur l'humanité.

Pas de prêtres. Cette religion naturelle se transmet de père en fils.

Mais des devins, hommes et femmes, très au courant de l'avenir!

Il y a une langue mère, chez ces Indiens de la Patagonie, c'est celle qui est parlée dans sa pureté, chez les Araucans, au pied des Cordillières et dans les districts boisés. Mais cette langue mère est bien gâtée par le patois des autres peuplades.

Evidemment les Patagons n'ont pas de villes; mais les tentes en cuir qu'ils dressent ici ou là composent leurs hordes. Sous ces abris de peaux, il n'y a d'autres meubles que des troncs d'arbres, servant de tables et de siéges. Des amas de plantes ou de feuillages constituent la couche de ces bêtes fauves. Toutefois, on y voit nombre d'ustensiles de ménage, qui proviennent certainement de leurs pillages, lorsqu'ils font des incursions sur les frontières des Argentins et des Chiliens. Aussi, petit à petit, apprennent-ils à faire cuire la chair des animaux. Mais, pour la manger, ils la laissent à peine blanchir sous l'action du feu. Souvent même les femmes se contentent de faire bouillir de l'eau dans des vases ou marmites, et plongent seulement la viande, qu'elles retirent presque aussitôt, pour la dévorer, après l'avoir saupoudrée de sel.

Quand les Patagons s'habillent, ce qui est rare, ils prennent pour vêtement une longue pièce d'étoffe, produit de quelque razzia, y font des trous par lesquels il passent, ici la tête, là les bras, et les voilà en grande toilette. Ils s'enveloppent aussi la tête d'un lambeau de toile, qui, en guise de bandeau, tient leurs longs cheveux séparés et flottants à droite et à gauche sur leurs épaules. Ils ne gardent aucun poil sur leur corps, pas même les sourcils. Ensuite, avec des terres de couleurs variées, détritus et scories des volcans des Cordillières, ils se bariolent la figure de noir, de blanc, de rouge et de bleu.

La laine des moutons de la Patagonie est tissée par les Patagones, qui s'en font des bandes d'étoffes dont elles s'entourent la taille : elles ont pourtant une préférence pour les tissus que leur rapportent des pays voisins, Buenos-Ayres ou Montevideo, les incursions de leurs aimables époux.

La robe qu'elles se composent ainsi avec leurs étoffes, ressemblerait à un énorme fourreau de parapluie, si l'on n'en voyait sortir une tête, des bras et des jambes. Mais, mesdames les Patagones surmontent la partie la plus élevée de ce costume d'une broche, en argent s'il vous plaît, à tête plate si large et si luisante, qu'elles semblent porter un miroir sur leur front. Ce fourreau est fixé à la taille par une large courroie de cuir vivement colorié de dessins sans goût. Point de sourcils, non plus, pour ces dames : mais des peintures dont la crudité rend le visage dur et farouche. Quant à leurs cheveux, cet ornement de la nature si cher à la belle moitié du genre humain, elles le partagent en deux longues nattes, sans addition de postiches, et se couvrent la tête d'un filet de perles sans valeur. A leurs oreilles pendent des boucles énormes. L'amour de la parure inspire même aux jeunes Patagones l'idée de se mettre aux bras et aux pieds des bracelets de coquillages de diverses couleurs.

Pourtant, on voit de loin en loin quelque femme d'une physionomie plus avenante. Ce sont des filles de captives, hélas! Elles ont dans leurs veines du sang de chrétien et d'Indien : mais quelle triste vie fut réservée à leurs mères, devenues les épouses de ces sauvages!

Vous vous représentez facilement l'aspect général des pampas de la Patagonie, n'est-ce pas, lecteur, d'après l'esquisse physique que nous vous en avons donnée, et que nous complétons ici, à grands traits.

Plaines immenses, d'une monotonie désespérante, se déroulant à perte de vue, sans accidents de terrain, sauf du côté des Cordillières, dont à peine on peut entrevoir les arêtes dessinant au loin leurs masses gigantesques, confondues avec les nuages. Dans ces plaines, rien qui appelle le regard, rien qui éveille l'imagination. Solitude complète, absolue. J'en excepte les troupeaux de bétail des Indiens, qui paissent ici et là, par groupes ponctuant le sol; ou bien, des partis de Patagons, nus, à cheval, au poing la longue lance décorée de plumes, allant à la maraude ou partant pour quelque expédition plus lointaine. Tout au plus, pendant le jour, entend-on par moments le cri rauque d'un oiseau en curée, appelant ses frères au partage des reliefs de quelque animal à demi putréfié. Mais, de nuit, aux heures des profondes ténèbres, se mêlent aux hurlements du vent qui se déchaîne, d'épouvantables clameurs de bêtes féroces en quête de leur proie.

Telle est la scène sur laquelle se meut, vit, pense et réfléchit, en végétant, notre acteur désolé, l'infortuné Guinnard, le pauvre fils de France esclave des sauvages Poyuches!

Qu'il est lent à se faire à cet isolement, à cette solitude, à cette déplorable vie de servitude! Peut-il en être autrement? Il ne comprend point le langage de ses bourreaux. Il ne peut exécuter leurs ordres, et cette lamentable surdité, le malheureux l'expie par des coups. Un, deux, trois Indiens sont toujours à ses trousses et ne le quittent pas, d'abord. Est-il triste? c'est qu'il rumine les moyens de fuir. Semble-t-il, non pas gai, mais indifférent? voix .et gestes l'accablent d'injures et d'outrages. Il n'a même pas le repos de la mort : quand il sommeille, des mains, les horribles mains des sauvages, s'assurent... qu'il est là!

Enfin, il est mis au travail. On le fait monter à cheval pour surveiller les troupeaux. S'en éloigner un instant est impossible. Il répond sur sa tête du nombre de bêtes qui lui est confié. On le vérifie souvent. Quel supplice on lui inflige, quand, par aventure, il manque quelque bœuf, quelque mouton, ou quelque cheval!

Bref, Guinnard devient habile cavalier. Il sait même faire un parfait usage des armes indiennes. Alors on l'élève au rang de chasseur, et, avec la horde, il est admis à poursuivre à la course le guanaco et l'autruche américaine, à savoir le *nandou*.

C'est aux mois d'août et de septembre, alors que se produit le printemps dans l'Amérique méridionale, que se font les chasses, en Patagonie. Les Indiens se réunissent en nombre considérable, de manière à pouvoir envelopper un grand espace de terrain, trois ou quatre lieues. Tous ceux qui font partie de ce vaste cercle se rapprochent alors, à un moment donné, et convergent vers le point central, en refoulant ainsi les animaux, de manière à les emprisonner dans le cercle. On s'arrête, quand l'espace qui sépare chaque homme est réduit à deux ou trois longueurs de cheval. Chaque Patagon est armé de ses boules. Aussitôt les chiens se précipitent sur les autruches ou autres animaux, les harcèlent, les contraignent à chercher leur salut dans la fuite, en passant par les vides du cercle. C'est alors que le chasseur agit. Il lance ses boules avec une merveilleuse dextérité, et tue le gibier, qui, incontinent, est dépouillé. Puis le cercle se rétrécit de plus en plus, et enfin ce qui reste de victimes devient la proie des chasseurs.

Les vieillards de la tribu, hommes et femmes, chargent leurs épaules du produit de la chasse, petits chameaux, gamas, autruches, etc.

Aux enfants le gibier; mais aux autres membres du clan les œufs, comme mets plus délicat, lesquels œufs, ouverts à l'une des extrémités, sont plantés sur les charbons ardents, et cuits, le blanc et le jaune mêlés ensemble.

Le retour des chasses est l'occasion d'une grande fête, c'est-à-dire d'une goinfrerie sauvage indescriptible, d'une exorbitante ivrognerie, et de jeux, oh! d'un amour du jeu porté au fanatisme.

Au préalable, quand il va se livrer à une orgie quelconque, le Patagon, se posant en face du soleil levant, offre à ce représentant du pouvoir divin quelques bribes de viande et une tasse d'eau. Alors, pour lui, commence l'ingurgitation. J'omets à dessin le tableau. Quand le sauvage est repu, bourré comme un canon, il fait apporter sa pipe, car notre civilisation européenne a révélé les charmes de la pipe aux peuplades les plus barbares, et c'est ce que ces peuplades acceptent le mieux de nous. Au tabac, dont il use avec parcimonie, le Patagon mélange, en dose plus forte, du crottin de cheval et de la bouse de vache bien desséchés. Le tout une fois allumé, notre Indien s'étend à terre, sur le ventre, aspire violemment un certain nombre de bouffées de l'odieuse fumée, mais les réserve dans sa poitrine, afin de les chasser par le nez le plus tard possible. L'intoxication se fait rapidement. Voilà le fumeur qui devient blême, ses traits se contractent, il est horrible. On ne lui voit plus que le blanc de l'œil, de l'œil dilaté outre mesure. La pipe s'échappe de ses lèvres. Il est hébété, immobile, roide comme un cataleptique; ou bien il tombe en convulsion, laisse sortir la salive de sa bouche, et frappe le sol de ses mains et de ses pieds.

Rien ne peut être comparé à un tel abrutissement, et cependant cette abominable transformation fait les délices de ces sauvages. Ils sont là, à l'entour d'un arbre, ou bien sur le devant d'une tente du campement, cinq, dix, quinze, vingt, et davantage encore, tout nus, assis, ou couchés, ou debout, dans toutes les positions, les jambes en l'air ceux-ci, les bras ballants ceux-là; tous affreux à voir!... C'est un tableau qu'il est impossible d'esquisser, et qui fait tourner la tête de dégoût.

Le jeu qui prime les autres jeux, c'est le jeu de cartes.

— Les cartes... chez les Patagons?... allez-vous dire.

Oui, les cartes! Encore une importation des races civilisées chez les races sauvages! Or, ces cartes proviennent de l'Espagne; car, dans l'Amérique du Sud, conquise par les Espagnols, lors de sa découverte, tout vient de cette contrée européenne.

Donc, le jeu de cartes est le jeu par excellence de messieurs les Patagons. Mais les fourberies les moins croyables, les ruses les plus difficiles à mettre en pratique, la tricherie la plus déloyale, la plus éhontée, et en même temps la plus habile, la plus adroite, font de ces misérables joueurs des grecs émérites.

Les Indiens ont aussi le jeu de dés. Des os taillés en carrés et noircis d'un côté, mais restés blancs de l'autre, forment leurs dés. C'est à produire pair ou non pair que consiste le jeu.

Mais au-dessus des dés, au-dessus même des cartes, les Patagons placent encore le *tchoechac*, jeu tout d'action, dans lequel des bâtons recourbés servent à faire bondir une boule, et remplissent la fonction de raquettes. C'est le jeu national, aussi l'accompagne-t-on de cérémonies et ne l'exécute-t-on que dans de certaines conditions. Ainsi les joueurs doivent avoir le corps tatoué de toutes les couleurs possibles, et les cheveux relevés sur le front et tenus dans cet état par une bande de toile. Ils mettent alors, à ce jeu, un tel entrain, une telle furie, eu égard aux enjeux composés de tout ce qui peut le plus surexciter la convoitise, qu'il n'y a pas de jeux de ce genre où on ne compte, en bon nombre, des membres brisés dans les rixes, et des têtes plus ou moins bossuées et endommagées dans la bagarre, sans rien dire des coups de lanières que les chefs du jeu, montés sur leurs chevaux, distribuent à profusion.

Pendant que nous sommes au chapitre des aveux, disons encore que c'est aussi de l'Espagne américaine, c'est-à-dire de la Confédération de la Plata que viennent, chez les Patagons, les liqueurs fortes, pour lesquelles ils se passionnent au-delà de ce qu'il est possible d'imaginer. Pour se la procurer, cette eau de feu, et pour avoir du tabac, l'Indien s'absente du campement pendant des quinze et vingt jours. Arrivé au-delà du Rio-Négro, chez les Argentins, il échange les cuirs de ses bestiaux, et rapporte alors le cher tabac et surtout le précieux liquide. Il sait faire des outres avec les peaux de mouton, et c'est dans ces outres qu'il transporte l'eau-de-vie.

Deux grandes fêtes religieuses, chez les Patagons.

La première a pour objet le dieu du Bien, et se célèbre pendant les grands jours de l'été.

Cheveux graissés, visage peint, habits de toute sorte volés aux gens de la Plata ou du Chili, telle est la règle imposée aux Indiens, par leurs caciques ou chefs, pour cette fête solennelle.

Aussi, aucune description ne peut rendre le coup d'œil de l'assemblée. Ceux-ci ont pour tout vêtement une chemise qui flotte au vent; ceux-là, un misérable manteau catalan, tout troué, ne dissimulant en rien l'absence de pantalon : d'autres exhibent une culotte qui a le tort d'être mise à l'envers, à la façon de notre Dagobert. Croira-t-on que, sur certaines têtes, on voit de nos képis français et des chapeaux tromblons de notre Europe! Par quelles séries d'aventures, képis et tromblons ont-ils pu se trouver transplantés aussi loin de leur mère-patrie? Il est difficile de répondre à cette question. Toujours est-il qu'en présence de toute cette bigarrure, c'est à rire d'un rire fou. Mais précisément le rire est interdit chez messieurs les Patagons, à cette fête du moins, et c'est juste leur gravité cocasse qui, en cette circonstance, devient la cause du besoin de rire.

Tout d'abord la horde entière, à cheval, se met en longue ligne.

face au soleil levant, les lances plantées en avant. Entre chaque homme, les femmes. Puis, descendus de leurs montures, les hommes composent une seconde file, derrière les femmes. A lieu une danse où l'on ne change pas de place, mais on pivote sur soi-même. Chants des femmes, avec appoint de tambour de basque à peau de chat bariolé de peintures vives, et pirouettes des hommes affectant de boîter d'une jambe, tandis que les femmes boîtent de l'autre. Enfin, charivari sans nom à l'aide de tuyaux de bois, dans lesquels les Indiens soufflent avec des joues de Borée.

Le cacique fait un mouvement, et, tout-à-coup, les jeux cessent, le vacarme est remplacé par le silence. C'est l'alarme qui est donnée : l'ennemi, voici l'ennemi ! Les guerriers sautent à cheval, et s'exécute alors, dans la plaine, à l'entour du théâtre de la fête, une fantasia équestre d'un grand effet... sauvage.

Puis, sous les tentes du campement, on se visite ; mais on ne se visite que dans le but de se faire offrir du tabac, de l'alcool, des fruits, tout au moins du lait, du lait... en putréfaction ! C'est le goût de ces braves gens, et, vous savez ?... du goût et des couleurs !...

Enfin, le quatrième jour des fêtes, un bœuf et un cheval sont égorgés en l'honneur de la divinité, les animaux étant violemment couchés à terre, la tête tournée vers le soleil toujours. Bœuf et cheval sont éventrés, à moitié morts : on leur arrache le cœur, lequel palpite encore, et il est placé à la pointe d'une lance. De l'examen de ces cœurs qui palpitent, découlent des présages qui passionnent singulièrement l'extrême désir des Patagons de connaître l'avenir.

La seconde fête se fait en automne et a trait au dieu malfaisant et à ses légions de mauvais esprits.

Là, réunion des Indiens par tribus, le cacique marchant le premier. On masse tout le bétail dans la plaine, et deux files d'hommes et de femmes, en mouvement, mais marchant en sens contraire, à l'entour des animaux, répandent du lait goutte à goutte, et conjurent le génie méchant d'épargner les troupeaux.

Puis le cacique, en homme qui comprend l'intérêt de ses administrés, ouvre la bouche, et dans un long discours, démontre l'avantage et la nécessité d'aller au plus tôt, et au plus vite, faire une razzia quelconque chez les bons habitants de la Plata.

Sur ce, applaudissements forcenés, cliquetis de lances, chants de femmes, hurlements de bêtes fauves des hommes, et galop infernal de toute la horde en délire.

A ces détails ethnologiques, joignons encore ce qui suit :

Chez les Patagons, le mariage est un simple trafic; la femme s'achète de la façon que voici : un Indien a remarqué une Indienne et veut l'épouser. Il la fait demander à sa famille par ceux de ses parents ou amis qui lui sont le plus dévoués. Le croira-t-on? Eh bien! dans cette recherche, il y a délicatesse de formes et poésie de paroles, d'après M. Guinnard. Toutefois la famille de l'Indienne fait la sourde oreille. Alors, intervient le prétendant lui-même. Il implore; on résiste. Il sollicite encore; on refuse. Mais arrive la... corbeille? Oh ! non, les cadeaux des Patagons ne tiendraient pas dans une corbeille. Arrivent les dons : chevaux, bœufs, moutons, étriers, éperons, etc. Soudain, comme par magie, réaction complète : la jeune Indienne est accordée, donnée, livrée à l'Indien. Puis une jument est immolée, découpée, servie bien saignante par les femmes, dévorée chaude et palpitante. On ne laisse rien, absolument rien après les os, car ces os sont réunis, puis enfouis en un lieu voisin, sur une butte généralement, et cette butte, c'est le contrat de fiançailles, c'est l'autel nuptial, c'est le mémorial de l'union contractée.

Les parents suivent la nouvelle épouse, qui suit elle-même son époux : mais ils emportent avec eux le cuir de la jument, car tel est leur cadeau de mariage, la première pièce de la tente qui va se dresser dans le campement de la horde. Après quoi, chez les parents du jeune mari, banquet, oh! banquet monstre, toujours au détriment des infortunés chevaux. A tous les élus de ce festin, distribution, par la main de la jeune femme, de toutes sortes de bonnes choses, car l'épouse n'est jugée douce, aimable, charmante, qu'autant qu'elle offre de la chair bien saignante, du tabac très-fort, des liqueurs très-violentes et du lait très-pourri...

Tel est le mariage chez les Patagons. Néanmoins, malgré tout ce cérémonial si propre à sceller parfaitement le pacte conjugal, après un séjour plus ou moins long ensemble, s'il survient quelque incompatibilité d'humeur entre les conjoints, si l'homme est brutal, si la femme se montre trop coquette, etc., Indien et Indienne se séparent, la jeune femme retourne chez ses parents, et le jeune mari redevient garçon. Les parents de la fille rendent les cadeaux, et l'homme les accepte. Ce n'est pas plus difficile que cela, divorcer, en Patagonie !...

Les Patagones suivent très-souvent leurs maris dans les expéditions de pillages et les incursions chez les Chiliens et les Argentins. Elles leur sont même d'un grand secours, car, tandis que les hommes attaquent les *estancias* ou fermes de la Plata, et font le coup de lance contre les porchers, les vachers et les bouviers, les femmes entraînent au loin le bétail, et cela avec une admirable prestesse.

Y a-t-il des Patagons occis dans la mêlée? on les rapporte au campement et on les met en terre, sans aucun appareil.

Le contraire a lieu pour l'Indien qui meurt au logis. On l'habille de tout ce qu'il a de mieux dans sa garde-robe de Patagon. On le couche sur une peau de cheval; à côté de son cadavre, on range ses armes, ses éperons d'argent, ses étriers, sa pipe, etc. Le tout est roulé dans la peau, ficelé solidement à grand renfort de courroies, et placé en longueur sur le cheval le plus aimé du trépassé. Alors, détail horrible, hélas! afin de donner à ce pauvre animal les dehors du deuil et l'expression de la douleur et des regrets, on lui brise une jambe de devant, et, dans cet état cruel, on le force à marcher par soubresauts, de sorte que c'est en boîtant douloureusement que le cheval porte son maître au champ du repos. C'est toujours une éminence voisine, où les assistants, parents et amis, les mains et le visage peints en noir, égorgent la bête favorite sur la fosse du mort... Enfin la veuve est rendue à sa famille, et, sous peine de mort, ne peut contracter d'autre alliance avant une année révolue.

Ces effrontés pillards rentrent au campement avec les troupeaux de leurs voisins. (P. 225.)

Cependant Guinnard n'avait qu'une pensée, celle de fuir. Une fois esclave des Poyuches, il avait été conduit dans la partie méridionale de la Patagonie, où les plaines sont glacées, stériles, sauvages.

Là, un premier maître le remettait à un second, et le second le vendait à un troisième. Puis la main du sort, un jour, le ramenait au nord, sur la limite extrême des provinces de la Plata.

Une année tout entière se passe ainsi, pour lui.

Mais en 1857, vers le mois de juin, quelques jeunes gens de la Confédération Argentine tombent entre les mains des Patagons-Poyuches, tout comme Guinnard, tout comme le malheureux Pédrito, et les voilà réduits à partager la captivité de notre héros.

Pour ces nouveaux captifs, les pampas chiliennes et argentines sont chose familière. Aussi, habiles dans le maniement du cheval, s'empressent-ils de tenter une fugue vers Buenos-Ayres. Mais les infortunés sont repris, presque incontinent, et rendus à leur cruelle captivité. Puis, dès le lendemain, conduits dans la plaine où stationne précisément Guinnard, ils sont indignement assassinés, à coups de lances, sous les yeux de notre compatriote, auquel on fait montre du supplice qui leur est imposé, pour lui faire comprendre le sort qui l'attend, si jamais il essaie d'échapper, lui aussi, à ses bourreaux. Hélas! le sang de ces malheureux jeunes gens, qui fume sur le bois des lances des Indiens, fait trop bien comprendre au pauvre captif à quels dangers il est exposé. Il ne lui reste qu'une faculté, celle de concentrer dans sa poitrine tout le regret qu'il éprouve d'être témoin du massacre de ses compagnons et de ne pouvoir courir à leur aide, de s'affermir dans la haine que lui inspirent ses ennemis, et enfin de prendre la résolution de... s'arracher à l'épouvantable existence que lui font ces monstrueux sauvages.

Fort de cette idée, Guinnard ne reste plus le même homme : il se transforme à vue d'œil. On le voit indifférent, gai, amusant. Mais il prête l'oreille à tout ce qui se dit, autant par curiosité que par intérêt pour lui-même. Il désire, il veut connaître la langue de ses maîtres, et il l'étudie sur leurs lèvres de manière à la savoir bientôt. Il a l'œil constamment ouvert, afin de mieux apprécier et juger les actes des Indiens, dans le but d'agir lui-même en conséquence. Bref, ses jours sont employés à user de dissimulation, d'adresse et d'observation pour préparer sa fuite.

Mais ses nuits, alors qu'il est seul, recueilli, en présence de Dieu, en face des souvenirs si doux de la patrie, en regard des tristes réalités du moment présent, combien il pleure et comme il souffre!

Aussi, plusieurs fois, découragé par les difficultés de l'entreprise, oublieux de toute prudence, impatient à l'excès, il veut devancer l'heure... Hélas! il se rend suspect aux yeux des vigilants Patagons!

Une fois notamment, désespéré, fiévreux, notre pauvre ami, caché dans une partie sombre du désert, à genoux pour demander au ciel pardon de son crime, à l'aide d'un mauvais couteau, le voici qui tente de se percer le cœur... Mais survient tout-à-coup un Poyuche aux écoutes : c'est son maître, précisément, son maître qui a flairé son dessein, son maître qui le désarme... Quelles horribles menaces ne lui fait-il pas alors!...

Il y aurait pour Guinnard un moyen de fuir très-assuré : ce serait de faire partie des expéditions de guerre des Indiens; car dans une razzia sur le sol argentin ou le territoire chilien, à la faveur du désordre il lui serait facile d'échapper. Mais les Patagons se gardent bien de se faire suivre de leur captif français : ils devinent quelle serait sa bravoure, mais ils pressentent aussi qu'ils auraient trop de chances de le perdre!...

Combien le jeune pâtre a le cœur gros lorsqu'il voit ces effrontés pillards rentrer au campement, avec les troupeaux de leurs voisins, et non-seulement avec leurs troupeaux et les dépouilles de leurs maisons, mais aussi avec leurs jeunes femmes, avec leurs filles, avec leurs enfants! C'est alors qu'il verse des larmes d'épouvante, d'attendrissement et de profonde commisération sur les infortunés. Il ne sait que trop quel sera leur sort lamentable, et à quel enfer seront réservées ces pauvres femmes, heureuses jusqu'à présent dans leur contrée civilisée, mais désormais réservées, destinées à la plus horrible des calamités!...

Et les pauvres enfants! Jamais plus ils ne verront leurs mères; jamais plus ils ne jouiront des joies de la famille : pour toujours, maintenant, les voilà réduits à la triste condition d'esclaves, et es claves d'abominables sauvages!...

Avec quelle inimaginable avidité ces grossiers enfants d'une nature rapace et misérable se partagent le thé, le tabac, le sucre, le linge, les habits, les ustensiles de ménage qu'ils ont arrachés aux demeures de la Plata, dans leur pillage effronté. Pour un monde, ils ne se dessaisiraient pas de leur proie. Une fois cependant, une seule, le possesseur de Guinnard lui fait don d'un manteau. Un manteau! Hélas! en le développant, il se trouve que le susdit manteau n'est autre chose qu'un lambeau très-fripé de la souquenille d'un pauvre soldat égorgé par les Poyuches, car il est teint du sang de la victime qui l'a portée...

Enfin, voici venir un moment propice...

Un jour, Guinnard, très-surveillé toujours, est surpris par des Indiens, les yeux fixés attentivement sur des papiers que le vent a promenés dans la plaine et a jetés à terre. Que sont ces papiers? De simples enveloppes de paquets de tabac, des sacs destinés à contenir du sucre, du café, que sais-je? Mais Guinnard s'en est emparé avec amour, avec bonheur : il lit, il relit ce qui est imprimé sur ces papiers. Pour lui, c'est la patrie, c'est le pays! Il pleure de joie; il se croit un instant rendu dans son Europe... Or, le voilà surpris, surpris les yeux fixés sur ces feuilles éparses, insignifiantes, épaves de la plus récente razzia. Donc Guinnard sait lire...

S'il sait lire, il doit savoir écrire!...

Bien vite le rapport de cette découverte est fait à qui de droit. Aussi, lorsqu'il revient à la case faire vérifier le nombre de têtes de son bétail, alors qu'il s'attend à de nouveaux sévices, il est stupéfait, en voyant à l'accueil du maître que celui-ci s'enorgueillit de posséder un pareil serviteur.

Mais on tend des piéges au savant!...

Il est chargé d'écrire aux autorités des provinces de la Plata, au nom des Poyuches, et de simuler une soumission de la horde, dans le but d'obtenir plus facilement échange de marchandises, par exemple de sucre, dont ils sont très-friands, ou de tabac, ou de liqueurs fortes, contre les cuirs, les plumes d'autruche, etc., de la Patagonie. Mais, dans leur pensée intime, Guinnard peut les tromper : il ne leur est pas possible de vérifier sa lettre... S'il allait trahir la tribu, en disant toute autre chose que ce qu'ils veulent lui faire écrire?...

Oh! de quelles ruses sataniques ils se servent pour s'assurer que l'écriture de Guinnard est bien en rapport avec ce que lui dictent les plus madrés des sauvages...

Des transfuges argentins ou chiliens, réfugiés chez les Indiens soumis aux autorités des contrées de la Confédération, partent, chargés de cette correspondance. Ils partent, mais... ils ne reviennent pas avec une réponse. Bien plus, on sait bientôt qu'ils ont été arrêtés. Et cependant rien de plus juste que leur incarcération, puisqu'ils ont bien des méfaits à leur compte. Néanmoins, les Poyuches se persuadent bien vite que Guinnard est un traître. Assurément il a écrit bien autre chose que ce qu'ils lui ont inspiré.

Dès lors sa mort est résolue. Le soir même, les sauvages décident qu'ils vont égorger le coupable. Toutefois, par prudence, ils remettent au lendemain l'exécution du supplice.

Par bonne fortune, dans l'obscurité de la nuit, notre héros a surpris l'entretien. Il a compris que sa vie est en danger, et il ne veut plus mourir. Au contraire, il veut vivre, et dans cette pensée toute d'énergie, il se tient prêt à tout événement.

Le matin venu, à l'heure du départ pour conduire le bétail au pâturage, tout d'abord il remarque qu'à l'étalon léger, ardent coureur, qui le porte d'habitude, on a substitué un cheval lourd et grossier. Puis, à peine dans la steppe, il voit, au loin encore, accourir une bande de Patagons, hurlant à leur façon de manière à éveiller tous les échos de la plaine, et déjà le menaçant de leurs longues lances effilées. Guinnard, ému, et cependant maître de lui, retire soudain la bride de son mauvais coursier; il l'applique à la bouche d'un autre cheval faisant partie d'une troupe de chevaux qui paissent près de là, fort heureusement pour lui ; en même temps, il jette l'épouvante parmi les autres animaux, afin de les soustraire aux Poyuches, et le voilà frappant du talon sa monture, fraîche et reposée, qui le lance dans l'espace, avec une vertigineuse rapidité : il fuit, il fuit comme un nuage emporté par le vent.

Sa course est tellement effrénée que, après plusieurs heures, il a franchi une distance immense, et voit déjà se dessiner dans le lointain les premières collines du Chili.

Là, il se trouve dans une horde d'Indiens qui a pour cacique la *Pierre-Bleue*, soit, en Patagon, Calfoncoura.

Notre Français, s'adressant donc à Calfoncoura, qui semble l'attendre tout exprès sous un arbre, et qui paraît fort intrigué de voir arriver ainsi un cavalier inconnu, se fait connaître au cacique, lui explique ce qui a lieu et lui parle avec tant de vérité dans l'expression et tant de sincérité dans le récit, que le Patagon, qui est le chef suprême de la Confédération Indienne, dont les Poyuches font partie, le prend sous sa protection.

Toutefois cet homme ne serait pas un sauvage lui-même, si, au bienfait, il n'ajoutait la défiance. Il ordonne que Guinnard soit tenu toujours à l'écart de tous les chevaux de la horde.

Mais, le soleil du lendemain luit à peine, que toute la tribu des Poyuches arrive, la colère au front, la haine sur les lèvres. Elle s'empresse autour de Calfoncoura et veut obtenir de lui l'ordre de torture au vis-à-vis du malheureux Guinnard. Il est appelé par le cacique et mis en présence de ses ennemis. Mais il a le bon esprit de garder le silence, plein de confiance dans la parole de son protecteur. Néanmoins, à un moment donné, quand il voit que celui-ci hésite à se prononcer et paraît subir l'influence des sauvages qui le réclament avec persistance, il prend enfin la parole. Il dit alors de telles choses, avec l'éloquence persuasive du cœur que lui inspire la pensée de son salut, que le grand chef se décide en sa faveur et le proclame innocent.

défendant à tous et à chacun de le maltraiter. Puis, il annonce qu'il garde le captif près de lui.

Grande colère chez les Poyuches, d'une part, mais aussi, de l'autre, suspicion toujours de la part du cacique, qui fait surveiller à outrance son protégé.

Par bonheur, les deux transfuges argentins font subitement leur apparition, un beau matin. Ils sont les premiers à justifier Guinnard, qui, d'après eux, s'est montré d'une loyauté parfaite. Dès lors, triomphe de notre héros disgracié. Il est acclamé par les plus hostiles mêmes des Poyuches; tout chacun le félicite; on lui rend sa fonction de secrétaire de la Confédération Patagone; et, mieux que tout cela, notre Français rentre en possession d'un cheval.

Disons maintenant, en quelques mots, que, à cette époque, comme presque toujours du reste, la Confédération des Provinces-Unies de la Plata est agitée par les révolutions et des tiraillements sans fin. Mais heureusement elle a mis à la tête de l'administration un personnage venu de bas, — il a été *gaucho*, — mais actuellement possesseur d'une belle fortune, et trop fin politique pour qu'il ne mette pas ordre aux affaires. Le général Urquiza, c'est le nom du président de la Confédération, a pour système de chercher, par tous les moyens possibles, à réfréner et à éteindre la violente, l'incessante cupidité des Indiens des frontières et leurs entreprises agressives. Aussi, Guinnard, dans les circonstances présentes, ayant adressé des lettres de la part des Patagons au général Urquiza, celui-ci a renvoyé les ambassadeurs de la Confédération Indienne pliant sous le poids de dons généreux, mais spécialement de tonnes de spiritueux.

Aussi, quelles orgies chez les Patagons!

Or, une nuit que tous ces avides et infatigables buveurs sont la proie d'une ivresse bestiale, Guinnard pénètre cauteleusement dans l'enceinte où sont renfermés les meilleurs chevaux du cacique. Il les mène, sans bruit, jusqu'à la dernière limite du campement. Là, prenant pour monture le plus ardent de ces coursiers, et chassant les autres devant lui, armé d'un lasso et muni de boules, afin de tuer quelque gibier pour se nourrir, et aussi pour se défendre au besoin, le voilà chevauchant à travers la plaine avec une frénésie sauvage. On eût dit le fantôme d'un centaure glissant sur les steppes comme une ombre emportée par le vent. De quelle émotion pantelante n'est-il pas saisi, notre fugitif! comme son cœur palpite d'espérance, mais aussi d'épouvante et de crainte! Il fuit sans relâche : car, si ses ennemis s'aperçoivent trop vite de son départ, ne sera-t-il pas poursuivi, arrêté, entouré, meurtri, déchiré, torturé, mis à mort? De sorte que, dans la brume des landes, notre ami croit voir des cavaliers lancés à fond de train ; dans l'air, il se figure entendre les sauvages clameurs des Poyuches en délire!

Il n'en est rien, et lorsqu'il met pied à terre, par intervalles, afin d'écouter, l'oreille collée sur le sol durci, et qu'il est assuré que le silence des pampas n'est pas troublé par le bruit sinistre du sabot des chevaux de la horde, il reprend courage.

Quatre jours durant, tout d'abord, le cavalier dévore ainsi la steppe. Il suit les parties herbues, afin de laisser le moins de traces possible sur son passage. Mais, hélas! voici que son cheval tombe, épuisé!... Le pauvre animal ne peut plus se relever; il est mort...

Guinnard prend alors un autre de ses coursiers qui l'accompagnent, et qui, de ci, de là, ont pu prendre quelques bouchées de fourrage. Puis, assuré qu'il n'est plus possible qu'on l'atteigne, il s'arrête et se repose.

Bientôt il ne lui reste plus qu'un seul cheval. Il le ménage, il faut voir! Dans les vallons fournis d'herbes fraîches et où se font jour quelques filets d'eau suintant des rochers, le fugitif laisse prendre à son sauveur une provende abondante, après quoi recommence la course fantastique.

Bref, le treizième jour de son départ, le treizième jour! il atteint la bourgade civilisée de Rio-Quito.

On est aux derniers jours d'août 1859.

Bourgade civilisée!... En effet, la Providence permet que notre voyageur, brisé par la fatigue, épuisé par les émotions, haletant, mourant de faim, trouve un asile dans la maison d'une généreuse et bonne famille espagnole. Là, Guinnard fait un séjour de six semaines, dans un repos bien mérité, et entouré des soins les plus tendres.

En dernier lieu, se dirigeant vers le Chili, il gagne Valparaiso, en franchissant la chaîne de la Cordillière des Andes, par le défilé d'Uspallata, dont les gorges épouvantables et les horribles précipices revêtent, pour lui, les formes les plus charmantes, car il les voit au travers du prisme de... la liberté!...

Enfin, à Valparaiso, un navire le reçoit et le ramène vers les heureux rivages de sa chère patrie, où il arrive en janvier 1861.

Actuellement que sa belle France lui est rendue, ses tristes aventures dans la Patagonie ne sont plus désormais pour A. Guinnard que le sinistre souvenir d'un abominable cauchemar!...

Vue de Nouméa.

# VOYAGE A LA NOUVELLE CALÉDONIE

## DE L'ARTISTE ALEXIS MORAIN

**A travers l'Atlantique et les îles de l'Océanie, de 1873 à 1874.**

Au navigateur qui s'éloigne des côtes méridionales de notre France, la traversée de la Méditerranée et des océans qui lui font suite, offre des enchantements à nul autre pareils. Ainsi, par exemple, qu'il se rende dans l'Océanie, c'est-à-dire vers l'autre hémisphère de notre globe, en passant par le détroit de Gibraltar, l'Atlantique parcouru en longeant soit les côtes occidentales du littoral africain, soit les côtes orientales de l'Amérique du Sud, et qu'il double le cap Horn ou suive le détroit de Le Maire, à l'extrémité méridionale du Nouveau-Monde, afin de pénétrer dans l'immensité du grand océan Equinoxial ou mer Pacifique, il rencontre sur sa route nombre d'îles charmantes qui, comme autant de stations d'une exquise physionomie, appellent souvent son attention et font vibrer la corde poétique de son âme et de ses souvenirs.

D'abord ce sont les îles pittoresques de Lérins, dont le groupe, situé au sud du cap de la Croisette, se compose de deux parties, inégales en grandeur, mais symétriques de forme, et s'allongeant parallèlement l'une à l'autre dans la direction de l'ouest à l'est.

La première, l'île Léro des anciens, l'île Sainte-Marguerite des modernes, placée au nord et la plus étendue, a des rivages qui se dressent en falaises abruptes au nord-ouest. Un kilomètre et demi la sépare du littoral de Cannes. Les embarcations d'un tirant d'eau de quatre à cinq mètres peuvent s'engager dans ce détroit semé d'écueils, faciles à éviter. Un temple, où jadis les populations honoraient Léro, célèbre pirate des temps héroïques, qui a laissé son nom aux îles Lérins, s'élevait autrefois sur le point culminant de cette île.

Quelques îlots, rocheux et déserts, qui entourent l'île Sainte-Marguerite et l'île Saint-Honorat, sa sœur, complètent l'archipel en miniature des îles Lérins. On appelle *mouillage du Frioul*, l'espace étroit qui sépare les deux îles.

L'île Saint-Honorat, celle qui est le plus au sud, compte seulement trois kilomètres de circonférence. Une ligne d'écueils portant le nom de *Frères* ou de *Moines*, la protège au sud, contre les vagues de la haute mer. Cette île se nommait Lérina, Petite-Léro ou Planasia, lorsque saint Honorat vint s'y établir en 410 et y fonder un monastère.

Pendant que l'île Sainte-Marguerite possède de petites baies, un étang, un port, et qu'elle ombrage toute sa partie orientale d'une superbe forêt de pins maritimes, car une île de sept kilomètres de tour peut bien avoir une forêt, l'île Saint-Honorat n'offre aux regards que de petits bouquets de ces pins maritimes. Elle n'a plus son monastère, remplacé par une ferme : mais elle est fière de son ancienne église de Saint-Honorat, restaurée en 1863.

Léro l'emporte donc sur Lérina, ou Sainte-Marguerite sur Saint-Honorat.

Outre le temple du dieu Léro, il y avait autrefois dans cette île une ville. Oui, vous lisez bien : une ville. Elle se nommait Vergoanum. Pline en parle, et cependant elle n'existait déjà plus de son temps.

Plus tard, les Romains établirent à Léro, pour leurs flottes, un arsenal dont il ne reste plus de traces.

Après la fondation du monastère de Lérins, dans l'île voisine, Sainte-Marguerite devint le lieu de retraite des moines adonnés à la vie contemplative.

Mais ce qui signale davantage cette île à l'attention de l'artiste, c'est le château fort que les religieux élevèrent de 1073 à 1190, en partie sur d'anciennes constructions romaines, en partie sur le roc vif, pour se mettre à l'abri des attaques des Sarrasins et des pirates.

Ce fort, situé à environ cent mètres, au sud de la ferme et de l'église, n'est qu'un donjon de forme irrégulière, couronné de mâchicoulis et entouré, du côté de la terre, d'une muraille percée de meurtrières qui dominent un chemin de ronde. Quelques bâtiments, entr'autres une église pittoresque en ruines, se groupent dans cette enceinte et s'appuient au donjon. Partout une multitude d'escaliers dérobés, de corridors qui se croisent d'une manière bizarre, des souterrains communiquant aux étages supérieurs, donnent l'idée des châteaux d'Anne Radcliffe. Quelques chambres sont encore lambrissées dans le goût du XVIIIe siècle, et plusieurs dessus de porte peints offrent des bergers et des bergères dans le style de Watteau.

Notez que ce donjon, les autres débris du monastère et ceux de quelques chapelles ont été classés parmi les monuments historiques.

C'est que les moines qui ont habité les cellules que l'on voit encore ou qui ont prié dans les sept chapelles, dont deux sont encore bien conservées, ont été grands et ont rendu fameux ce séjour de Lérins par leur travail, leurs talents et leurs vertus.

Le château fort en question, dont les remparts couronnent une falaise assez élevée, a servi plusieurs fois de prison d'Etat.

On y a renfermé Omer Talon,

Puis le personnage mystérieux connu sous le nom de *Masque de Fer*. On voit encore la chambre où fut détenu pendant dix-sept ans cet étrange inconnu qui a tant occupé les esprits. C'est une grande salle voûtée, qu'éclaire une seule fenêtre. Le mur, de trois mètres cinquante d'épaisseur, est d'une solidité à toute épreuve. En outre, trois fortes grilles de fer garnissent la fenêtre et rendaient impossible toute communication avec le dehors. Deux portes couvertes de clous et d'énormes barres de fer ne s'ouvraient que devant le gouverneur du château, et ce n'était que par les appartements de cet officier que l'on pouvait parvenir à la chambre du prisonnier. Un corridor étroit, muré à chaque extrémité, lui servait de promenade. Au fond, on avait accommodé un petit autel où quelquefois un prêtre disait la messe. A côté de sa cellule, une autre renfermait son domestique. Plus heureux que le captif, celui-ci mourut dans l'île après quelques années de détention.

Or, c'est précisément cette île Sainte-Marguerite, et cette triste résidence du Masque de Fer qui ont récemment servi de lieu d'exil et d'expiation à un coupable plus criminel assurément que ne le fut le Masque de Fer.

J'ai désigné le maréchal Bazaine, qui livra la France, sa patrie, à Bismark, à Guillaume de Prusse, à l'Allemagne!...

Mais détournons la tête : les nausées du dégoût s'empareraient de notre cœur...

Après le Masque de Fer, on avait enfermé aussi, dans ce donjon, Lagrange-Chancel, l'auteur des *Philippiques* contre le Régent;

Puis M. de Broglie, évêque de Gand, sous le premier empire.

Et enfin, en 1841, jusqu'à 1859, des prisonniers arabes.

Le Grand-Jardin, le seul endroit de l'île qui soit cultivé, est situé à un kilomètre du château, sur la rive méridionale de l'île.

L'île Saint-Ferréol, à l'est de Saint-Honorat, a pris ce nom de l'un des moines massacrés par les Sarrasins, en 725.

Après les îles Lérins, c'est l'île de Corse, sauvage, accidentée, hérissée de montagnes, marquetée de mâquis; c'est l'île d'Elbe, avec ses perspectives fuyantes et ses plans superposés; c'est la Sardaigne aux pics de bronze; la Sicile avec son géant empanaché de fumée; ce sont les îles Baléares, égrenant leur chapelet d'or sur les lames bleues de la belle Méditerranée.

Je ne puis, hélas! vous peindre toutes ces grandes magnificences d'une nature admirable, car notre route sera longue et nous ne pouvons nous attarder. Il est vrai que la vapeur est puissante et qu'elle entraîne rapidement le paquebot sur lequel j'ai pris passage... pour aller... dans la Nouvelle-Calédonie.

La Nouvelle-Calédonie, désormais la prison d'Etat de la France! Calédonie!... ce nom est charmant! mais, à part ses aspects, poétiques sans doute, d'archipel romantique semé au milieu des vagues de l'océan Equinoxial déferlant contre les rochers de ses hautes falaises, que doit être laide, horripilante, abominable la chose, c'est-à-dire la captivité, avec ces pétroleuses et ces fédérés de l'horrible Commune de 1871!...

— Mais alors pourquoi donc choisir la Nouvelle-Calédonie comme but de votre voyage? allez-vous me dire, ami lecteur.

— But de mon voyage, à moi, non : c'est le paquebot *le Courrier*, sur lequel j'ai pris passage, qui a cette destination, lui... vous répondrai-je, et j'ai fait choix de ce navire parce qu'il va loin, et d'un jet traverse Méditerranée, Atlantique, océan Equinoxial, et cela à travers îles et archipels, détroits et promontoires, tempêtes et calme plat. Or, j'ai besoin de voir tout cela pour devenir un homme. Jusqu'à présent je ne suis qu'un avorton. J'éprouve le désir d'être un artiste, j en porte un peu le germe dans mon cerveau, car je suis déjà un peu peintre, un peu musicien. Mais je n'ai rien produit encore. Oserai-je jamais ? Je me défie de moi. Personne ne m'encourage. Dieu seul me dit : Observe et médite! Pas un croquis dans mes cartons! Pas une toile pour un salon quelconque! Pas la plus mince partition chez Brandus! Pas même une saynette au cerveau! Comme Dieu me l'inspire, je veux voir, observer et méditer. Pour cela, je voyage. Je sens que mon génie, s'il y a génie, a besoin d'être surexcité pour sortir de son alvéole. Il lui faut les belles et majestueuses scènes de la nature, les grands spectacles des sociétés humaines florissantes, ou le tableau des contrastes les plus saisissants. Or, que pouvais-je faire de mieux que de m'embarquer pour faire un voyage de long cours? Je pars donc en quête d'inspirations! J'ai l'heureuse chance de ne pas courir après la fortune. Dès avant ma naissance, elle a semé les sentiers de ma vie de tous les charmes que donne l'or, ce qui démontre bien un peu qu'il n'est pas tout-à-fait une chimère. Et me voici, sur le pont du *Courrier*, saisissant au passage tout ce qui peut intéresser le regard.

Tout-à-l'heure, c'était du groupe des îles de Lérins dont je vous chantais les beautés. C'étaient ensuite nombre d'autres îles dont j'énumérais à tour de rôle l'apparition successive.

Mais j'embellissais le tableau, car, comme j'ai beaucoup de poésie dans l'âme et que je vois souvent les choses avec des charmes qui leur font parfois défaut, j'avoue que tout ce que j'entrevoyais ainsi sur les flots n'était pas précisément aussi beau, attendu que, à peine hors de la rade, nous avions été saisis par un vent très-frais du nord-ouest, ce qu'en Provence on nomme le mistral, et que, une heure après, nous étions à la cape.

Dieu veuille que vous ne sachiez jamais ce que c'est que cet état-là! Ballottés et secoués par une mer violente qui nous couvre d'écume, étourdis des sifflements de la bise, à chaque instant inondés par la lame qui retombe en cascade sur nos têtes, nous n'avons devant nous, autour de nous, sous nous, que la vague qui déroule ses vastes replis, la vague, rien que la vague, d'un bleu épais à sa base et couronnée a sa crête d'un panache éclatant. Encore si elle avait quelque mollesse! Mais non : elle nous brise les reins, alourdit nos têtes, fait trembler et danser le navire sous nos pas, et pousse même l'incivilité jusqu'à nous disputer notre repas.

Jouissez donc de la vue des îles Baléares, de la gracieuse Iviça, de la belle Majorque, de la modeste Minorque, en passant devant elles, alors que le vent hurle, que la mer est montueuse et qu'elle nous bat en flanc comme un gigantesque bélier!...

Ah! tu as voulu des émotions, tu as désiré prendre des inspirations dans les grands spectacles des phénomènes de la nature, mon ami, eh bien! sois satisfait!...

Cependant voici Gibraltar et ses massifs rocheux perforés de cavernes, de casemates, de chemins de ronde, capitonnés de casernes, de redoutes, de bastions, d'arsenaux, toutes choses au service de l'égoïste Angleterre, la grande accapareuse des mers et des points du globe les plus avantageux à son commerce. Voici le détroit de Gibraltar, encaissé dans un chenal formé par le rapprochement des pointes extrêmes de l'Europe et de l'Afrique, passage que traverse un courant continuel portant les eaux de l'océan Atlantique dans le bassin de la Méditerranée, dont le niveau se trouve moins élevé.

Là, nous sommes près de cinquante à soixante navires de toutes nations, attendant le vent favorable pour tenter la voie. Aidés de la vapeur, dès les premières atteintes de ce vent désiré nous pénétrons dans le détroit, en mettant toutes voiles dehors. Il fait presque nuit déjà, mais dans les derniers rayons du soleil couchant je puis entrevoir les silhouettes des fabuleuses colonnes d'Hercule, les formidables fortifications anglaises, et la tour de vigie qui culmine, comme un paratonnerre, le sommet du Djebel-Tarik. Une fois dans la passe, des rafales venues de l'arrière refoulent le courant qui aboie contre nous, et contraignent l'Océan à reculer dans son lit, pour nous ouvrir l'entrée de l'Atlantique. La nuit est sombre alors : des nuages noirs nous dérobent la vue de la terre, notre terre d'Europe à laquelle je dis adieu, tout bas, en saluant comme deux étoiles du ciel de la patrie le feu de Gibraltar et le phare de Tarifa.

Désormais nous sommes en plein océan Atlantique, et nous voici courant vers les îles Fortunées, c'est-à-dire les Canaries.

Tout-à-coup, au moment où nous y pensons le moins, le vent se détend, il tombe. A la tempête précédente succède le calme; puis se lève un léger souffle venant de l'orient.

A notre sortie du port de Toulon, en voyant sous un rayon furtif de soleil s'épanouir l'archipel des îles de Lérins, j'étais tombé en extase : aussi vous ai-je esquissé ces îles avec une sorte d'enthousiasme. Puis est venu le gros temps, et les îles Baléares, comme Gibraltar, ne se sont montrées qu'à travers une épaisse brume de mer, qui cependant ne les a pas laissées sans poésie.

Mais, dans les îles Canaries, quelle magnificence! Vues sous le plus radieux soleil, elles vous apparaissent éparpillées sur la mer bleue comme une volée de blancs alcyons se livrant au repos, de sorte que je ne puis me lasser de contempler la merveilleuse cyclade de leurs côtes verdoyantes, dominées par des cônes volcaniques du plus grand effet, et couronnées par le majestueux pic de Ténériffe, dont la cime s'élève à une hauteur de trois mille huit cent huit mètres.

Eteint depuis 1798 qu'eut lieu la dernière de ses fréquentes éruptions, le volcan de Ténériffe fut aperçu couvert encore d'une colonne de fumée, par notre navigateur La Peyrouse. Depuis cette époque, ce n'est plus qu'un géant fièrement campé sur sa base de lave, au milieu du cortége que lui composent les îles de Fortaventura, Canarie, Palma, Ténériffe, Lancerotte, Gomera et Hierro, l'ancienne Ile de Fer, par laquelle passait jadis le premier méridien géographique.

Lorsque s'éloigne *le Courrier*, le pic cache peu à peu sa tête dans les nuages. Nous nous trouvons bientôt sous l'influence d'une molle température. Le vent est tombé, aussi la mer se fait huileuse : ses ondes sont lisses ; une chaleur énervante pèse sur nous.

Pas une voile ne blanchit plus l'horizon de l'Océan. L'Océan ! La Bible seule l'a chanté quelque peu par les sublimes exclamations de ses prophètes. Tout au plus trouvons-nous deux ou trois descriptions de tempêtes dans Homère et dans Virgile. Le Camoëns a bien écrit quelques pages sur ses grandeurs. Mais qu'est-ce que cela ? On peut dire que la mer est encore à célébrer. Le Désert a ses poètes, cependant : la caravane y trace des sillons de poésie ; comment donc les vagues de l'incommensurable nappe humide n'ont-elles pas leurs chanteurs célébrant les flottes innombrables qui les parcourent et les couvrent de leurs vaisseaux ?

— Michelet ?...

Oh ! ne me parlez pas de cet homme ! C'est un des créateurs de la légende révolutionnaire, par laquelle notre pauvre France a tant souffert. Comment voulez-vous que je prête l'oreille aux chants de ce patriarche de l'impiété ? Je ne sais de lui qu'une chose, c'est qu'il rejette les massacres de septembre 93 sur les imprudences des victimes ! D'ailleurs n'est-ce pas cet artiste en orfèvrerie radicale, ce Benvenuto Cellini des scories démagogiques, qui manifeste une joie béate à saluer l'avenir des fantoches de la Commune de 1871 ?... Grand bien lui fasse ! Il a rendu ses comptes à Dieu, laissons passer la justice du Créateur des Mondes !

Je ne sais près de quel cap ou de quelles îles nous passons par une nuit sombre. Tout dort sur le navire, moins le timonier. Seul des passagers, je veille, l'œil allumé, comme les lanternes de couleur suspendues aux enfléchures. Mais des nuages noirs nous dérobent toute perspective, même la vue des étoiles. J'entends toutefois la vague qui se brise contre les rochers d'un rivage.

Hélas ! nous voici dans les grands calmes de l'Equateur. Qu'il fait chaud ! A peine si l'on respire ! On ne respire juste que ce qu'il faut pour ne pas mourir. Néanmoins nous glissons sur les flots, grâce à la vapeur, car les voiles sont devenues bien inutiles. Elles sont là qui flottent le long des mâts, inertes, comme les bras du travailleur fatigué qui se collent le long du corps. Les horizons de la mer sont moins beaux : ils sont nuancés de gris. Le ciel est mat; il a des tons laiteux, ternes. Mais cependant quelle merveille continue que cet infini de l'Océan. Comme il s'étend démesurément autour de l'immense globe bleu des vagues, dont le navire occupe le point culminant. Niez donc la sphéricité de la terre, beaux esprits qui niez tout, même Dieu ! Et comme le soleil rutile sur cette masse ronde et polie qui le réfléchit comme sur un miroir gigantesque. Oui, c'est toujours beau. Mais j'en reviens encore à ceci : qu'il fait chaud ! qu'il fait donc chaud !

Au milieu de cette atmosphère brûlante, incandescente, abracadabrante, pourquoi donc tous ces matelots en mouvement sur le pont? Ils vont, ils viennent. Ils sont affairés comme jamais. Pourtant pas le moindre grain à redouter. Certes, par un tel calme plat, on n'a pas à craindre la moindre tempête, le plus petit orage ! Ils apportent des draperies, des siéges de salon. Voici même un piano qui fait son apparition. Bien mieux, on dispose une estrade; on la couvre d'un tapis. Ah! j'arrive enfin au mot de l'énigme. Ce soir nous passons la ligne équatoriale! ce soir c'est fête à bord! Le passage de la Ligne nous vaut un spectacle, que sais-je? Et le fameux baptême traditionnel donné à ceux qui n'ont pas encore traversé l'Equateur! je suis de ceux-là, moi. Mais pas de baptême!... Brrrrr... Il est vrai qu'il fait pourtant bien assez chaud pour prendre un bain ! Néanmoins, autant il est excellent dans la cabine, le bain, autant il serait déplaisant en face de curieux assis sur une estrade !

Eh bien! elle a eu lieu, cette fête. Nous avons eu baptême, concert, bal et souper.

Le baptême, c'est un pauvre petit mousse qui l'a subi. Au moment où il s'y attendait le moins et demeurait fort intrigué de voir le luxe de décoration donné au pont, à l'estrade, etc., et tout le beau monde du navire, au milieu d'une brillante illumination, tout-à-coup il a été plongé, la tête la première, dans une baignoire parfaitement dissimulée par des fleurs. Quand il a réussi à en sortir, il a été replongé dans une cuve énorme. A peine bondissait-il au-dehors, comme un triton furieux, que l'on calmait ses transports en le douchant de toute l'eau jaillissant des lances combinées des trois pompe du bord. Pauvre enfant! il a fini par aller se cacher au fond de la cale. Mais je suis allé le trouver et j'ai pansé sa colère avec quelques pièces de cent sous colligées sur l'estrade, où paradaient capitaine, officiers et passagers. A ce prix, le bonhomme aurait bien voulu recommencer: mais le premier acte était clos.

En ce moment, une jeune femme, grotesquement affublée en Espagnole, vient présenter à chacun de nous, sur l'estrade, un programme de la fête. Cette jeune femme est tout bonnement un des plus joyeux matelots du paquebot. Je lis sur sa feuille:

### FÊTE DU PASSAGE DE LA LIGNE.

**Cette fête se composera d'un Spectacle et d'un Bal.
Après la représentation, la Salle de Spectacle
deviendra Salle de Bal.**

THÉATRE DU PAQUEBOT TRANSATLANTIQUE *le Courrier*.

### GRRRRANDE RRRRREPRÉSENTATION
DE LA
### BELLE AU BOIS DORMANT.

| | |
|---|---|
| LA BELLE. . . . . . . . . . . . . | M. DURACUIRE, matelot. |
| LE PRINCE. . . . . . . . . . . . | M. VERTUCHOUX, cambusier. |
| Gentilshommes et suivantes de la Belle, | Les matelots et Matelotes |
| Gardes et cortège du Prince, | du *Courrier*. |

— Je regrette bien de ne pas voir figurer un concert sur votre programme, charmante Andalouse, dis-je à l'Espagnole, en me frappant le front, où venait de jaillir une idée, en me rappelant que je suis artiste. Priez les acteurs de ne pas trop se presser. Pour être improvisé, le concert ne sera peut-être que meilleur. Donc, le concert d'abord, le spectacle après. Qui tient le piano? Vous, mon cher voisin de cabine! A merveille. Une seconde seulement. J'apporte une partition, et nous commençons...

Je descends en effet dans l'entrepont et je remonte incontinent. Un cahier de musique est étalé sur le pupitre. Je me place à l'arrière du pianiste. On me voit tirer un violon de son étui. Il est juste au diapason du piano. Brusquons l'événement.

— Une, deux, trois!

Le concert a lieu. C'est un nocturne de Chopin, plein d'âme, larmoyant d'abord, à ce point que je vois l'Andalouse qui porte son mouchoir à ses yeux; mais peu à peu la musique s'élève au délire de la passion, pour passer ensuite aux sublimités de la joie. Aussi advient-il que ce morceau d'introduction a le plus grand succès. Non-seulement il fait les délices des amateurs de l'estrade, mais il ravit en extase ces grossières natures de matelots, qui sentent peut-être plus vivement les choses de l'art, parce que ces braves gens sont moins blasés, et, partant, plus impressionnables.

Il est vrai que mon accompagnateur est excellent, et que... moi aussi, je... Voyons, ami lecteur, laissez-moi dire ce que... Ah! sapristi, c'est bien difficile!... Enfin, vous comprenez, je... mène passablement mon violon, qui n'est pas rétif du tout, et qui a le sentiment musical, surtout quand il est vivement surexcité, comme en cette circonstance, où il s'agissait pour lui de... vaincre ou dépérir!... Oh! je l'aurais brisé s'il n'avait pas répondu à l'attente de ses auditeurs!... Mais grâce à l'archet, il a bien rempli son devoir de stradivarius : il a eu du brio, du chic, de la verve, de l'âme, de la vie!... Ouf!...

Maintenant que vous savez que je suis un violoneux passable, je ne vais pas me complaire à faire parade de mon talent et à enregistrer les bis, les trépignements et les ovations qui accompagnent les autres parties du concert impromptu. Le paquebot, qui a été mis en panne pour célébrer la grande fête du passage de la Ligne, et que l'on a pavoisé, ne vous déplaise! le paquebot, dis-je, oscille sous la pression saccadée, énergique, qui lui est donnée par l'enthousiasme turbulent des matelots, et les fanaux sont secoués sur les cordages auxquels ils se balancent.

Je ne vous raconterai pas davantage les scènes burlesques de la représentation de la *Belle au bois dormant*. L'entrain et les charges des artistes sont à la hauteur du triomphe des concertants. Le spectacle n'est qu'un long et strident éclat de rire. Quand il s'agit de s'amuser, le Français trouve toujours de l'esprit et de la folle gaîté. C'est une chose qui impressionne que ces chants et cette harmonie des grands airs de la France, éclatant soudain au milieu de l'Océan.

Le bal suit le spectacle, et quel bal! Enfin, pendant que les gens du navire s'évertuent sur le pont, le capitaine nous réunit à sa table, à une heure de la nuit quelque peu interlope, et les noces de Gamache ont une seconde édition sur mer, qui vaut bien la première en plein pays d'Espagne cependant.

Je dors, sans vergogne, depuis deux heures à peine, le grand soleil du tropique inondant ma cabine, quand je suis réveillé tout-à-coup par un affreux tapage dont le pont du *Courrier* est le théâtre. Le paquebot s'est remis en route, après un repos de douze heures, et son panache de noire fumée répand largement son ombre sur les passagers qui, appelés par le bruit, montrent aux écoutilles leurs visages étonnés. Tout chacun, sur le navire, est à son poste, officiers et matelots, voire même la belle Andalouse, qui cependant doit être brisée de fatigue. Mais il n'y paraît pas, car c'est elle, non, c'est lui, — la vareuse remplace la basquine, — c'est lui, André, le matelot, qui se fait en ce moment l'exécuteur des hautes-œuvres, à bord.

Hélas! une exécution à mort a lieu, en effet. C'est celle d'un énorme requin dont on vient de s'emparer. Pourquoi le requin est-il donc l'irréconciliable ennemi des gens de mer? je ne saurais le dire. Toujours est-il que, du moment qu'il est harponné, il n'est personne qui ne s'émeuve, personne qui n'accoure afin d'assister à l'agonie du monstre. Pauvre animal, le fait-on souffrir! On lui met des bâtons dans la gueule. A chacun de ses énormes coups de queue, on pousse des hurrahs frénétiques. On jouit de ses tourments, de son supplice. Est-ce bien digne de l'homme, roi de la création, cela? Oh! non. Qu'a fait le requin pour encourir cette haine? Rien, que d'être vorace et redoutable, ce que l'a fait sa nature, ce que l'a fait sa condition de squale ou chien de mer. Celui qui vient d'être pris est assommé : il ne s'en porte que mieux. Quelle vivacité, quelle véhémence dans ses mouvements, quelle force terrible! On le hache, on le coupe par tronçons : il vit encore, il vit quand même, il vit toujours. Il n'a plus d'intestins, car on lui ouvre le ventre, et ses entrailles sont arrachées : c'est égal, il se démène comme un beau diable. Dix heures après cet égorgement, cet éventrement, le pauvre requin est là, gisant sur le flanc, coupé en vingt morceaux, mais s'agitant, mais vivant... c'est horrible!

Hier, c'était le requin qui occupait les loisirs des curieux, sur notre steamer : aujourd'hui c'est un poisson-volant, ce sont des paille-en-queue des tropiques, voire même des baleines, qui nous distraient des ennuis de la pleine mer. Le poisson-volant qui est venu à l'étourdie se jeter sur le pont, est bien puni de sa légèreté. Quel charme pour les oisifs, un poisson-volant! On demande grâce pour lui, une dame! car il y a cinq dames sur le navire. Or, cette oligarchie fait la loi, puisqu'on est Français et galant! La grâce du poisson-volant, hélas! c'est encore un supplice. On ne le met pas dans la poêle, mais on l'imprègne de saumure, et après cette indispensable précaution, des matelots habiles l'étendent sur une petite planchette, et, à l'aide d'épingles, on ouvre ses nageoires, qui chez lui remplissent l'office d'ailes, et on expose à tous les regards ce curieux appareil du genre poisson dit exocet ou dactyloptère. Il meurt à nos pieds, lui aussi, l'oiseau de l'Océan, mais la présence de notre belle compagnie fait-elle la consolation de ses derniers instants? J'en doute.

Nous sommes dans une veine de choses funèbres. Un brave matelot, celui qui, précisément, dans la *Belle au bois dormant*, avait rempli le rôle de Neptune venant exiger du prince Charmant d'évacuer au plus tôt son empire, le brave matelot, dis-je, n'a-t-il pas gagné une pleurésie à trop bien contrefaire le roi des mers? Il en est mort, le pauvre homme, et on l'a enterré, non, on l'a mis en mer... tout-à-l'heure. La cérémonie n'a pas été longue, mais elle a été très-touchante. On a enveloppé le cadavre d'une toile neuve, d'une toile faite de ce beau fil roux qui fait les délices des ménagères, une vraie toile imperméable, tant est serré son tissu. On a ficelé le Breton dans ce dernier manteau du marin. A ses pieds on a placé un énorme boulet. Puis ses camarades l'ont apporté sur le pont, en face du grand mât, auquel on avait fixé une croix et deux flambeaux. Alors, à défaut de prêtre, le plus âgé des hommes du bord a lu les prières des morts dans un livre, après quoi on a chanté le *De profundis*. Le tout s'est fait très-pieusement, je vous l'affirme : il y avait même beaucoup de pleurs dans les yeux. C'est avec un profond recueillement que tout chacun a jeté sur le corps du trépassé de larges gouttes d'eau bénite, dont le paquebot avait provision. Et certes, s'il y avait parmi nous des libres-penseurs, ils n'ont pas osé se produire, quand ils ont vu de près le sentiment de foi sincère qui inspirait tous ces gens de mer, aussi bien le capitaine que les officiers, et les officiers que les matelots et les passagers. Je puis bien dire que ces cérémonies funèbres ne s'accomplissent pas ainsi à leurs tristes parodies de nos sépultures, qu'ils appellent enterrements civils.

Enfin, quatre matelots ont passé leur ancien par-dessus les bastingages, puis ils l'ont lancé dans les flots. Le cadavre a glissé avec une inimaginable rapidité dans l'abîme, où, grâce au boulet, il se tiendra debout au fin fond de la mer, comme il convient à un marin vigilant... A ce moment même, un coup de canon retentit dans l'espace infini, et l'on se recueillit une fois encore pour une dernière prière. Après quoi, les amis du défunt ont fait un paquet de ses hardes, dans les poches desquelles on a placé sa paye, ses cheveux coupés et tout ce qu'il possédait : on y a joint le produit d'une collecte faite sur le pont, pendant les funérailles, et le tout sera scrupuleusement envoyé à sa veuve et à sa petite famille, à Douarnenez, où résidait l'infortuné.

Un matin, alors qu'un ennui profond s'empare de tous les passagers, tout-à-coup, sur le pont du paquebot, il se fait un tel brouhaha, un si étrange mouvement de va-et-vient, que nous voilà tous livrés à une anxiété qui déborde en cris et en terreurs bruyantes.

— Le feu est dans la soute aux provisions, dit l'un, mystérieusement, mais avec un accent de vérité qui émeut les entrailles.

— Une voie d'eau s'est déclarée à l'avant du navire... fait un autre. Remarquez bien : de minute en minute on voit s'enfoncer dans la mer la coque du paquebot...

— Courage, mes amis! ajoute un troisième, qui accourt pâle et tremblant, courage, nous serons sauvés... Voici qu'on met à la mer la chaloupe, les canots et jusqu'aux moindres embarcations. On pourra nous y recevoir tous... Allons chercher nos valises...

— Mais enfin qu'y a-t-il?... demandé-je à un matelot qui passe.

— Rien, absolument rien... me répond-il. Nous exécutons tout simplement un simulacre d'exercice en prévision d'un incendie ou de tout autre accident de mer.

— Ah bien! elle a été chaude, l'alarme! s'écrie une bonne vieille douairière.

— Ai-je eu peur! soupire une jeune fille qui l'accompagne.

— Oui, mais cela vous fera trouver moins désagréable la traversée, sous le ciel brûlant de l'Equateur, puisqu'il n'y a pas danger de mort... réplique un jeune aspirant de marine, qui pose en loup de mer...

Bref, après quelques jours encore d'une navigation monotone à travers l'Atlantique, un soir, nous avons la douce joie d'entendre crier par la vigie, placée dans les haubans :

— Terre! terre!

C'est la terre, en effet, masse confuse encore, mais qui peu à peu se dessine de manière à enchanter nos regards, pics et hautes montagnes d'abord, vallons et vallées ensuite, puis plaines et rivages, le tout ponctué de forêts aux feuillages de bronze, et de macules jaunâtres, qui ne peuvent être que des sables ou des massifs de rochers.

Nous sommes donc en face de l'Amérique, de l'Amérique du Sud; le Nouveau-Monde se présente à nous, pittoresque, souriant, plein d'une exquise et grandiose poésie.

Bientôt il nous est possible de reconnaître que les côtes basses plongent leur pied dans la mer. Des mangliers, les premiers arbres du Brésil, car c'est vers le Brésil que nous cinglons, des mangliers envahis par les vagues, sortent des eaux, élevant leurs têtes au-dessus des flots, comme des baigneurs qui luttent avec la lame.

Le premier aspect de cette partie de l'Amérique méridionale qu'il nous est donné de contempler, comme spécimen du Nouveau-Monde, le premier aspect, dis-je, âpre et inégal, vu à distance, se modifie à notre approche. On voit que le sol s'élève graduellement à une hauteur considérable. Nous avisons les sites les plus délicieux, les paysages les plus charmants. Des parfums de fleurs nous sont apportés par les brises qui soufflent de terre, comme un hommage de bienvenue. Déjà même nous arrivent, tels que des ambassadeurs envoyés pour nous saluer, des essaims de magnifiques oiseaux dont les brillantes couleurs éblouissent comme un éclair. Parmi eux, j'aperçois pour la première fois un oiseau-mouche qui fait suite à la bande joyeuse, et nombre de papillons, aux ailes immenses, diaprées comme de pierres précieuses, topazes, émeraudes et rubis. Et, comme la nuit se fait, des myriades d'insectes voltigent autour de nous, éclairant les ténèbres qui s'épaississent des feux de leur étrange organisme.

Une ville immense, splendide de grâce, nous apparaît nonchalamment couchée dans les profondes échancrures d'un amphithéâtre taillé à l'extrémité d'une rade superbe, dont les ombres du soir commencent à voiler les perspectives.

C'est Rio-de-Janeiro, ou tout simplement Rio, sur la belle rivière qui lui donne son nom.

— Voici la belle avenue de la Gloria... dit un passager du pays.

— Qu'est-ce que la Gloria? réplique un étranger.

— La Gloria? C'est la gloire de Rio, comme l'avenue de Longchamps, les Champs-Elysées, sont la gloire de Paris, Monsieur... répond le Brésilien avec emphase.

Et puis, voici le Saint-Germain de Rio, ce massif de maisons roses et blanches... ajoute-t-il. Son vrai nom, c'est le quartier de Catète.

Là-bas, ce rocher bizarre, c'est le Pain-sucre.

Plus à l'écart, cette autre roche, c'est le Bossu, Corcovado.

Là-haut, sainte Thérèse. Quel bon air, quand on a la fièvre jaune.

Et plus bas, Botafogo, l'hôpital.

Enfin, le paquebot *le Courrier* est au port. Je profite de l'escale pour descendre à terre et aller en ville. Je laisse les voyageurs à destination de Rio s'occuper de leurs bagages, et m'esquivant au plus vite, grâce à une pirogue qui me reçoit, me voici sur le quai.

Quel bruit, quel tapage, quelle foule! Ce n'est plus le bruit de Paris, de nos grandes villes, affairé, mais régulier comme la respiration d'un léviathan. Ce n'est pas une foule, comme la foule de nos faubourgs et de nos boulevards. Des nègres qui hurlent, des négresses qui piaillent; des nègres qui portent des fardeaux, et des négresses qui vendent... toutes sortes de choses peu appétissantes; de jeunes nègres en dandys, et quels habits! et de vieilles négresses en falbalas, mais quelle toilette! des nègres encore et des négresses toujours, voilà le tableau, et tel est le premier aspect de Rio-de-Janeiro. Et tout cela, dans une atmosphère étouffante, torride, saturée d'exhalaisons pestilentielles et d'émanations provenant de tous ces corps noirs en transpiration et vêtus de loques immondes! J'en frissonne, rien que d'y penser!

Rue Direita. Je suis cette première grande artère de Rio. Sur ses trottoirs, magnifiques négresses, hautes de taille, bien faites, le visage bien noir et gracieux, mais les mains occupées à tripoter des victuailles... que, dont, près desquelles, etc... Vous devinez facilement!...

Rue Ouvidor, la rue du beau monde enfin, du monde de Rio, des vrais Brésiliens, de la fashion, de la gentry, du highe-life de la ville.

Je prends mon dîner dans un restaurant de cette rue. Je n'ai donc plus peur de voir chavirer mon verre, mon assiette s'enfuir, et ma tranche de bœuf déménager, comme à bord. Aussi je savoure le menu du festin et me complais à déguster *amoroso* tout ce que l'on me sert.

Je reste ensuite jusqu'à minuit au Jardin-Public, en face de la mer, en regard de la ville richement constellée de feux.

Quelles admirables perspectives! Mais ce qui me charme plus que la vision sans cesse renouvelée de Brésiliens et de Brésiliennes dégustant leurs glaces et leurs sorbets à l'entour des pelouses et des pavillons du Jardin-Public, c'est, au sommet de la voûte azurée, la charmante, la belle constellation de la Croix-du-Sud, nageant dans le bleu foncé du ciel. Dans notre hémisphère boréal, nous avons la splendide constellation d'Orion : mais certes, l'hémisphère austral n'a rien à nous envier. Sa Croix-du-Sud l'emporte en magnificence sur notre Orion, nonobstant la ceinture et le baudrier rutilant de ce dernier.

Bonsoir, cher lecteur! Je reste à terre pour bien dormir, et je vais me coucher. J'ai pris gîte, pour les deux nuits de notre escale à Rio, dans une chambre d'hôtel, l'hôtel du Nouveau-Monde. Hélas! la chaleur est telle que je ne puis fermer l'œil. Suis-je donc couché sur un brasier, comme feu le Péruvien Montézuma ? Je regarde mes draps à la lueur de ma bougie. Horreur! des milliers de p..... Je n'ai qu'un parti à prendre : me mettre le plus à l'aise possible sur un sopha.

C'est encore plus atroce que dans le lit... Autre inspection. A quelle race peuvent donc appartenir ces nouveaux assaillants, car je me sens aiguillonné d'une façon cruelle? Abomination! Des centaines de cancrelas, de ces petites bêtes noires, longues d'un pouce et grosses comme des noisettes, qui pullulent chez les boulangers de Paris!... Je veux les tuer, les écraser, mais elles s'échappent avec une rapidité qui déroute tous les calculs de la stratégie... Quelle nuit!

Jeune fille et jeune homme de la Nouvelle-Calédonie.

C'est en mai 1873 que nous avons quitté Toulon, et voici que nous sommes à la mi-juin. Presque un mois de navigation! Et dire que les heures succèdent aux heures, les jours aux jours, les semaines aux semaines, et qu'il faut un si long temps pour franchir la distance qui sépare le point d'arrivée de celui du départ! Enfin, un peu de patience! D'ailleurs, dans un pareil voyage, que de choses à voir, que de choses à apprendre. L'homme ne tient-il pas à savoir comment sont faites les étoiles, pourquoi le vent souffle, comment les poètes s'y prennent pour voir Dieu et ses anges? Or, tout cela, on l'apprend en cheminant sur terre ou sur mer, et je tiens à faire ample moisson de savoir.

Nous avons quitté Rio-de-Janeiro, son palais impérial, ses églises, son avenue de Gloria, ses nègres et ses négresses, et, à cette heure, c'est vers Montevideo, puis Buenos-Ayres, que nous marchons à toute vitesse. *Le Courrier* a des ailes et il les déploie : le vent favorable l'emporte. Le ciel nous est clément, il nous donne une brise fraîche et une température plus douce.

Voici déjà que les albatros, habitués des mers australes, commencent à se montrer. Ne s'avise-t-on pas de pêcher ces charmantes créatures, si heureuses de vivre, comme de vulgaires poissons, de leur couper impitoyablement les pattes pour en faire des blagues à tabac, ou de les étouffer vifs pour les empailler?... Décidément l'homme n'est pas le roi de la création, il en est le tyran, le bourreau! Et l'oiseau sans tache des tropiques, l'immaculé paille-en-queue, qui, semblable à un léger nuage d'argent qui flotte sous la voûte de saphir de la zone torride, savez-vous ce que l'on en fait! On le tue à coups de fusil, sous le beau prétexte de tuer le temps... La grande excuse des navigateurs, c'est que l'on navigue dans le Pot-au-Noir, cela veut dire dans des régions où la chaleur et l'ennui s'emparent de l'âme, l'amoindrissent et la ruinent. C'est à ce point que, s'il paraît une baleine, un cachalot, tout au plus se lève-t-on, non sans efforts, pour regarder sans voir, après quoi l'on retombe bien vite, et sans vergogne, dans une accablante taciturnité, tant les facultés sont éteintes.

De Montevideo, bâtie en amphithéâtre au fond d'une baie ouverte à tous les vents d'ouest, appelés pamperos dans le pays, que vous dirai-je? Rien, si ce n'est que la couleur dominante des gens trèsturbulents et fort actifs que l'on rencontre et avec lesquels on s.» heurte dans ses rues, est encore la couleur noire, tout comme à Rio. Maisons à un seul étage. Pas d'eau dans la ville, du moment que se font les sécheresses, qui sont effrayantes, car l'été est fort brûlant sous cette latitude, et par là même très-orageux, et toujours insupportable.

De Buenos-Ayres, autre escale où l'on s'arrête deux jours, et ville fort importante, assise sur la rive droite du Rio-de-la-Plata, qui y forme une rade dangereuse, je puis signaler des édifices très-remarquables, tels que l'Hôtel-de-Ville ou Cavildo, un bazar avec arcades appelé Recova, une imposante cathédrale, des églises intéressantes, la Merced par exemple, etc. Mais pour esquisser des cités d'un tel ordre, dans le Nouveau-Monde, il est indispensable de faire une assez longue résidence qui permette de les bien parcourir et de les connaître parfaitement.

Au départ de Buenos-Ayres, nous longeons à distance les côtes de la Patagonie qui se dessinent sur notre droite, et où nous n'entrevoyons qu'une succession de falaises abruptes ou de plages ensablées, derrière lesquelles s'étendent les interminables pampas, qui les séparent de la chaîne de montagnes dont nous apercevons les cimes couronnées de neige.

Enfin nous atteignons le cap des Vierges, à l'entrée du détroit de Magellan. Ce cap des Vierges est une terre unie d'une hauteur médiocre, qui est coupée à pic à son extrémité.

Le lendemain, nous sommes en face du détroit découvert et parcouru la première fois par l'habile explorateur portugais Fernand de Magellan, en 1517, et nous pénétrons dans la baie de Possession. C'est comme l'embouchure d'un beau fleuve, ce détroit qui sépare la Patagonie, c'est-à-dire la pointe méridionale extrême de l'Amérique du Sud, de la grande île de la Terre-de-Feu, de celle des États, et du cap Horn, composé de roches aiguës couvertes de neiges éternelles, qui forme la limite terminale de ces groupes d'îles australes, entre lesquelles Le Maire a signalé, lui aussi, un autre détroit, auquel il a donné son nom.

Ce semblant d'embouchure de fleuve du détroit de Magellan, qui, comme celui du Hollandais Le Maire, met l'océan Atlantique en communication plus directe avec le grand océan Equinoxial ou mer Pacifique, sans être obligé d'aller doubler le cap Horn, permet de promener un long regard sur des eaux paisibles, bordées par des falaises accidentées, mais peu élevées.

Toutefois, comme pendant la nuit ne se dresse sur ces rivages déserts aucun fanal qui éclaire la navigation et signale les dangers de ces parages, et qu'il est difficile de sillonner les eaux dans l'obscurité, nous sommes obligés, chaque soir, de jeter l'ancre et de passer dans l'inaction les longues heures des ténèbres.

Le premier jour de la station de notre paquebot, entre la Patagonie et la Terre-de-Feu, nous apercevons bien nettement des cavaliers étranges qui galopent le long de la côte et qui se rendent à un campement où brillent quelques feux. Ces sauvages, peu redoutables en apparence, nous observent de loin, mais ne font aucune démonstration hostile ou amicale.

Nous serrons d'assez près la Terre-de-Feu, dont la couleur fuligineuse de ses côtes lui a fait donner ce nom, et qui paraît en mille endroits hérissée de montagnes rocheuses d'un aspect fantasmatique, pour apercevoir avec nos longues-vues des Fuégiens, hommes et femmes, d'une nudité à peu près absolue et désespérante, car ces régions ne sont plus exposées aux chaleurs des tropiques, et nous distinguons à merveille que ces misérables hordes allument de grands feux qui, en effet, produisent bientôt de véritables incendies. C'est la seule manière qu'ils aient à leur disposition pour télégraphier aux voyageurs qui passent leur désir de voir relâcher près d'eux les navires.

Une brume épaisse ne nous laisse pas la faculté de voir et d'observer la Terre des Etats, qui du reste est à une très-grande distance.

Les magnificences du soleil couchant, la splendeur de l'azur céleste dans ces régions australes, aux beaux jours où nous les entrevoyons, n'ont pas d'égales dans nos climats, plus favorisés sous d'autres rapports.

Le détroit de Magellan ne forme pas un canal droit et régulier. Au contraire, il affecte la forme d'une ∽ couchée de la sorte, et large comme un bras de mer en certains endroits, mais ailleurs très-resserré. Il est fort exposé aux tempêtes. De toutes parts il se montre entouré de très-hautes montagnes toujours blanches de neige, et derrière lesquelles se trouvent la presqu'île de Brunswick, les îles Dawson et Clarence, les deux Terres du roi Guillaume et de la Désolation, et enfin l'archipel Adélaïde.

Nous employons plusieurs journées à franchir ce long passage. Une de nos stations, celle qui me laisse de doux souvenirs, est celle de Punta-Arena, à peu près au premier tiers du détroit, et avant d'atteindre le cap Froward, le point le plus méridional de l'Amérique du Sud.

Un soir, je suis sur le pont du paquebot suivant la manœuvre d'un œil distrait, et faisant davantage attention aux rivages, près desquels j'espère voir et vois en effet de temps en temps des familles de Patagons en quête de chasse, lorsque tout-à-coup mon regard s'arrête sur un village... Un village dans ces mornes solitudes et sous le climat glacé des îles australes !... Oui, un village, un vrai village européen qui plus est, avec une église que surmonte une flèche élégante se dressant au-dessus des grands arbres qui l'entourent. Pour achever l'illusion et m'empêcher de croire que j'ai sous les yeux un mirage de l'Europe apporté par une combinaison de nuages, l'*Angelus* se met à sonner au moment même, et les rochers de la côte répercutent les tintements religieux de la cloche champêtre. Enfin, tout comme dans les paysages suisses, j'aperçois un pâtre ramenant au bercail un nombreux troupeau, à travers la clairière d'une forêt et les hautes bruyères qui hérissent la plaine, ponctuée ici et là de plaques de neige.

En même temps, j'avise... un curé, oui, vous avez bien lu, un curé, suivi d'autres graves personnages, et ces messieurs viennent offrir leurs vœux aux navigateurs et les engager à se reposer de leurs fatigues, en acceptant une collation dans la demeure du chef de la colonie. A ce mot de colonie, je remarque, en effet, flottant sur le clocher du village, un drapeau du Chili. C'est donc au Chili qu'appartient cette colonie, et les autorités chiliennes attachent même une grande importance à cette possession, avant-poste de leurs vastes domaines dans le sud de l'Amérique.

Les officiers du bord et plusieurs des passagers, dont je suis le plus empressé, se rendent volontiers à cette soirée, au beau milieu du détroit de Magellan, au sein de contrées habitées par des sauvages, et c'est chose tout-à-fait charmante que la façon gracieuse dont nous accueillent le commandant, sa jeune femme et le bon gros curé de Punta-Arena. On se raconte mutuellement une foule de choses, nous de l'Europe et plus particulièrement de la France, que l'on aime un peu partout, et ces excellents Chiliens de leur Amérique politique et pittoresque.

Ils nous font même, le lendemain, parcourir quelque peu la colonie, qui ne se compose guère encore que de soldats, de déportés et d'aventuriers. Nous rencontrons même des Patagons, de ceux que l'on appelle Pêcherais, qui viennent là faire commerce de pelleteries avec les colons. Je puis alors contempler ces sauvages tout à mon aise, et même leur acheter des fourrures, qu'ils laissent volontiers pour de l'eau-de-vie, du sucre, du café, du tabac ; mais de l'eau-de-vie surtout! Ils donnent de fort belles choses pour ces bagatelles, mais du moment que c'est avec de l'argent qu'on désire traiter avec eux, ils ont aussitôt la prétention de vendre à des prix excessifs.

J'ai vu là une cavalcade indienne, composée d'hommes et de femmes, tête nue, cheveux flottants, et ayant pour tout vêtement une peau de guanaco. Les premiers ont la peau brune, les cheveux noirs, plats et raides, très-peu de barbe, le nez épaté et profondément enfoncé entre les orbites de leurs petits yeux noirs, la bouche moyenne, bien meublée, le front étroit et légèrement fuyant, en somme la physionomie peu ouverte. Cette teinte foncée de leur peau provient de leur peu de recherche de l'eau : ils ne se lavent que quand ils tombent dans le détroit, les bons Patagons-Pêcherais. De leurs femmes, le visage est moins grossier, plus agréable et quelque peu langoureux, ce qui s'allie parfaitement à une certaine grâce chez les jeunes Pêcheraises. Aussi, nulle part la coquetterie ne perd ses droits. Chacune de ces femmes avait au cou des colliers de coquillages et d'os sculptés. Il est vrai que ces ornements pouvaient être également des talismans.

Les uns et les autres chevauchaient à califourchon de très-ardents petits chevaux, sur lesquels une peau remplaçait la selle, et une courroie tordue le mors. Les étriers étaient en bois taillé en forme de $\Lambda$ la pointe en l'air. Ils étaient tous, même les femmes, armés du *lasso*, très-longue corde à nœud coulant, laquelle, lancée avec une adresse merveilleuse, va saisir au loin un animal dans la plaine et en fait aussitôt une victime du chasseur. Ces pauvres gens apportaient des viandes fraîches de vigogne et de guanaco, dont le navire fit provision.

Ce qui nous occupa beaucoup et nous divertit fort, fut de voir l'un de ces Pêcherais, que l'on affubla de mauvais habits et que l'on coiffa d'un couvercle de marmite en cuivre, se regarder dans une glace que l'on mit en face de lui. Non, de toute ma vie je n'oublierai l'expression d'effroi, de terreur, de stupéfaction, d'ahurissement stupide de ce sauvage, tantôt approchant sa laide face pour mieux contempler son image, tantôt s'inclinant à droite, puis à gauche, et ne comprenant pas que le fantoche qu'il voyait en fît autant que lui, et enfin tournant brusquement autour de la Psyché, dans le but de surprendre l'être fantastique qu'il supposait caché derrière.

L'un de nous, désirant étudier ces Patagons au point de vue des croyances à la Divinité, imagine de s'agenouiller et de paraître invoquer un être supérieur. Aussitôt hommes et femmes se prosternent, en levant les bras vers le ciel ; puis ils entonnent en sourdine un chant pieux d'une étrange et saisissante mélodie. Arrière, libres-penseurs ! ne venez jamais nous dire que la foi en Dieu fait défaut au cœur de l'homme !...

Cependant notre séjour à Punta-Arena est une simple relâche ; il nous faut partir encore et toujours, comme Ulysse à la recherche de son Ithaque. Je ne puis vous raconter ici, une à une, les longues journées que nous passons, dans nos cabines ou sur le pont, en face de l'immense Océan, sur les flots duquel apparaissent çà et là les innombrables îles qui composent ce que nous nommons l'Océanie.

Presque à la sortie du détroit de Magellan, un autre soir, nous arrivons en face du cap Tamar, inimaginable amoncellement de blocs de granit superposés dans un indescriptible désordre, de manière à produire des effets gigantesques et fantastiques du plus haut goût, pour l'admirateur du pittoresque et des fantaisies de nature, surtout à l'heure où ces grandes scènes sont éclairées par les rayons de l'astre des nuits. C'est un décor tout fait pour une Académie de musique quelconque, et certes celui-là vaudrait au directeur des curieux et des millions ! Quelle belle nuit du Valpurgis dans ces gorges sauvages !

Nous sommes au mouillage devant ce cap rocheux, et là, sinistre présage ! le premier objet qui fixe notre attention, c'est la coque d'un navire, repoussée jusque sur le sable du rivage par le formidable roulis de la mer...

Enfin, après quatre jours de navigation, nous sortons du détroit, et c'est à la couleur des eaux, devenues d'un bleu très-prononcé, que nous sommes avertis de notre entrée dans le grand océan Equinoxial.

Ah ! que M. de Lesseps a eu la main bénie de Dieu, en ouvrant, par la mer Rouge, une voie nouvelle et surtout beaucoup plus courte, aux navires venant de l'Europe pour pénétrer dans l'Océanie ! Au moins on arrive au milieu de cette cinquième partie du monde, je ne dirai pas sans s'en apercevoir, mais enfin relativement assez vite, et avec des aspects et des perspectives assez variés pour qu'on n'ait pas le temps de prendre le spleen, par trop de lassitude et de monotonie.

Lorsqu'on se rend de l'Europe dans l'Océanie, par l'incommensurable Atlantique, le contraire a lieu. Heureusement on finit par atteindre le but. Et puis, arrivent le détroit de Magellan, ses sites sauvages, l'imposante mise en scène des rivages de l'Amérique méridionale, et alors tout saisit d'étonnement le voyageur, tout l'effraie ou le charme, tout le remplit de surprise et d'admiration.

Enfin, une fois sur les lames du grand océan Equinoxial, et surtout dans la partie de l'Océanie qui a nom Mélanésie ou îles des Noirs, alors que l'on commence à naviguer à travers d'innombrables archipels, semés sur les vagues comme des bandes de mouettes abattues par la tempête, le spectacle devient bien autrement grandiose et saisissant.

A propos de ces îles fort pittoresques, quoique généralement très-mal habitées par d'horribles sauvages de tous les tons de noir de suie, et dont l'origine, pour les unes, provient d'éruptions volcaniques sous-marines, et, pour les autres, d'entassements successifs de coraux, de madrépores, polypes, etc., on se rappelle volontiers, le sourire aux lèvres, cette boutade d'un matelot expliquant à ses camarades les merveilles des océans :

— Pour lors, mes enfants, pour lors que le bon Dieu, fabriquant la terre, l'eut pétrie et repétrie à seule fin de la rendre ronde, pour lors qu'il lui resta de la boue aux doigts et qu'il les secoua sur la mer, et que ce furent ces éclaboussures qui devinrent les îles.

Bref, après avoir louvoyé à travers nombre de ces îles, nous passons en vue de la Nouvelle-Zélande, dont il nous est facile de contempler les côtes abruptes, les charmants paysages, les majestueuses montagnes et les splendides forêts.

Nous la laissons bientôt sur notre gauche, et nous cinglons vers le nord-nord-ouest, dans la direction de la Nouvelle-Calédonie.

Deux jours après nous avons connaissance de la Nouvelle-Hollande ou Australie, lorsque le soir se fait épais et noir. Aussi, quand les ténèbres couvrent l'immensité de la mer voisine de ce vaste continent, pas une étoile ne brille aux cieux.

Bientôt un grand vent souffle sur la vague, et il se déclare un ouragan d'une violence que je ne puis dépeindre. Appelé par l'officier de quart, après un rapide examen, le capitaine déclare qu'il y a danger de vie et appelle tout le monde sur le pont. Des ordres sont alors donnés par lui à tous les gens de l'équipage ; mais que prescrire lorsque, dans une nuit aussi sombre, on ne peut juger de la position? Nous voyons bien du reste qu'il y a longtemps que le flot n'a montré pareille fureur. Et dire que nous sommes voisins de la terre, et que le vent peut nous porter ou dans une anse de salut, ou nous briser contre les rochers du littoral! Mais sur quel point de l'Australie nous serait-il donné d'aborder? Voilà ce que le capitaine lui-même ne peut nous apprendre, et cette incertitude donne à réfléchir, car nous savons que ce continent de l'Océanie centrale est une terre sur bien des points inhospitalière, et où il y a plus de hordes de cannibales que de familles de gens civilisés. Nous n'ignorons pas que ces noirs sauvages se font un régal de la chair humaine, et malheur à nous si le paquebot est jeté sur les parages habités par des tribus anthropophages !

Combien nous sommes tous à plaindre et malheureux, nous passagers, sans habitude de la mer, ayant tous des familles, appelant la patrie de tous nos vœux, et ne possédant aucune expérience des dangers à braver sur mer! Or, il est grand le danger du moment... Ne se dit-on pas d'oreille à oreille que le navire se met à couler bas et qu'il s'est fait dans sa carène une large voie d'eau?... Etre englouti vif dans les profondeurs de l'Océan n'a rien qui séduise et qui charme! Aussi sommes-nous tous haletants de terreur, pantelants d'angoisse, interdits, immobiles, désolés, anéantis. Périr au moment d'arriver au port, n'est-ce pas horrible? En effet, cinq jours encore de traversée, et nous débarquions à Port-de-France, la grande rade de la Nouvelle-Calédonie!...

Hélas! ce n'est que trop vrai, le paquebot fait eau. L'équipage est envoyé aux pompes, en même temps que l'on transmet au chef des machines l'ordre de forcer de vapeur.

En même temps, comme on désespère d'échapper au désastre, au milieu d'un silence général, causé par l'effroi et entrecoupé seulement par des cris d'épouvante et des prières sacrées à l'adresse de Dieu, la manœuvre de sauvetage commence. Peine inutile! Vainement les pompes fonctionnent à toute vitesse, vainement la vapeur cherche à nous entraîner, le paquebot coule à pic... Les vagues déferlent plus furieuses sur le pont de seconde en seconde. Aussi, tous les passagers, hommes et femmes, accourus en larmes sur le pont, dans les toilettes les plus étranges, sont obligés de se cramponner aux cordages pour ne pas être balayés par les coups de mer.

Que ces scènes sont affreuses, sur un navire en détresse, le jour! Mais qu'elles sont bien autrement navrantes, épouvantables, dans l'obscurité de la nuit, à la lueur sinistre de fanaux secoués par le vent qui en disperse la lumière!

Soudain un formidable craquement se fait entendre, et nous en subissons tous le contre-coup, sur le pont. Nous sautons en l'air, tant le paquebot a talonné contre un récif. On devine qu'il va s'ouvrir... Il s'ouvre, en effet, peu à peu...

Un bien autre craquement retentit, se prolonge d'abord, puis va s'affaiblissant, au fur et à mesure que l'eau pénètre dans les entrailles du bâtiment.

A de telles heures, le vaisseau, c'est la patrie, c'est la famille, c'est la maison!... Aussi lui dit-on adieu, adieu!

Il est perdu; mais, nous également, nous sommes perdus!

— Sauve qui peut!... s'écrie une voix lugubre, mais retentissante, et sa parole remplit l'âme d'une inexprimable douleur.

Evidemment nous venons d'être violemment poussés à la côte, et *le Courrier*, brisé par le choc, se disloque et s'engloutit... Les feux de ses machines s'éteignent avec des sifflements stridents inimaginables et des jets de fumée blanche et rouge, qui ne peuvent avoir de similaires que dans les fournaises du sein de la terre.

Le capitaine et le groupe de ses officiers qui l'entourent veulent mettre de l'ordre dans la débâcle. Ils ordonnent aux matelots, empressés à mettre à l'eau les chaloupes et les canots, de recueillir les dames d'abord et les enfants, les passagers ensuite. Leurs ordres sont-ils exécutés? je l'ignore. Je sais seulement, parce que je le vois de mes yeux, que l'eau atteignant les hublots du grand salon, une vague, énorme comme une montagne, s'abat sur la partie du pont qui flotte encore : mais, quand elle retombe, officiers et capitaine, **tout a disparu**... Les infortunés, à tout jamais sont plongés dans le gouffre!...

Que se passe-t-il ensuite? Impossible à moi de vous l'apprendre, lecteur. Ce que je puis vous raconter, le voici :

Lorsque je reviens à moi, il fait grand jour. On est au matin, et le soleil brille de tout son éclat. Mais je ne suis plus sur le paquebot *le Courrier :* notre cher steamer n'existe plus!

Je me trouve, à peu près nu, sur la pente boisée d'une colline qui fait face à la mer. Le calme le plus parfait règne sur les flots. Le souvenir de ce qui s'est passé naguère me revient lentement à l'esprit, et j'ai besoin de me le rappeler pour m'expliquer la présence, autour de moi, blanc, de deux à trois cents sauvages noirs hideux, hommes et femmes, dont les horribles visages couleur de suie, les lèvres tuméfiées, les bouches effrayantes et larges, les yeux injectés, les cheveux crépus et ébouriffés, le nez plat percé par un os placé transversalement dans le cartilage, présentent l'aspect le plus repoussant qu'on puisse se figurer. Joignez à cette portraiture qu'ils n'ont d'autre voile qu'une poche faite avec une large feuille d'arbre.

Les femmes, obèses, avec des traits ignobles et une chevelure semblable à celle de leurs aimables époux, ayant enfin pour vêtement une ceinture en fibres d'écorces, sont semblables à des furies, car elles excitent les hommes contre moi, et hurlent comme des possédées.

Autour de la gracieuse colline, sur laquelle je me trouve le point de mire de ces abominables caraïbes, la nature déploie ses plus merveilleux prestiges : forêts composées des arbres les plus beaux, s'élevant comme des coupoles de bronze superposées jusque sur la crête des montagnes; vallées verdoyantes ombragées par des massifs rocheux que décore une magnifique cascade; pelouses de velours plantées des plus riches arbustes à larges feuilles. Et, pour jouir de ces splendeurs de la terre, les plus hideuses des créatures de Dieu!

Mais que veulent-ils faire de moi, Seigneur? Hélas! je ne puis me faire illusion, car il n'y a pas à s'y tromper, la mort, une mort impitoyable, cruelle, me fait face, je suis en sa puissance!... Armés de lances en bois durci au feu, vibrant à la main des haches composées de pierres de basalte articulées en coude avec un manche, ces affreux sauvages m'entourent pour assister à mon supplice. Le frémissement de la convoitise anthropophagique aux lèvres, les Australiens veulent me tuer, afin de dévorer ma chair, de se repaître de mes entrailles. Je suis le seul naufragé sans doute échappé au sinistre, et il leur tarde de se livrer à l'orgie du festin. On n'a pas tous les jours de la chair de blanc, fraîche et tendre, à mettre sous la dent, en Australie! Aussi quelle impatience! quelle rage! quelle fureur! Le feu est tout prêt déjà, cependant . mais les cannibales attendent que l'immolation soit consommée, pour assouvir leur faim, et l'immolation sacrée ne se termine que lentement. En effet, un de ces monstres à face de dogue, je le devine à sa pantomime, remplit l'office de prêtre parmi les sauvages. Plusieurs fois déjà cet horrible personnage **a passé** près de mon cou, sur ma tête, à l'entour de mon visage, le couteau de pierre qui va servir d'instrument de torture.

Aussi, comprenant bien vite la gravité de la situation, et, comme le premier martyr chrétien, ayant une foi assez vive pour voir les cieux ouverts au-dessus de ma tête, je recommande mon âme à Dieu. Je le conjure, dans une prière fervente où je mets tout mon cœur, de me donner la force d'accomplir mon sacrifice. Je place sous sa protection puissante ma famille, mes amis, ma patrie. Puis, m'humiliant pour mes fautes, j'en sollicite le pardon, en échange de la vie que je vais perdre…

J'achève à peine de prier Dieu, et ma dernière pensée n'a pas encore quitté le souvenir de ceux que j'ai aimés, que, tout-à-coup, à quelques pas de moi, jetés en un monceau, j'aperçois quantité d'épaves du naufrage de notre paquebot, épaves recueillies par ces sauvages, dont un grand nombre sont encore occupés à les pêcher sur le bord de la mer. Ce sont des tonneaux, des barriques, des caisses, des armes, et mille choses dont la vue m'est devenue familière par une navigation de longs jours. Voici même des valises, des revolvers, des manteaux, une boussole, nombre d'objets inconnus des sauvages, et rejetés par le flot qui les entasse sur le rivage. O prodige! à côté de malles de passagers, à demi cachée sous un burnous de femme, j'avise… C'est une chose bien étrange que j'entrevois ainsi, mais enfin cela est, et je le dis. J'avise la boîte qui renferme mon violon, précieusement enveloppée dans sa gaîne de caoutchouc, pour la préserver de l'humidité

Aussitôt, une idée me jaillit au cerveau. Sous l'inspiration qui me transporte, ma physionomie change d'expression, mon être se transforme, mes forces se décuplent. Je brise les lianes qui, comme des cordes, tiennent mes bras entravés. Ma tête se redresse et ceint, comme un diadème, une irrésistible autorité. Mon regard commande à mes bourreaux, et le feu qui s'échappe de mes yeux les fait reculer.

A moi aussi, la lèvre frissonne, et quand, de ma voix sonore, je dis aux sauvages, avec dédain et en les bravant :

— Arrière, monstres!

On croirait qu'ils me comprennent, car ils élargissent le cercle qu'ils forment autour de moi. Seul, le prêtre, — pardon, mais je n'ai pas d'autre titre à donner à celui qui semblait vouloir me magnétiser avec son couteau de basalte, — seul, le prêtre ne veut pas renoncer à ses droits sur ma personne, car il me poursuit... Je l'arrête d'un geste qui le cloue sur le sol.

Alors je m'empare de ma boîte : j'arrache son enveloppe; je tire le violon de son étui; je le place sur ma poitrine avec la désinvolture d'un artiste qui est au moment de se faire entendre à un concert de la salle Hertz, et le hasard permet que mon instrument soit parfaitement d'accord.

Une fièvre ardente s'empare de moi : je sens ma tête qui brûle, mon cœur qui bat à se rompre; mes veines sont trop étroites pour contenir mon sang qui bout. Des cloches mélancoliques tintent à mes oreilles : les ondes sonores du reflux me servent d'accompagnement, et me voilà préludant avec une telle fougue, qu'aux premiers accents du violon, à ses déchirements d'une âme en détresse qui appelle au secours, les yeux des sauvages s'ouvrent démesurément, et de leurs orbites jaillit la flamme

Tant il est vrai que c'est le don du génie de parler en même temps à chacun le langage qui lui convient !

J'entame donc... Mais pourrai-je jamais vous dire ce que j'entame?... Qu'importe, d'ailleurs... Certes! ce n'est pas un grand air, un nocturne, une marche funèbre, une ronde, une ballade, une chanson joyeuse ou tout autre chose. De ce que je jouai sur mon violon, je n'ai nulle souvenance... Ce que je sais, c'est qu'une verve divine s'empare de mon archet. Le voilà qui chevauche sur les cordes avec un tel enthousiasme, un tel entrain, un si merveilleux **brio** : il rend des accents si émus; il fait entendre des prières si ardentes; il pousse des clameurs si passionnées; il exhale des soupirs si émouvants; il parle avec une telle autorité; il a des chants de triomphe si entraînants et de telles suavités de mélodie, que les sauvages, subjugués par la puissance de l'harmonie, vaincus, enivrés, fascinés par la sublimité de la musique, dont leur âme grossière n'a jamais eu l'occasion de subir les impérieuses influences, mais qui alors s'impose à eux et les dompte, écoutent d'abord avec stupéfaction, se rapprochent ensuite comme pour mieux percevoir les sons, séduits par la magie des accords, oublient leurs instincts de cannibales, et se mettant à trembler de tous leurs membres, comme en présence d'un être supérieur, pleurent, s'écrient, se lamentent, et enfin se prosternent, comme s'ils adoraient le maître suprême, CELUI dont la croyance est gravée dans le cœur de tous les hommes...

De captif, de victime, en un clin d'œil, par le fait de la divine musique, je deviens un dieu pour ces sauvages !...

Les femmes s'approchent, en rampant, et déposent des fruits à mes pieds. Les hommes viennent jeter leurs armes devant moi, comme pour m'en faire hommage. On m'entoure, on me regarde, on me touche. Je ne crains plus qu'une chose, c'est que ces affreux noirs ne s'avisent de vouloir m'embrasser...

C'est bien un miracle que le ciel fait en ma faveur. Il met le comble à sa bonté généreuse, car quelques jours après le drame qui vient de nous occuper, passe un aviso anglais à portée de la côte. J'apprends des marins qu'il se rend aux îles Sandwich, en faisant escale à la Nouvelle-Calédonie, et j'obtiens mon passage sur ce bâtiment du capitaine, auquel je raconte la sinistre aventure du paquebot *le Courrier*.

Aucun des Australiens ne s'avise de mettre obstacle à mon départ. Ils semblent pourtant désolés de me perdre. Vous pouvez croire que je ne partage nullement leur chagrin. Ils ont voulu faire de moi, pauvre artiste! un chef de guerre, un roi de leurs tribus, que sais-je?... Un roi!.. Allons donc! A un sceptre, à une couronne, je préfère ma palette et mon violon!... Aussi je leur dis adieu nonobstant le culte dont ils m'entourent...

Après quelques jours de navigation, pendant lesquels, aux angoisses de la mort se substituent les splendides perspectives de la vie, nous atteignons l'archipel de la Nouvelle-Calédonie.

Un soir, au coucher du soleil, et dans la brume d'or de ses derniers rayons, s'estompent, à la façon byzantine, les silhouettes de montagnes évasées, piriformes, d'une terre nageant gracieusement à la surface des eaux de l'océan Equatorial.

C'est l'archipel de la Nouvelle-Calédonie, but de mon très-long voyage.

Terre française depuis vingt ans, la Nouvelle-Calédonie est une très-grande île de soixante-six lieues de longueur, sur dix de largeur, dans l'immense océan Pacifique.

Nous eûmes bientôt connaissance de l'île des Pins, que nous rangeâmes à deux lieues de distance. Sur ses rivages on peut voir ces pins à formes bizarres qui intriguèrent longtemps les premiers navigateurs de ces parages. Bientôt apparurent aussi, aux limites extrêmes de l'horizon, les îles Britannia et Chabrol, lesquelles, à la distance de sept à huit lieues, se montrent sous l'aspect d'une bande uniforme, coupée çà et là, à angles droits, comme une muraille garnie de crénelures. Enfin, nous vîmes peu après s'élancer vers les cieux les hautes montagnes de la Calédonie.

Après avoir rangé de près les récifs qui bordent le hâvre de Balade, notre navire donna à pleines voiles dans la passe, et alla jeter l'ancre près de la petite île de Poudiona, à quelques centaines de mètres de la grande terre.

J'étais fort ému en présence de cette magnificence de la mer ponctuée d'îles brumeuses, et du sein de laquelle émergeait la masse colossale de l'île que, de si loin, je venais visiter tout exprès, en traversant l'Océanie entière. Et, cependant, les premiers navigateurs qui abordèrent sur les côtes trouvèrent cette île toute stérile et ingrate :

elle leur parut faire contraste avec les autres archipels situés sous la même latitude.

On raconte ainsi l'arrivée des explorateurs primitifs des îles de la Nouvelle-Guinée.

A peine avaient-ils jeté l'ancre dans la baie dite de Balade, que des pirogues de naturels arrivèrent le long du vaisseau. Ces pirogues n'avaient rien de la forme élégante de celles que j'avais remarquées, moi narrateur, à Tonga, à Viti, et même à Vanikoro. Elles figuraient, paraît-il, des espèces de caisses quadrangulaires, manœuvrant fort mal et marchant plus mal encore. Les naturels qui les montaient étaient des Mélanésiens au teint noir assez foncé, aux cheveux frisés, d'une petite stature, grêles, peu vigoureux, d'un aspect chétif. Après quelques instants d'hésitation, plusieurs d'entre eux montèrent à bord et consentirent à échanger divers objets de leur industrie, des sagaies, des haches en pierre, des pioches en bois, des peignes, des frondes, etc., contre divers objets en fer qu'ils nommaient *pitiou*, bien qu'ils fissent plus de cas des étoffes.

Ils avaient apporté avec eux des cocos et des cannes à sucre, qu'ils refusèrent de céder, à quelque prix que ce fût, ce qui révéla sur-le-champ que ce pays était pauvre. Plus on insistait pour avoir de ces objets, plus ils témoignaient par leurs gestes qu'ils leur étaient nécessaires, donnant à entendre qu'ils étaient affamés et montrant leurs ventres pour faire remarquer combien ils étaient aplatis.

Les cochons leur semblaient inconnus, et ils en eurent même quelque frayeur. Quant aux poules, à peine leur en eut-on montré qu'ils imitèrent le chant du coq, ce qui prouva qu'il y en avait sur leur terre.

A la suite de ces entrevues le long du bâtiment, les gens du navire s'étaient décidés à descendre à leur tour sur le rivage. On arma le canot et on prit terre sur la grève, que couvrait une troupe nombreuse de sauvages, accourus de toutes parts. Comme ils se montraient paisibles et doux, un officier, suivi de quelques matelots, ne craignit pas de s'aventurer jusqu'à un demi-mille dans les terres.

Chemin faisant, ils virent des cases, tantôt isolées, tantôt groupées par trois et quatre : ces cases étaient construites sur un modèle à peu près uniforme, c'est-à-dire qu'elles ressemblaient à de grandes ruches de neuf à dix pieds de diamètre, terminées par une pointe. Chacune d'elles avait une porte de trois pieds de haut sur dix-huit pouces de large, quelquefois pourvue de deux montants en planches, ornés d'une tête d'homme grossièrement sculptée. Un poteau central supportait toute la charpente. Parmi ces huttes, quelques-unes étaient entourées de palissades en feuilles de cocotier, placées à trois ou quatre pieds des parois de la case. Auprès de quelques autres s'élevaient de petits tertres d'un pied à dix-huit pouces de hauteur, surmontés dans le milieu d'un treillage de six ou huit pieds d'élévation. Les insulaires nommaient ces tertres *abouat*, et indiquaient d'une manière assez claire que c'étaient des tombes, car ils baissaient la tête de côté, la soutenant dans leurs mains et fermant les yeux, pour exprimer qu'ils renfermaient des morts.

Quand la petite troupe d'explorateurs revint vers le canot, les sauvages se trouvaient sur la grève au nombre de deux à trois cents, et paraissaient fort paisibles. Toutefois plusieurs d'entre eux se montrèrent insignes voleurs. L'un d'eux spécialement, paraît-il, joua un tour assez plaisant aux hommes de l'équipage. On avait conclu avec lui un marché à l'occasion d'un petit sac rempli de pierres ovales taillées pour servir de projectiles à leurs frondes. Il le dénoua de sa ceinture et le tendit d'une main à l'acheteur, tandis qu'il avançait l'autre pour recevoir le prix convenu. Mais, tout à coup, un compère, placé derrière le matelot, poussa un cri si perçant, qu'il fit retourner la tête aux Français, et cet instant suffit pour que le filou disparût avec sa marchandise et celle du navire.

Du reste, ces Nouveau-Calédoniens, laids, disgracieux et misérables, avaient en outre l'odieuse habitude du cannibalisme, c'est-à-dire qu'ils étaient anthropophages et mangeaient de la chair humaine. En effet, sans nul scrupule, il y eut un de ces sauvages qui se mit à ronger un os auquel adhérait un morceau de chair. En examinant avec attention, il devint facile de reconnaître que c'était un débris humain. On avait alors interrogé l'insulaire, et il avait avoué, sans embarras, que c'était un fragment d'épaule venant d'un jeune homme de seize ans : car, pour cela, il désigna un matelot de cet âge et cherchait à faire comprendre que c'était un morceau vraiment délicat.

J'entre dans ces détails pour bien mettre en relief ce qui a trait aux mœurs des habitants de la Nouvelle-Calédonie, car cet archipel appartenant désormais à la France, qui y a établi une résidence pénitentiaire, c'est bien le moins que nous connaissions ce qui se rapporte aux premiers possesseurs de ce domaine océanien.

Je continue donc en disant qu'au retour de l'officier sur le navire, il n'y trouva plus aucun insulaire. Ils s'étaient montrés larrons si impudents et tellement effrontés, que le capitaine les avait fait chasser à coups de cordes. Dans le nombre, deux seulement n'ayant pu rejoindre à temps leurs pirogues, et n'ayant pas osé tenter de retourner à terre à la nage, étaient revenus à bord, où ils se chauffaient au feu de la cuisine. Le fait est que le froid se faisait sentir, les soirées et les nuits étant glaciales à la Nouvelle-Calédonie, malgré la latitude élevée des îles qui la composent. Or, ces sauvages étaient restés assez tranquilles pendant quelque temps ; mais les matelots qui les entouraient revenant sans cesse à la charge au sujet du goût de ces peuplades pour la chair humaine, ils finirent par se persuader que les hommes de l'équipage étaient également cannibales et qu'ils se préparaient à les dévorer. A peine se furent-ils communiqué leurs craintes, qu'ils s'empressèrent de disparaître brusquement. L'un d'eux, quelque effort que l'on fit pour le désabuser, s'élança à la mer par un sabord : l'autre alla se tapir dans la baleinière suspendue au couronnement.

Désirant connaître plus à fond le pays, quelques officiers prirent terre, le lendemain au point du jour, accompagnés de six hommes bien armés. Ils traversèrent d'abord un terrain assez bas, où ils virent des plantations d'ignames et de patates. Au pied de la montagne, cinq ou six sauvages grossirent le cortége des officiers, mais avec les intentions les plus bienveillantes. Ce furent eux qui guidèrent la caravane.

Au tiers de la montagne, on remarquait de petits murs élevés par étages, de manière à soutenir les terres et à empêcher leur éboulement. Ce genre d'industrie nous surprit chez des gens aussi grossiers, mais il prouvait en même temps la pauvreté du sol. A peine les Français étaient-ils arrivés au milieu de la montée, que les insulaires s'arrêtèrent. Ils ne voulurent pas pousser plus loin leur marche, et tâchèrent de faire comprendre aux officiers que les naturels du revers de la chaîne étaient leurs ennemis, et qu'ils tueraient toute la bande. Pour réponse, on leur montrait bien les armes, en faisant voir qu'on les immolerait s'ils osaient attaquer les voyageurs. Mais peine inutile ! l'escorte des sauvages s'enfuit. Il n'y eut que trois de ces hommes qui se montrèrent rassurés et plus audacieux.

Le soleil commençait à darder ses plus chauds rayons, et, pour apaiser une soif ardente, officiers et matelots ne trouvaient point d'eau. Ils virent bien les sauvages cueillir et mâcher les jeunes pousses de l'*hibiscus*, qui croît dans ces contrées, mais cette manière de tromper le besoin leur parut pire que le besoin même. Ils goûtèrent de l'hibiscus, néanmoins, et lui trouvèrent une saveur désagréable : ils s'en éloignèrent donc, et gravirent courageusement la montagne qui s'élève jusqu'à quatre cents toises au-dessus du niveau de la mer. Ce sommet n'est qu'un prolongement de la grande chaîne qui traverse l'île dans toute sa longueur, et s'élève par degrés à l'est-sud-est jusqu'au point culminant situé à quinze lieues de là.

Dans la partie qu'explorait ainsi la petite caravane, elle trouvait du quartz ou silice à peu près pur, qui se présente dans le règne minéral en grande abondance et constitue de nombreuses variétés, dont le caractère générique est d'être assez dur pour faire feu au briquet et d'être infusible, c'est-à-dire n'étant pas succeptible de fusion ou fonte. Elle rencontrait aussi du mica, nom donné à différentes pierres brillantes, feuilletées et écailleuses, et qui se divisent, à l'aide de couteau, en feuillets minces, élastiques, flexibles, le plus souvent transparents et d'un éclat métallique. Enfin, elle reconnaissait la présence de la stéatite ou pierre de lard, variété compacte du talc, lequel talc, proprement dit, se présente en général sous une forme feuilletée également et écailleuse, mais qui est blanc et nacré, gras au toucher, et se laissant facilement rayer par l'ongle. Il existe en grande quantité dans les terrains de micaschiste et les couches de calcaire. Il sert à enlever les taches. La stéatite ou pierre de lard est douce et savonneuse au toucher : elle se laisse couper et tourner avec la plus grande facilité, mais ne reçoit jamais un poli bien vif. Sa couleur ordinaire est le blanc, mais le plus souvent cette couleur est nuancée de vert, de jaune, de rose, de rouge.

Du sommet de cette montagne, l'œil de nos explorateurs dominait le mouillage, sa ceinture de récifs et les brisants qui pressent à une grande distance la côte occidentale de la Nouvelle-Calédonie. Au sud, sous les pieds des excursionnistes, le regard plongeait sur une belle vallée entourée de grandes plantations de cocotiers, à travers lesquelles les fumées des huttes montaient en spirale vers le ciel. Des cultures assez étendues annonçaient en outre un terrain plus fertile et mieux peuplé.

Après avoir fait quelque chemin au sud-ouest, les touristes rencontrèrent deux hommes et un enfant assis sous une grotte naturelle, occupés à faire rôtir des racines dont ils offrirent une part aux hommes de l'expédition. L'une de ces racines, qu'ils nommaient *pawa*, ressemblait à celle du topinambour : les autres appartenaient au *dolichos tuberosus*. Non loin de là, coulait une petite source d'eau fraîche, auprès de laquelle se fit un frugal déjeuner avec du biscuit et du fromage. Les deux sauvages mangèrent volontiers du biscuit, mais ils ne voulurent ni du fromage ni des boissons spiritueuses. Ils se désaltéraient à la fontaine d'une manière fort singulière. Le visage penché vers la source, à deux ou trois pieds de distance, ils se lançaient l'eau à la figure avec leurs mains et en recueillaient ce qu'ils pouvaient dans leur bouche ouverte. De temps en temps, ils s'approchaient des Européens, tâtaient les parties charnues de leurs bras et de leurs jambes, puis s'écriaient : *kaparak!* avec un cri d'admiration mêlé de sensualité. Cette exclamation était-elle simplement causée par la curiosité, ou par la réflexion que ces chairs pourraient fournir un excellent repas? Le fait est que les insulaires montraient un effrayant appétit. Après avoir dévoré une portion des vivres de la caravane, et une énorme quantité de tubercules, ne se sentant point repus, ils se mirent à manger de gros morceaux de stéatite très-tendre, d'une couleur verdâtre. On pouvait croire que c'était une simple fantaisie, le tic d'un ou deux sauvages : mais nullement, car il fut facile ensuite de reconnaître que ce goût dépravé était général, et que les Nouveau-Calédoniens étaient *géophages,* c'est-à-dire mangeurs de terre.

D'après les géologues, quoique cette *stéatite,* dont j'ai dit plus haut la nature, ne puisse fournir aucun suc nourricier, son emploi ne laisse pas d'être utile à des hommes exposés à de longues privations alimentaires, parce qu'elle sert à amortir le sentiment de la faim, en remplissant l'estomac et en soutenant les viscères attachés au diaphragme.

La caravane s'étant remise en marche, on trouva à quelques centaines de pas plus loin deux ou trois femmes qui accostèrent les Français en chantant. Leur chant ne manquait pas de mesure, mais il était d'une aigreur et d'une discordance incroyables. Néanmoins, pour récompenser ces nouvelles sirènes, le chef des explorateurs leur fit quelques présents. Un autre officier donna en outre à l'une d'elles une paire de ciseaux, et voulant leur en montrer l'usage, il s'approcha de la plus jeune pour en couper une mèche de cheveux. Aussitôt la pauvre fille se mit à pleurer, croyant que c'en était fait d'elle. Son père comprit mieux la plaisanterie, la rassura, saisit les ciseaux et les essaya sur-le-champ avec un peu d'orgueil.

Les habitants des hauteurs, plus amaigris et plus hâves que ceux de la plaine, semblèrent à nos compatriotes vivre dans une plus grande misère. Cela doit tenir à la plus grande stérilité du sol. En effet, les arbres sur les sommets se changent en arbustes. Le *melaleuca latifolia* qui, sur les bords de la mer, atteint jusqu'à trente et quarante pieds, y parvient à peine à trois ou quatre. Le seul avantage qu'on y rencontre, c'est de ne pas être tourmenté par les moustiques, qui abondent dans les régions inférieures.

Ce fut le capitaine anglais Cook qui, le premier, le 4 septembre 1774, aperçut la grande terre dite l'archipel de la Nouvelle-Calédonie, à la hauteur du hâvre de Balade, sur lequel il passa huit jours. Les relations qu'il eut alors avec les indigènes furent également de la nature la plus amicale.

Chose étrange! Cook ne soupçonna même pas que les Calédoniens fussent anthropophages. Mais le séjour de nos Français leur donna bientôt la preuve du contraire.

En effet, ils avaient remarqué, parmi les naturels, quelques-uns de ces sauvages nommés *tea boumas,* qui semblaient exercer une certaine influence sur les autres. Ces tea boumas présentèrent aux officiers du navire un chef auquel ils donnaient le titre d'aliki. On lui fit quelques présents. A son tour, l'aliki fit présent d'une sorte de coutelas, fabriqué avec une sorte de pièce ovale de serpentine, parfaitement polie, tranchante sur les bords, et très-bien ajustée à un manche en bois. Alors l'un des tea boumas révéla que cet instrument, du nom de *abouat*, servait à dépecer les membres des ennemis tués dans le combat. Et il s'offrit à faire la démonstration théorique de l'instrument sur un des matelots, lequel, à son invitation, s'étendit sur le dos.

Le sauvage débuta par simuler un combat, dans lequel le mort était censé avoir été abattu sous les coups de sa sagaie et de son casse-tête. Une danse guerrière succéda à cet exploit. Puis il feignit d'ouvrir le ventre du vaincu avec le abouat : il arracha les entrailles avec une sorte de petite fourchette à deux dents fabriquée avec deux os de cubitus humains fixés ensemble, et les jeta au loin. Les jambes et les bras furent coupés aux articulations, dans une pantomime expressive, et distribués, ainsi que le reste du corps, entre les divers combattants, qui les emportaient dans leurs familles. La chair des bras et des jambes était dépecée par tranches d'un ou deux pouces d'épaisseur. Tous ces détails étaient indiqués par ce sinistre acteur, à l'aide de gestes fort significatifs et accompagnés d'un léger sifflement et de clappements de bouche, semblables à ceux que pourrait faire entendre un gourmet qui savoure un bon plat.

A cette pantomime, on ne pouvait se méprendre : ce peuple de l'archipel de la Nouvelle-Calédonie était cannibale par goût, et l'on ne devait se faire aucune illusion sur la nature de leurs gestes, quand on les voyait de nouveau presser les membres blancs et dodus des plus jeunes matelots.

Actuellement que la Nouvelle-Calédonie appartient à la France, je l'ai trouvée, moi, moderne voyageur, dans de tout autres conditions.

D'abord, toute la partie voisine de la mer, le long de la grande île, étant occupée par les Français, il n'y a plus trace de sauvages. Notre ville de Nouméa, les grandes constructions faites aux frais de la France, et les établissements pénitenciers, donnent à l'archipel le tableau du mouvement, de la vie et de la civilisation européenne.

Il faut pénétrer dans les montagnes pour retrouver quelques-unes des tribus primitives des sauvages d'autrefois.

Or, j'étais venu en Océanie pour explorer la Nouvelle-Calédonie, et dès le lendemain de mon arrivée à Nouméa, je me mis en quête et me dirigeai vers les montagnes. Je savais que la présence des Français et les leçons de nos missionnaires avaient modifié les tristes habitudes des indigènes. Je me fis suivre néanmoins de deux hommes dignes de toute confiance, dont j'avais utilisé et apprécié les services sur le vapeur qui nous avait amenés de France.

Je parvins bientôt à un chemin creux, taillé dans le sable, et bordé des deux côtés de liserons et d'arbrisseaux odorants. Ce chemin n'était autre chose qu'un torrent desséché. Il me conduisit à un groupe de deux ou trois huttes, environnées de cocotiers. A l'entrée de l'une d'elles, j'avisai un homme assis, tenant dans ses bras une petite fille de huit ans, dont il examinait la tête. Il fut d'abord surpris de me voir : mais il reprit bientôt son occupation. Il avait à la main un morceau de quartz transparent, et comme l'un des bords du quartz était tranchant, il s'en servait, comme de ciseaux, pour couper les cheveux de son enfant. Je leur donnai des grains de verre noir, dont ils semblèrent fort contents. Je me rendis ensuite aux autres cabanes. Au-dehors, quelques femmes allumaient du feu sous un grand pot de terre. Ce vase était rempli de feuilles vertes et d'ignames, pour le repas du matin. Mais les femmes m'avertirent par signes de m'en aller, et je les quittai.

Les Nouveau-Calédoniens que j'ai vus ont les lèvres épaisses, le nez aplati, le teint très-foncé, et qui le devient davantage encore par une teinture d'un noir luisant dont ils se frottent le visage.

Leur armes sont des casse-têtes, des lances, des dards et des frondes. Leurs habitations ressemblent à des ruches d'abeilles surmontées par un poteau central. A l'intérieur, quelques pieux perpendiculaires supportent des planches sur lesquelles les insulaires déposent leurs provisions et les objets de leurs ménages. Une grande jarre en terre est à peu près leur unique ustensile. Chaque case en possède une au moins. Le foyer où se fait leur cuisine est en plein air, devant l'habitation. Leur nourriture se compose de poissons, de coquillages, de racines et de fruits. Ces îles, du reste, sont très-pauvres en végétation.

Le règne végétal de l'archipel présente peu de ressources et montre peu d'espèces qui lui soient propres.

Maintenant toute la vie et le mouvement de ces îles sont concentrés en face du port Balade, dans la ville de Nouméa et ses alentours, à l'île des Pins, etc. Nous ne pouvons en rien dire qui soit véritablement intéressant, aussi allons-nous prendre la remorque de quelque autre voyageur et raconter les péripéties de ses pérégrinations.

Quelques membres d'une tribu australienne.

## LES DÉCOUVERTES DES TERRES-POLAIRES

**Et aventure sinistre du *Cosspatrick* et de ses quatre cents passagers, en destination de la Nouvelle-Zélande et de l'Australie, 17 novembre 1874.**

La Sixième Partie du Monde se compose des Terres-Polaires, c'est-à-dire des continents assez mal définis encore dont le gisement se trouve sous le Pôle-Boréal, ainsi que nous l'avons dit dans ce volume, au Voyage de M. Hayes, et sous le Pôle-Austral, tels que les signalent les découvertes de notre illustre marin Dumont-d'Urville.

Aussi, à ces Terres-Polaires a-t-on donné la dénomination de Terres-Boréales, à celles dont les recherches sont dues aux navigateurs anglais, sous le Pôle-Arctique, et Terres-Australes, à celles que

Dumont-d'Urville et d'autres marins français, sous le Pôle Antarctique ont rencontrées, étudiées et appelées Terre d'Adélie, Terre de Louis-Philippe, etc.

Donner de longs détails sur les voyages entrepris dans l'océan Glacial-Antarctique ou Austral, serait reproduire les scènes que nous avons décrites à l'occasion de l'expédition au Pôle Nord de M. Hayes.

Cet océan Austral que l'on suppose occuper toute l'étendue de la zone glaciale du Sud, depuis le cercle polaire Antarctique jusqu'au Pôle, est fort peu connu, et les glaces qui le couvrent empêchent les explorateurs d'y pénétrer. Néanmoins, avons-nous dit, Dumont-d'Urville et autres investigateurs y ont trouvé des terres qu'ils ont nommées Adélie, Louis-Philippe Ier, etc.

Mais, à l'occasion de ces Terres-Polaires du Nord et du Sud, sixième partie de l'univers terrestre, nous pouvons faire connaître aux lecteurs certaines particularités qui certainement les intéresseront.

Ces jours derniers, — janvier 1875, — Paris a pu entendre traiter ce sujet, — et, pour mon compte j'ai joui de cette faveur, — par M. l'abbé Petitot, missionnaire de la baie d'Hudson, homme très-courageux, qui a passé douze ans de sa vie dans les neiges et les glaces des Terres-Polaires, au milieu des sauvages, des rennes et des ours. L'abbé Petitot appartient aux Oblats de Marie.

Les Oblats de Marie sont des missionnaires qui, allant prêcher la foi catholique dans les contrées les plus reculées, forment une communauté qui centralise les ressources. Comme on le pense bien, il n'y a pas de casuel aux Pôles, et ce sont les aumônes recueillies à Paris qui alimentent le budget des missions.

M l'abbé Petitot appartient au vicariat de Mackensie. Cette mission se compose d'un évêque, monseigneur Faraud, d'un évêque auxiliaire, monseigneur Clut, de quinze prêtres et de douze frères lais. Ces missionnaires sont Français, mais ils parlent anglais, afin d'avoir des rapports plus faciles avec les autorités du pays.

Quant aux sauvages, ils savent presque tous quelques mots de français et ont pour la France une grande sympathie. Comme tout chacun sait, le Canada, contrée voisine de la leur, conserve la langue et les mœurs françaises.

Notre héros a reçu le poste du fort de Good-Hope, c'est-à-dire de Bonne-Espérance, le point le plus rapproché du Pôle septentrional. Il s'y est construit, lui-même, une petite église en bois et une maison. Quelques bâtiments aussi modestes entourent l'église. Là, deux fois par an, en juin et en septembre, les sauvages arrivent au fort, qui n'est nullement fortifié; et comme à ce moment la circulation est relativement facile, chaque sauvage se présente, qui sur un radeau, qui sur un canot d'écorce, qui sur un traîneau attelé de chiens. Il amène sa famille et tout ce qu'il possède. Alors il dresse sa tente aux alentours de l'église. Aussitôt il fait échange des fourrures qu'il apporte contre des objets travaillés, de fer ou de bois, des vêtements européens, du tabac, etc., puis il reste quelque temps à écouter les prédications. Le prêtre n'enseigne pas seulement la religion, il se fait aussi l'apôtre du progrès scientifique et industriel. Il démontre l'usage des outils, la façon de faire la cuisine, les prescriptions de l'hygiène, etc. Le sauvage s'en retourne ensuite vers le Pôle et se promet d'y être plus heureux.

M. l'abbé Petitot ne borne pas là son œuvre. Il donne au sauvage du papier, de l'encre, des plumes, etc., et lui apprend la manière de se servir du tout.

Ceci est tellement inouï que je dois l'expliquer.

Les sauvages des environs du Pôle ont une langue bizarre, et des dialectes variés; or, le bon prêtre parle les trois dialectes *dénédindjiés* et la langue esquimaude. Il a eu la patience d'en faire les dictionnaires, d'abord, puis d'en étudier les règles grammaticales. Chaque dialecte se compose de dix-huit mille mots, à peu près.

C'est ainsi qu'il a reçu, à Paris, des lettres apportées par des sauvages au fort de Bonne-Espérance, dans le courant de septembre, et il y a répondu. Quand le destinataire de la lettre viendra, au mois de mai prochain, apporter ses fourrures au fort, il la trouvera et y répondra à son tour. Ce n'est pas aussi rapide que le télégraphe, mais c'est véritablement aussi ingénieux.

En ce moment, l'abbé Petitot fait imprimer, à Paris, ses dictionnaires, afin de pouvoir universaliser l'instruction sur les bords de la baie d'Hudson. Les mots trouvés chez les sauvages, le missionnaire a cherché le moyen de les écrire. Or, les caractères phéniciens lui ont paru les plus propres à l'interprétation de ces langues. Il les a adoptés, et a appris à lire et à écrire à tous ceux de ces sauvages qui se sont faits chrétiens.

L'administration anglaise du Haut-Canada, dirigée par un très-digne homme, M. Graham, est fort paternelle. Les sauvages jouissent de la liberté la plus absolue. Ils prennent seulement l'engagement de se rendre toujours au même fort, pour y apporter leurs fourrures et pour les y échanger contre des produits européens. On les sait orgueilleux et honnêtes, aussi leur fait-on des avances, en nature. Il n'y a pas d'exemple qu'un sauvage ait manqué d'apporter, l'année suivante, les fourrures dont il a touché le prix en marchandises.

D'argent, il n'est point question dans ce pays fantastique. L'échange n'a d'autre base que la bonne foi des parties contractantes. Du reste, les agents des échanges sont d'une scrupuleuse honnêteté et les sauvages le reconnaissent.

Les missionnaires ne reçoivent rien de leurs néophytes.

— Puisque c'est Dieu qui t'envoie, disent ces hommes primitifs, c'est lui qui doit te payer...

Les bons prêtres sont de cet avis.

— Oui, répondent-ils aux sauvages, mais puisque tu reconnais que c'est Dieu qui nous envoie, tu dois lui obéir, n'avoir qu'une femme, et ne jamais tuer ton semblable...

C'est sur ces bases que l'instruction religieuse et morale s'est fondée et a donné d'excellents résultats.

Il y a quatorze ans, les Déné-dindjiés tuaient facilement leurs frères et les mangeaient volontiers, quand ils étaient tendres. Les infanticides étaient innombrables : dès qu'un enfant embarrassait quelque peu, on l'égorgeait. Aujourd'hui les liens de famille, les idées d'amitié existent. Il n'a pas fallu plus de temps aux missionnaires pour accomplir cette réforme.

— Ces gens-là, disent les sauvages, font de belles huttes, ils travaillent le bois, ils savent soigner les maladies et cuire la viande : ils sont donc nos supérieurs en toutes choses. Ils ne nous prennent rien et nous traitent en amis. Il faut les écouter ! Dieu est le maître du soleil, et c'est Dieu qui les inspire. Faisons ce qu'ils nous disent...

Telle est la théorie des sauvages de l'Hudson. Les missionnaires ingénieux, adroits et dévoués, n'ont pas beaucoup de peine à les convertir au christianisme. Seulement, il faut vivre là-bas, et ce n'est pas chose très-commode pour des Européens.

Un seul détail à faire dresser les cheveux sur la tête ! Le pain y est inconnu... Pendant ses douze ans de mission, M. l'abbé Petitot n'en a pas mangé un gramme. Homme du monde, préparé par son éducation à vivre en gentleman, il s'est résigné à mordre exclusivement dans des morceaux de venaison, grillés ou rôtis...

Tout n'est pas rose, dans la vie ! Et tout n'est pas agrément dans les voyages, hélas !

On part, et on se sent aussitôt en extase en présence des magnificences du firmament, du rivage et des côtes. On admire, au lever du jour, le ciel emplissant tour à tour de ténèbres et de lueurs les vallées profondes, les sauvages ondulations des forêts, les osseuses charpentes des montagnes plongeant leur base jusque dans la mer et faisant valoir vigoureusement le bleu dur et poli des flots, et leurs bouquets d'îles rocheuses émergeant de nappes tantôt sombres comme du lapis en fusion, tantôt étincelantes comme de la poussière de diamant.

On part, dis-je, la joie au cœur, l'éblouissement dans les yeux... On va, on vient sur le pont; on examine le jeu des agrès; on s'intéresse à tout... On part, mais, hélas! sait-on quand on reviendra? Sait-on même si l'on arrivera?

Et combien qui n'arrivent pas? Combien qui sombrent chemin faisant? En effet, l'élément perfide, les eaux de la mer et des océans, à qui on livre tout un monde de matelots et la fortune que renferme un navire, ne sont-ils pas les plus dangereux ennemis de la vie des hommes et du salut des flottes? N'a-t-on pas à craindre sans relâche le vent qui fait rage, les rafales qui sifflent et qui grondent, les vagues qui bondissent en montagnes et se creusent en abîmes, les nappes d'eau fouettées, tordues, déchirées par les tempêtes?...

Ne se fait-il pas souvent des voies d'eau dans la coque du bâtiment, et, alors, la cale d'abord, l'entrepont ensuite, et puis les cabines, peu à peu, sont envahis par l'élément liquide, qui s'infiltre en bouillonnant, qui monte, monte encore, monte toujours avec un sinistre et indomptable murmure, qui, enfin, emplit tout les espaces vides de la nef de son inondation incessante, frémissante, et, l'engloutissant, la fait couler dans les profondeurs insondables de l'Océan ténébreux?

Les passagers et l'équipage ne se trouvent-ils pas abandonnés par les brises au fléau d'un calme plat qui ne permet ni d'avancer ni de reculer, mais qui les cloue sous les rayons de feu d'un soleil implacable et dans les remous d'une mer d'huile sans vie, sans issue, sans espoir!

N'arrive-t-il pas que, de jour ou de nuit, mais de nuit surtout, et alors l'obscurité rend le drame plus terrible et plus épouvantable, n'arrive-t-il pas que le navire est abordé soudain par un autre navire, perforé, fracassé, coupé en deux, lacéré, détruit, livré par parties, qui se détachent en frémissant, à la fureur des lames, et enfoui à toujours, corps et biens, en des gouffres qui jamais ne rendent leur proie?

Et l'incendie! Que pourrais-je dire de l'incendie d'un paquebot, d'un steamer, d'un vapeur quelconque, cutter, aviso, goëlette, ou tout autre bâtiment, en pleine mer, au milieu des eaux, il est vrai, mais alors que dans ce vaisseau tout est bois et présente un aliment des plus favorables à la cruelle avidité des flammes?

Dieu nous préserve, si jamais nous voyageons, des tempêtes, des voies d'eau, des calmes plats, des abordages, etc. Mais qu'il nous préserve plus encore de l'incendie! L'eau et ses envahissements sont l'un des plus formidables sinistres : mais être brûlé vif et ne pouvoir échapper à la redoutable morsure du feu, c'est un bien autre supplice encore!

Qu'il est beau de voir un grand navire s'élancer avec orgueil des bassins du port et prendre son élan pour aller braver les flots et traverser les mers, en accomplissant un voyage de 1,500, 3,000, 4,000 lieues, comme pour mettre en communication les extrémités du monde les plus reculées!

Tel était le spectacle qui était donné à l'un des ports de la vieille Angleterre, au mois de novembre dernier, 1874!

Le *Cosspatrick* s'éloignait de la mère-patrie, emportant dans ses vastes flancs et campés dans l'entrepont :

Quatre-vingts pères de famille;

Quatre-vingts femmes d'un âge mûr;

Cent dix-neuf enfants, dont seize encore à la mamelle;

Quatre-vingt-dix-sept adolescents;

Et quarante-cinq filles.

Tous allaient chercher aux antipodes de notre hémisphère, c'est-à-dire dans la Nouvelle-Zélande et l'Australie, un autre sol plus généreux que celui de la blanche Albion.

Oui, désespérant de trouver sur la terre qui les avait vus naître un salaire suffisamment rémunérateur, ces quatre cent vingt et un pionniers du travail avaient accepté les offres séduisantes du gouvernement anglais dans ces deux Etats. Au lieu de chercher à arracher aux lords la propriété de la terre arrosée par leurs sueurs, ils se rendaient dans des contrées lointaines, mais fertiles, où un sol vierge leur offrait ses sourires et ses trésors.

La navigation des premiers jours fut heureuse. Les passagers, joyeux de gagner désormais plus facilement l'existence de leur famille, si pénible jusque-là, tout en contemplant tour à tour les grands effets d'ombre et de lumière dont l'océan Atlantique leur présentait le tableau grandiose, les levers et les couchers de soleil sur les flots, les aspects sublimes du firmament constellé des feux célestes pendant les nuits, et enfin les manœuvres de l'équipage, devisaient sur le pont, et se faisaient mutuellement part de leurs projets.

*Le Cosspatrick* approchait du groupe des îles Madère, dont on voyait au loin se dessiner en gris les étranges dentelures sur le ciel bleu. On se trouvait dans le voisinage des rochers déserts connus des navigateurs sous le nom de Tristan d'Acunha.

C'était le 17 novembre. On était au milieu du jour, et l'Océan rutilait sous les flèches d'or que le brûlant soleil du midi faisait ruisseler sur les vagues.

Les travailleurs, appuyés sur les bastingages du navire, se livraient au plaisir de voir s'ébattre les marsouins à la surface des eaux. C'est chose curieuse, en effet, que les jeux de ces mammifères, de la famille des dauphins, et que l'on surnomme cochons de mer. On les voit venir de l'ouest, se dirigeant vers l'est, et formant un banc de trois à quatre kilomètres de longueur. Ces joyeux cétacés sont rangés en ligne droite, semblables à un bataillon d'infanterie marchant par le flanc. Ils émergent ici et là dans un mouvement de rotation, particulier à la nage du marsouin, par groupes de quatre à cinq, ce qui donne à toute la colonne l'aspect de barils attachés à une cinquantaine de mètres les uns des autres, et pointillant la mer d'une ligne noire. Tout chacun, parmi les novices des choses de l'Océan, de rire en face des évolutions de ces habitants des eaux.

Mais, tout-à-coup, les rires de la foule sont couverts par un cri formidable s'échappant par tous les sabords et toutes les écoutilles.

— Au feu!... au feu!...

En même temps s'élancent de toutes les ouvertures du navire de nombreux matelots appelant à eux le capitaine, son second, les officiers du bord, et répétant en chœur, d'une voix étranglée par l'épouvante, cette sinistre exclamation :

— Au feu!... au feu!...

A cette horrible clameur, tous les passagers, hommes, femmes et enfants, de se livrer au désespoir. Vainement on leur dit que le danger peut être conjuré... Les larmes coulent de tous les yeux. Les jeunes filles surtout se jettent dans les bras de leurs mères, de leurs pères, invoquent le Seigneur et le conjurent de veiller à leur salut.

En même temps, les hommes, robustes travailleurs, se précipitent et disparaissent dans l'entrepont, espérant et allant s'assurer que déjà on a commencé à éteindre l'incendie. Ils vont et viennent, offrant leurs bras et leur courage, afin d'arrêter et de comprimer l'essor du feu, car de toutes les calamités dont on puisse être frappé sur un bâtiment, en pleine mer, il n'y en a pas de plus épouvantable qu'un incendie.

Hélas! l'incertitude n'est pas possible. Voici qu'une épaisse fumée s'échappe des écoutilles et des sabords : évidemment le feu continue son œuvre de destruction. En outre, comme pour enlever le moindre doute, une explosion subite se fait entendre dans les flancs caverneux du paquebot. L'effroi se peint sur toutes les physionomies, car la coque du navire est ébranlée; il semble qu'elle se disloque; d'affreux craquements se font entendre; le pont s'agite sous les pieds : on dirait que déjà le bâtiment s'enfonce peu à peu sous les eaux de l'Océan.

Ce sont des barriques renfermant des alcools qui, gagnées par le feu, éclatent soudain, et répandant au-dehors leur liquide qui s'enflamme, communiquent à l'incendie, dans la cale où il était concentré, une nouvelle activité et une violence telle que toutes les autres parties du vaisseau prennent feu et crépitent sous les morsures des flammes.

Cependant les passagers anglais, écossais, irlandais, tous les travailleurs du bord, les matelots et les officiers s'empressent de réunir leurs efforts pour entraver la marche du sinistre. On apporte sur le pont tous les seaux emmagasinés dans les cambuses : on monte les pompes enfouies dans leurs étuis. On les met en jeu aussitôt, et les voilà qui répandent à profusion des flots d'eau de mer, au point d'inonder l'entrepont, les cabines, la cale, etc. L'eau ruisselle par toutes les ouvertures, mais elle ne produit pas sur l'action du feu l'effet qu'on en attend : elle le déplace, et l'incendie devient de minute en minute plus vif et plus menaçant, comme pour se jouer des tentatives acharnées qu'on lui oppose.

Tous les gens de l'équipage sont disposés en grappes vivantes sur les agrès, le pont et les bastingages : mais nul n'ose plus pénétrer dans les profondeurs du vaisseau, qui se change en fournaise. Les flammes et la fumée ne le permettent plus. Par bonheur encore, dans ce moment suprême, les marins ne s'abandonnent pas absolument au découragement, tant qu'il leur reste une chance de salut, et leur exemple soutient quelque peu le moral et rend quelque espoir aux passagers, à leurs femmes, à leurs filles et même aux enfants.

Tout-à-coup les pompes s'arrêtent et cessent de fonctionner : leurs tuyaux s'engorgent et s'affaissent; l'eau ne coule plus. Et puis voici qu'un épais nuage de fumée noire enveloppe tout l'arrière du *Cosspatrick* et s'élève avec lenteur, en planant au-dessus du théâtr du désolant sinistre. Il fait si peu d'air, et l'atmosphère devient tellement brûlante, que la sombre colonne qui se dégage à l'entour du mât d'artimon le rend complètement invisible. Toutefois les flammes ne se montrent pas encore au-dehors : mais un bruit sourd, accompagné de craquements formidables, qui éclatent par intervalles, dit assez, dit beaucoup trop que l'incendie gagne et qu'il fera bientôt sa cruelle apparition, dans toute sa hideuse et fulgurante splendeur. Aussi, chez les pauvres femmes, chez les pauvres enfants, quelles angoisses, quelle inexprimable épouvante, quel deuil, quelle douleur, quel désespoir!

Les bras des travailleurs ne sont plus occupés : aucun d'eux ne cherche plus à entraver la marche, les progrès toujours croissants de l'incendie. On en est venu à ce point de détresse, que l'unique moyen de salut qu'il soit possible d'aviser est de se soustraire au fléau par la fuite.

Une immense clameur retentit sur le pont :

— Les embarcations à la mer!

*Le Cosspatrick* possède plusieurs embarcations. On les descend en hâte de leurs palans, et chacun des passagers s'occupe déjà de profiter de ces chaloupes pour s'arracher à la mort.

Mais quel désordre! Et, dans ce désordre, comment réussir à trouver place, lorsque le moindre mouvement gêne et compromet les manœuvres. D'ailleurs la chaleur du foyer en combustion devient intolérable, et on est asphyxié par l'horrible fumée qui jaillit en torrent de toutes les fissures du bâtiment.

Impossible d'organiser le sauvetage : tout concourt à favoriser le développement du sinistre. Voici les mâts, rongés par les feux inférieurs, qui s'agitent sur leurs bases, s'inclinent et s'effondrent, entraînant avec eux la chute des agrès, haubans, etc. C'est un tohubohu inextricable. Enfouis sous les cordages et les débris, nombre de femmes, de jeunes filles, d'hommes et d'enfants sont cruellement blessés. Mais que sont les blessures, en présence de l'affreux trépas qui menace, et qui semble désormais inévitable? Toute manœuvre, tout mouvement pour le salut commun deviennent impossibles...

Tout-à-coup un jet de flammes se dégage des colonnes de fumée qui s'échappent de toutes parts. Il est suivi d'un autre plus rouge et plus intense. Un troisième jaillit avec fureur et fait rage. D'autres encore se produisent successivement, jusqu'à ce qu'une large et incommensurable nappe lumineuse s'élève de tout le navire, l'entoure de flammes crépitantes, et s'élance vers le ciel d'une manière continue, terrible, épouvantable.

Le jour est obscurci, et le soleil s'éclipse, ne se montrant plus que comme un bouclier de bronze, rougi au feu d'une fournaise, derrière des nuages amoncelés de fumée rousse et noire.

Un cri de désespoir suprême s'échappe de toutes les poitrines : il n'y a plus d'espérance! Aussi on prie, on pleure, on se lamente, on offre à Dieu la dernière des invocations. Non, pas un être ne pourra s'échapper, vivant, de l'incandescent brasier qui monte comme une marée de feu : des cratères s'ouvrent dans le parquet du pont sous les pieds des infortunées victimes, que les flammes entourent, enveloppent et commencent à dévorer, car une indicible odeur de chair brûlée se répand et infecte l'air. Déjà les pauvres animaux, attachés aux bordages et destinés à l'alimentation des gens du navire, ont succombé, en poussant d'horribles mugissements d'épouvante. Les scènes qui se passent sont indescriptibles...

Il ne reste plus qu'à mourir! car le feu s'est emparé de tout l'édifice flottant. Il ronge les agrès et toute cette énorme quantité de cordages goudronnés, de vergues, de débris de mâts et d'enfléchures, qui deviennent un aliment actif de sa fureur.

Qui pourrait peindre cet affreux spectacle?

A la lueur sinistre qui rayonne autour de toutes ces misérables créatures saisies vivantes par un implacable fléau, hommes, femmes, filles, enfants, mousses, matelots et officiers, tous se lamentant, tous pleurant, gémissant, se faisant les plus tendres adieux, et dont les silhouettes se détachent en noir sur un fond rutilant de feux de volcans, on croirait assister au finale de quelque infernale tragédie. Cette vive lumière de flammes dévorantes, dont chaque minute accroît l'intensité, permet de saisir les moindres détails de cet abominable tableau.

Que votre imagination, lecteurs, comme la mienne, se représente, si possible, la terreur atone des yeux égarés des suppliciés, de ces pauvres et dolents patients! Qu'elle voie l'écume sanglante de leurs bouches convulsives; les effroyables contorsions d'un désespoir sans nom; les horribles rictus de visages affolés poussant d'inexprimables clameurs, pendant que certaines voix d'infortunés, en proie aux plus cruelles douleurs, poussent des éclats de rire stridents, — c'est là le phénomène de la démence, — rires qui rappellent les rugissements des chacals et des hyènes...

J'ai dit, et je vous laisse ruminer les épouvantes de ce drame d'un réalisme saisissant, drame qui se passait au milieu de l'océan Atlantique, le 17 novembre dernier, en 1874!...

Les télégrammes qui nous sont venus de Madère sont loin de diminuer le sentiment d'horreur excité par la nouvelle de l'incendie du *Cosspatrick*.

Le sinistre, paraît-il, éclata avec tant de fureur, que deux canots seulement purent être lancés à la mer.

De ces deux canots, un seul fut recueilli par le *British-Sceptre*, passant par miracle dans des parages que les vaisseaux anglais ne fréquentent plus, depuis l'ouverture du canal de Suez.

Qu'est devenu l'autre canot? Celui-là portait cinq passagers...

Voici quelques nouveaux renseignements qui nous viennent de Londres :

Trois marins ont survécu au cruel désastre du *Cosspatrick*, le second et deux matelots. Ce sont eux qui ont été recueillis par le *British-Sceptre*, de Liverpool.

Quand leur canot a pu aborder le *British-Sceptre*, les trois malheureux étaient depuis dix jours à la merci des flots, sans vivres et sans eau. L'embarcation qu'ils montaient contenait tout d'abord trente passagers et matelots. Tous sont morts, à l'exception de quatre, qui ont vécu de la chair de leurs compagnons qui avaient succombé. Un des quatre est mort fou à bord du *British-Sceptre*.

Le second canot, qui avait pu être mis à la mer, contenait le premier officier, cinq matelots et vingt-cinq passagers. Un coup de vent ayant séparé ce canot de l'autre chaloupe, on ignore ce que peuvent être devenus les personnes qui le montaient.

Le seul espoir qui reste est qu'elles aient atteint l'île de Tristan d'Acunha : mais rien ne confirme cette supposition

La plupart des émigrants étaient des cultivateurs originaires de toutes les parties de la Grande-Bretagne.

Mais nous avons, nous Français, à déplorer, dans ce sinistre, la mort de cinq de nos compatriotes, et d'un Suisse.

Toutefois, il est consolant de remarquer que les catastrophes du genre de celle du *Cosspatrick* sont relativement rares. Depuis que le gouvernement de la Nouvelle-Zélande a établi une agence en Angleterre, il n'a pas transporté dans cet archipel moins de soixante mille émigrants répartis sur cent vingt-sept bâtiments. Sur ces soixante mille, les deux tiers ont quitté la mère-patrie en 1874, grâce à l'impulsion que la grève agricole a donnée à l'émigration.

Nous sommes certainement confondu de l'horreur de cette sinistre aventure, mais une chose nous intéresse vivement au point de vue de la colonisation, au point de vue de l'exemple donné à la France.

La France, dit-on, n'a jamais su coloniser.

Bon gré mal gré il faut bien que nous constations que trente-six mille travailleurs de nos champs ont pu, sans qu'ils aient un sou à débourser, être transportés aux antipodes, dans notre Nouvelle-Calédonie, en moins d'une année. Or, ce résultat merveilleux a été obtenu aux frais d'une colonie établie depuis trente ans à peine, et dans un pays où le cannibalisme était le régime normal des sauvages qui y régnaient en souverains.

Maintenant, quelques mots sur l'Australie et la Nouvelle-Zélande, destination des émigrants malheureux du navire anglais *le Cosspatrick* :

L'Australie ou Nouvelle-Hollande est un véritable continent. En effet, cette terre australe compte environ mille lieues terrestres de longueur sur une largeur moyenne de quatre cent cinquante. Sa surface peut égaler environ les trois quarts de celle de l'Europe. Sa configuration offre plusieurs traits de ressemblance avec l'Afrique. L'une et l'autre se prolongent en pointe vers leur extrémité ; l'une et l'autre sont échancrées dans la partie du sud-est, et leur largeur se dilate beaucoup vers le milieu. Le seul détroit de Bass, dans l'Australie, établit une différence.

L'Australie est séparée de la Nouvelle-Guinée par le détroit de Torrès, et de la Tasmanie par celui de Bass.

A l'est, un canal de trois à quatre cents lieues de large la sépare de la Nouvelle-Calédonie et de la Nouvelle-Zélande.

Enfin, à l'ouest, l'océan Indien, tout entier, s'étend entre l'Australie et l'Afrique.

Un grand nombre d'îles de diverses grandeurs sont disséminées sur les côtes de la Nouvelle-Hollande, surtout dans la partie septentrionale, où elles forment souvent une barrière continuelle soudée par des brisants, au-devant de la grande terre. Telles sont les îles du Prince de Galles, Groote et Melleville, etc.

Le vaste golfe de Carpentarie, qui n'a pas moins de cent trente lieues de profondeur, sur cent dix de large, échancre considérablement l'Australie vers le nord.

Les autres enfoncements les plus remarquables sont le golfe de Van-Diémen, de Cambridge, d'Exmouth, la baie des Chiens-Marins, les golfes Spencer, Saint-Vincent, etc.

Les côtes de l'Australie offrent une quantité de bons mouillages capables de recevoir et d'abriter de nombreuses flottes, comme Port-Jackson, Botany-Bay, le port Western, le port Philip, le port du Roi-

George, et enfin la magnifique baie de Jervis, si spacieuse et si sûre.

Sur une terre aussi vaste, il est facile de comprendre que la nature du climat doit varier, dans ses différentes zones, suivant leur élévation en latitude. Sur toute la bande septentrionale, les chaleurs sont brûlantes. Dans la partie moyenne, le climat se tempère déjà. Enfin, sur toute la bande méridionale, l'année peut se diviser par saisons, étés et hivers, offrant toutes les alternatives ordinaires de froid et de chaud, de pluie et de sécheresse.

Toute l'étendue de la Nouvelle-Galle du Sud est désolée par ces sécheresses, et souvent six ou sept mois s'écoulent sans qu'il tombe une seule goutte d'eau. Alors des incendies immenses, les uns fortuits, les autres provenant du fait des naturels, dévorent toute la végétation et compromettent la vie des troupeaux et la sécurité des habitants. Pendant tout le temps que durent ces incendies, l'atmosphère est chargée de tourbillons d'une fumée suffocante, et le pays garde longtemps un aspect triste et calciné.

D'autres fois ce sont des pluies qui arrivent, et elles tombent avec une impétuosité telle que l'on dirait un vrai déluge. Le lit des rivières s'élargit tout d'un coup. Les eaux débordent et inondent les campagnes voisines, au point d'en former de vastes lacs, du milieu desquels surgissent seulement les cimes des grands arbres.

L'Australie ne présente aucune montagne comparable à celles du premier ordre, en Europe.

Sur la bande de l'est, la chaîne des Montagnes Bleues, qui règne parallèlement à la côte, à une distance de quinze à vingt lieues, s'élève rarement à plus de quatre cents toises au-dessus du niveau de la mer.

Au temps de la découverte de ce continent austral, on n'y trouva aucun quadrupède rappelant l'ancien monde, si ce n'est le chien, ayant de l'analogie avec le renard, quoique un peu plus grand. Les autres étaient des espèces nouvelles, kanguroos, koalas, petit animal surnommé *le paresseux*, et ayant quelque ressemblance avec l'ours, opossums, péramèles, etc.

A cette époque, la plage méridionale offrait des troupes de phoques : mais la poursuite tend à les faire disparaître.

Les crocodiles abondent dans les canaux de la partie septentrionale, et atteignent de fort grandes dimensions.

La tortue verte existe sur plusieurs points. Les lézards sont d'espèces variées et ont jusqu'à quatre pieds de long. On y trouve aussi plusieurs sortes de serpents, dont quelques-uns sont venimeux.

Les oiseaux présentent un grand nombre d'espèces : casoars, pélicans, cygnes noirs, aigles, faucons, cacatoës noirs, blancs et gris, perroquets et perruches aux plumages nuancés de toutes les couleurs, hérons, perdrix, pigeons, tourterelles, gobe-mouches, loriots, etc.

Les tribus qui peuplent l'Australie appartiennent au type le plus commun et le plus dégradé de la race mélanésienne. S'il est possible d'avancer une hypothèse, ce continent a dû recevoir sa population des terres de la Nouvelle-Guinée, par le détroit de Torrès. Ces sauvages, d'écueil en écueil et d'île en île, seront parvenus sur les plages ingrates de la Nouvelle-Hollande, et là, privés de végétaux nourriciers de la patrie primitive, astreints à la vie de chasseurs nomades, souffrants, malheureux, ils s'étiolèrent et descendirent au dernier degré de l'échelle des êtres.

Toute notion d'agriculture est demeurée étrangère à l'Australien, qui est petit de stature et d'un physique chétif. Les extrémités sont grêles et disproportionnées avec le reste du corps. Le ventre est souvent proéminent, le front comprimé, le nez épaté. Les narines sont évasées, les yeux enfoncés et petits, la bouche très-large, les mâchoires saillantes, la barbe noire, touffue et hérissée. La couleur varie depuis le jaune ou cuivre foncé jusqu'au noir assez prononcé. Les cheveux sont tantôt longs et lisses, tantôt noirs et crépus, le plus souvent ébouriffés et frisés : mais ils ne sont jamais vraiment laineux.

Jeunes, les femmes ne sont pas très-désagréables à voir. Leurs formes, souples et légères, ont même une certaine grâce sauvage. Mais, dans leur vieillesse, ce sont les créatures les plus hideuses qu'on puisse imaginer.

Les Australiens sont fort agiles à la course. Ils grimpent à la cime des arbres avec la rapidité d'un chat. Leur vue est perçante, leur ouïe fine et subtile, leurs dents belles et bonnes. L'huile de poisson est en grand usage parmi eux. Ils s'en frottent le corps, ce qui leur donne une odeur repoussante. Souvent ils placent les entrailles des poissons sur leur chevelure et laissent à l'ardeur du soleil le soin de les fondre. L'huile qui dégoutte de la sorte sur tout leur corps sert du moins à les garantir des piqûres des moustiques.

Un des premiers navigateurs qui pénétrèrent dans l'Australie rend compte de l'impression qu'il subit en présence d'un naturel de ce continent, de la façon suivante :

« Je vis un objet qui ne pouvait, en aucune manière, passer pour un homme. C'en était un cependant, qui ne montrait alors que la partie dorsale. Dans cette position, on l'eût pris pour une peau de bête étendue au soleil. Sur un appel des matelots, cet objet se tourna de notre côté. Rien de plus hideux au monde. Qu'on se figure une grosse tête garnie de cheveux ébouriffés, avec une face plate, élargie transversalement, des arcades sourcillères très-saillantes, des yeux d'un blanc jaunâtre très-enfoncés, des narines écrasées et écartées, des lèvres charnues, des gencives blafardes et une bouche énorme. Qu'on y ajoute un teint de suie jaunâtre, un corps maigre et grêle. Encore le spécimen que j'avais sous les yeux n'était-il pas un des êtres les plus disgraciés de cette race. »

Nous avons dit quelque part que la Nouvelle-Zélande est située à l'est de l'Australie, dont elle est séparée par un large canal de plus de cent lieues marines.

Les îles Solander, deux rochers stériles, écueils redoutables, servent de point de reconnaissance à l'entrée du détroit de Faveaux. Ces écueils dépassés, la grande terre s'offre aux regards des navigateurs.

C'est la pointe de Tavaï-Pounamou, se composant de montagnes escarpées d'une grande hauteur, dont quelques-unes demeurent couvertes de neige. Le sol paraît âpre, mais nullement stérile. L'œil distingue à travers ces déchirures profondes de vastes espaces boisés, vallons ou plateaux.

On ne peut se faire une idée de l'aspect silencieux et solitaire des rivages de la grande baie de Dusky. A peine quelques oiseaux se font-ils entendre sous les voûtes muettes des arbres, et si l'on n'apercevait çà et là des taillis à demi coupés, on pourrait croire que l'homme n'a jamais mis le pied sur cette terre.

Ce ne sont plus les merveilleux paysages de la Polynésie, où les palmiers, les bananiers, les pandanus déploient leurs formes élégantes et caractéristiques; ce n'est pas non plus la flore de l'Australie, si riche et si variée, quoique dépourvue de fraîcheur.

Sur les bords de la baie de Dusky, la nature végétale prend un aspect sombre et sévère. Le règne animal y offre beaucoup de ressources; les forêts abondent en poules d'eau, et la pêche donne une profusion de poissons savoureux.

Ce fut le capitaine Cook qui donna le nom qu'elle porte à cette baie, à cause d'une cascade curieuse qui se trouve à son entrée, sur la côte méridionale.

Une colonne d'eau de quinze à vingt pieds de volume tombe d'un rocher vertical, haut de cinquante toises. Au quart de cette hauteur, cette colonne, venant attaquer une saillie du roc un peu inclinée en avant, se transforme en une nappe limpide et transparente de quinze toises de largeur. Dans la chute, les eaux s'éparpillent, bouillonnent, se brisent sur le roc, ou jaillissent en prenant mille formes diverses, jusqu'à ce qu'elles viennent se réunir dans un superbe bassin de cinquante toises de circuit.

« Nous étions en observation, dit un voyageur, quand nous aperçûmes une pirogue chargée de sauvages. Ils vinrent à nous en poussant de grands cris de joie, et bientôt ils nous tendirent la main. Les chefs frottèrent gravement leurs nez contre les nôtres, puis ils nous conduisirent auprès de leurs foyers. Ce fut à la lueur des flammes que j'examinai ces insulaires. C'était bien là le type polynésien, que je revoyais, mais plus mâle, plus énergique que je ne l'avais trouvé à Tonga, et même à Hamoa. Quelques hommes surtout se faisaient remarquer par leur bonne mine. Leurs figures étaient presque entièrement couvertes par un tatouage composé de dessins réguliers, profondément gravés dans la peau. A part l'effet produit par la difformité de leur couleur cuivre jaune, leurs traits ne manquaient pas de distinction. Grands et bien faits, leurs mouvements accusaient la vigueur et l'agilité. Plusieurs des chefs portaient d'élégantes nattes de *phormium-tenax,* cette plante textile dont nos jardins s'enorgueillissent depuis plusieurs années.

» Il y avait là aussi quelques femmes qui pouvaient passer pour jolies à cause de leur fraîcheur et de leur jeunesse. Bien faites, elles étaient néanmoins au-dessous des femmes de Tonga, pour la régularité des traits, pour la souplesse des formes, et surtout au point de vue de la propreté.

» Ces naturels nous offraient de bon cœur de partager les vivres qu'ils avaient devant le foyer, pommes de terre, racines de fougères, poisson desséché, etc. Ils nous répétaient sans fin, d'un air amical :

» — *Ka paï!... ka paï!...* ce qui veut dire : C'est bon!...

» Pour rendre politesse pour politesse, nous leur donnâmes à boire de l'excellent rhum.

» *Kawa!... kawa!... ha-kino!* . Fort, fort, mauvais! »

Je n'entre pas dans plus de détails sur la Nouvelle-Zélande, l'espace ne le permet pas.

Mais cette rapide esquisse donne quelque peu l'idée des contrées vers lesquelles naviguait *le Cosspatrick*, avec son chargement d'émigrants, lorsqu'il avait été arrêté soudain et détruit par l'horrible incendie que vous savez.

Vue de Sidney.

## EXPLORATIONS DES COTES DE L'AUSTRALIE
### ET DE CELLES DE LA NOUVELLE-ZÉLANDE

Lorsque, dans les derniers jours de juin 1867, raconte M. Dutrieux, *le Casoar* jeta l'ancre dans le port du roi Georges, le premier aspect de cette terre me frappa. La végétation de la Nouvelle-Hollande ne trouvait aucune analogie dans mes souvenirs. Je n'apercevais sur des coteaux dénudés que des arbustes maigres, d'une teinte triste et pâle.

Près de l'endroit où nous avions pris terre, glissait, entre les herbes et les broussailles, un petit courant d'eau formant une aiguade assez commode. En le suivant, nous atteignîmes le sommet d'une presqu'île, où nous trouvâmes plusieurs troncs de kingia et de xanthorrea, aux longues feuilles linéaires, réunies en touffes épaisses et retombant en dehors sous la forme d'une coupe antique. De ce petit promontoire, nous eûmes la surprise de découvrir le plus admirable paysage. C'étaient des étangs paisibles bordant la plage;

puis d'élégants massifs d'arbustes superbes; des dunes d'un sable d'une éblouissante blancheur; des îles verdoyantes; des îlots rocailleux, et cent autres curiosités de nature.

En descendant le revers opposé, notre guide se prit à pousser deux ou trois cris étranges et perçants : *kou-hi! kou-hi!* auxquels on répondit par des *kou-hi!* à peu près sur le même ton. Ces cris partaient de quelques cases que nous aperçûmes bientôt au pied de la colline, dans un petit bocage, au nombre de quatre ou cinq. Près de ces huttes étaient assis deux insulaires. L'un d'eux, d'une cinquantaine d'années, s'avança vers moi et me présenta un couteau fabriqué avec quatre dents en scie. En retour, je lui offris un petit couteau de pacotille, dont il parut enchanté. L'autre sauvage, plus vigoureux et plus jeune, mais non moins hideux, était resté accroupi près du foyer, s'occupant bien plus de sa cuisine que de notre visite. Cette cuisine se composait de petits poissons, de coquilles, de lézards, de minuscules serpents, etc. Mais c'était pour la forme qu'il semblait vouloir faire cuire ces aliments, car un lézard ayant paru à sa portée, l'Australien le saisit, l'exposa un moment à la flamme de son foyer brûlant en plein air, et le croqua à belles dents.

Les cases les plus belles parmi celles que nous avions sous les yeux, peuvent se comparer à une ruche coupée en deux par un plan vertical, ayant trois ou quatre pieds de rayon. La charpente se composait de menues branches, et des feuilles de xanthorrea la couvraient, comme ferait un toit de chaume. L'unique meuble de ces huttes était une large pierre placée sur le devant. Sur cette pierre, les sauvages broient l'ocre rouge dont ils se peignent le visage et tout le corps dans leurs jours de toilette. Le plus vieux des deux indigènes me montra un morceau de cette ocre, qu'il nomma *boïel*. Il en râcla avec l'ongle du pouce une poudre qu'il recueillit dans la paume de la main, et dont il se peignit la figure avec une certaine symétrie : puis, se rengorgeant, il eut l'air d'avoir grandi beaucoup dans sa propre opinion par suite de cette mise en couleur. Le malheureux n'en était pourtant ni plus beau ni plus propre. Aussi trouva-t-il en moi un homme complètement insensible aux charmes de la toilette indigène.

Au-delà de ce triste hameau, nous trouvâmes une petite prairie naturelle que coupait un torrent limpide : puis, devant nous s'ouvrit une forêt composée d'eucalyptus, de banksias, de casuarinas, etc., dont quelques-uns atteignaient de grandes dimensions. Ces lieux, quoique déserts et étrangers à toute espèce de culture, sont d'un accès facile. On y marche sans peine et sans danger, et une foule de sentiers naturels s'y forment par suite de l'usage qu'ont les Australiens de mettre le feu aux herbes, dès qu'elles sont sèches, pour déblayer le sol, faciliter la chasse des kangurous et des autres animaux qui servent à leur nourriture. Ils allument ces incendies avec des cônes de banksias enflammés, qu'ils portent avec eux, autant pour se chauffer que pour avoir toujours du feu, sans recourir au procédé fatigant de la friction de morceaux de bois sec. Ces cônes restent très-longtemps allumés sans se consumer. Le vieux sauvage, que nous avions trouvé dans le hameau, tenait à la main, outre sa lance et son bâton, un de ces cônes, et s'amusait, de temps à autre, à enflammer des broussailles, pendant que nous cheminions.

Comme nous marchions le long des étangs d'eau douce, dans un espace couvert de roseaux et d'herbes paludéennes, un bruit assez fort, suivi de coups périodiques et sourds, comme celui que produit un corps pesant tombant sur le sol, vint frapper mon oreille. Pendant quelque minutes, je regardai çà et là sans rien voir. Puis, j'aperçus une tête assez menue qui s'élevait au-dessus des roseaux, et s'éloignait comme en bondissant. C'était un kangurou. Je l'ajustai de ma carabine, et je tirai : mais l'animal était déjà loin. Notre guide me fit entendre qu'il était fort difficile de le tuer ainsi.

« Quand nous chassons les kangurous, me fit-il comprendre par une pantomime très-expressive, nous avons soin de les cerner de manière à ce qu'ils passent à la portée de nos lances. »

Ne pouvant tuer de kangurous, je pris ma revanche sur les canards qui peuplent les étangs.

A quelques jours de là, malgré une tempête qui régnait, je partis avec quatre sauvages, pour chasser de nouveau le kangurou. Nous gagnâmes un marécage où nous savions qu'il devait se trouver de ces mammifères. En approchant du gîte, ils eurent soin de conserver le vent droit au milieu du visage : puis, à une certaine distance, ils me firent signe de m'arrêter. Alors ils se dépouillèrent des loques qui les couvraient et continuèrent à s'avancer à pas de loup, rampant sur les pieds et sur les mains, et ne bougeant plus dès que le vent cessait. Si le kangurou inquiet, étonné, se tournait par hasard vers eux et les découvrait, ils restaient immobiles et comme morts. Après avoir fait ce manége pendant dix minutes, ils ne se trouvèrent plus qu'à quelques pas de l'animal et lui lancèrent tous leurs sagaies. Une des sagaies le blessa à l'une des pattes, une autre à la tête. L'animal tomba et fit encore quelques bonds : mais se précipitant sur lui, les sauvages l'achevèrent à coups de marteau sur la tête. Au moment où je m'approchai d'eux, le kangurou était déjà dépecé, les chasseurs ayant songé tout d'abord à en enlever les parties les plus recherchées et les plus utiles.

L'un d'eux arrachait de la mâchoire inférieure les deux dents de devant, qui servent à garnir les pointes de leurs lances. Un autre s'étant saisi de la queue, en avait coupé le bout avec les dents et en retirait les fibres nerveuses. Ces fibres, qu'ils roulent autour d'un bâton pour les faire sécher, leur sont fort utiles, soit pour coudre leurs manteaux de peaux, soit pour attacher les pointes de leurs lances.

Mes sauvages se rendirent ensuite à leur camp, portant leur proie en triomphe, et la tribu entière les accueillit par des cris de joie. J'eus, pour ma part, un morceau du derrière de l'animal. Hachée et cuite à l'étuvée, avec un quartier de porc, cette viande fait une assez bonne nourriture, qui ressemble à la chair de lièvre.

Le peu que je viens de dire des Australiens vous laisse à penser que les naturels de ce continent ne sont déjà plus aussi féroces qu'ils l'étaient quand on fit la découverte de leur continent.

Vers 1831, la même race d'hommes, chétive et farouche, que nous venons de visiter, occupait aussi les terres du cap Jervis, séparé de l'île des Kangurous par un simple canal de deux ou trois lieues. Mais à cette époque, leur cruauté naturelle avait causé la mort d'un brave officier anglais, M. Barker, victime de son amour pour la science. Le capitaine Barker, de retour d'une mission au port du Roi-George, voulut résoudre une question géographique, et, pour cela, il fallut gravir la cime du mont Lofty, à deux mille deux cent cinquante pieds au-dessus du niveau de la mer, non loin du port Western. Ce qui le surprit le plus sur le plateau de cette montagne, ce fut l'énormité des arbres qui le couronnaient. L'un des trois ne mesurait pas moins de quarante pieds de circonférence.

Le capitaine et sa suite passèrent la nuit sur le sommet de la chaîne, près d'un grand bassin qui ressemblait à la bouche d'un cratère. D'énormes fragments d'un granit grossier et grisâtre s'y trouvaient amoncelés dans le plus effrayant désordre. Les parties culminantes de toute la portion septentrionale de la chaîne du Lofty proviennent de cette formation volcanique.

D'une autre éminence, Barker, découvrant le lac Alexandrina et le canal par lequel il communique à la baie Encounter, voulut ensuite mesurer la largeur de ce canal en le traversant à la nage. On lui attacha la boussole sur la tête; il se déshabilla et partit. En dix minutes il était sur l'autre rive. Gravissant alors la berge, il descendit du côté opposé. On ne le revit plus, hélas! et, sans une femme du pays, qui était au service des pêcheurs anglais, on n'aurait jamais su ce qu'il était devenu.

Voici les détails de la catastrophe que l'on tient de cette insulaire.

D'après elle, M. Barker, après avoir gravi une première dune, se dirigea sur une autre située à une grande distance. Ce fut dans ce trajet que trois sauvages, qui s'en allaient des bords de la mer vers le campement de leur tribu, aperçurent cet étranger. Ils le suivirent d'abord, n'osant l'accoster, retenus par la crainte que leur inspirait l'instrument qu'il portait. Mais alors, le capitaine, voyant des hommes décidés à l'attaquer, chercha à leur inspirer quelque confiance et à les calmer. Puis, aimant mieux les prévenir, il s'élança sur l'un d'eux. Son attaque ne fut pas heureuse. Il ne fit aucun mal à son antagoniste, tandis qu'un des sauvages lui lança une sagaie qui l'atteignit à la hanche. Pour se sauver des mains de ces trois assaillants, Backer se jeta dans la mer et courut à travers les brisants. Il y reçut un coup de lance dans l'épaule, puis un troisième au milieu de la poitrine. Tombé dans l'eau sur son séant, il y fut achevé à coups de sagaies. Il en reçut plus de cent. Après quoi, les sauvages traînèrent son cadavre par les jambes sur les récifs, et enfin le plongèrent dans l'eau profonde, où la marée le prit et l'entraîna au large.

Suivant la femme qui donna ces détails, les trois Australiens, en tuant le capitaine Barker, n'eurent d'autre but que celui de s'assurer si l'on pouvait tuer un homme blanc.

Cependant *le Cascar* quittant le mouillage, donna bientôt dans le passage de Backstaire, entre le cap Jervis et l'île des Kangurous. Puis il gouverna vers le détroit de Bass.

Dans cette traversée, plus d'une fois le brick longea la côte, qui se montra généralement basse, sablonneuse, et d'un triste et morne aspect. De temps à autre, des brumes épaisses la dérobaient à nos regards.

Nous doublâmes ensuite la pointe du cap Otway, composée de mornes et de hautes falaises boisées, vertes, et plus gracieuses qu'aucune des terres aperçues jusque-là.

Le soir même nous étions mouillés dans le port Western, sur la partie nord de l'île Phillip, non loin du lieu où expira Barker.

A l'instant même, je voulus faire une excursion sur les bords de la crique profonde qui échancre les terres de cette île. Tant que je me tins sur la grève même, je pus marcher tout à l'aise sur un sable fin et mouvant. Mais dès que je voulus pénétrer dans l'intérieur, une végétation d'arbrisseaux et de plantes buissonneuses me présenta une barrière tellement inextricable, qu'après avoir déchiré plusieurs fois mes vêtements, je me vis obligé de retourner sur les bords de la mer.

A marée basse, le rivage est bordé d'une couche de vase molle qui empêche de regagner les canots. Plus loin la grève se couvre de galets arrondis, noirâtres et lourds, qui, au premier abord, sembleraient provenir d'une formation ignée.

Il me fut plus facile de me promener sur la pointe de sable qui forme la partie occidentale de la baie.

De ce côté, c'est une belle plage, bordée par des dunes couvertes d'arbres de diverses essences. A l'intérieur, le paysage est magnifique. On peut choisir entre des pelouses charmantes, émaillées de fleurs variées, traversées par des sentiers bien battus, ou bien de beaux massifs d'arbres entre lesquels on peut s'égarer sans danger. A voir cette nature splendide, on croirait reconnaître le travail de l'homme. Mais non. Les misérables tribus qui habitent ces régions ne songent guère à l'embellissement de leurs campagnes. Le soin de leur nourriture est déjà une occupation suffisante. Il est même douteux que les petits sentiers que l'on trouve, se croisant en tout sens, soient l'œuvre des sauvages. On les attribue plutôt aux animaux qui, dans leurs pérégrinations, suivent ces différentes directions.

Dans un endroit de la plage assez éloigné, mes compagnons et moi nous aperçûmes trois ou quatre phoques de la plus grande taille, qui venaient s'ébattre et s'allonger sur les dunes. On courut vers eux. Mais, redoutant et prévoyant le péril, ces amphibies se rejetèrent et disparurent dans la mer avec un élan et une prestesse inimaginables, eu égard à leur masse.

Ces phoques appartiennent à l'espèce dite *otarie cendré*. Quand ils sont adultes, leur taille varie de sept à dix pieds de longueur. Ils ont une grosse tête, le front élevé, le museau court et carré, la lèvre supérieure dépassant l'inférieure. Leur pelage, en-dessus, est d'un gris cendré uniforme. Le menton, les aisselles et les deux côtés du corps sont roux, les membres postérieurs presque noirs, et les antérieurs d'un brun foncé tirant sur le rougeâtre. Les poils de la tête et du cou sont longs, rudes et grossiers.

Les jeunes phoques sont noirs et ont les poils très-soyeux. Leur tête est arrondie, et leur aspect est moins disgracieux qu'à un âge plus avancé. Au bout de quelques jours de domesticité, ils se montrent aussi familiers et aussi caressants que de petits chiens. Ils ont un bêlement qui approche de celui de la chèvre, et viennent recevoir leur nourriture de la main de celui qui les appelle.

Je fis plusieurs autres excursions sur cette plage, et notamment dans la partie orientale de la baie, où nous accostâmes, près de la passe de l'est, sur une belle grève sablonneuse. A notre arrivée, nous fûmes salués par le gazouillement d'une foule de philédons, hôtes habituels des arbres qui entourent cette partie de la côte. La plupart de ces arbres, excentriquement éparpillés à travers de riantes pelouses du plus beau gazon, appartenaient au genre banksia, encalyptus, casuarina, podocarpus, ceptospermum, etc. Le sol, dans tout le rayon, est mollement accidenté. On peut aller partout sans obstacle et sans peine.

Ces charmants rivages fourmillaient d'oiseaux appartenant au genre philédon, martin-pêcheur, coucou, perroquet, etc. En deux ou trois heures, il nous fut facile de faire une pêche abondante. Plusieurs kangurous s'enfuirent à notre approche, et parfois même ils s'élançaient d'entre nos jambes.

Près de la mer, nous trouvâmes une cinquantaine de huttes, plus ou moins détruites, entourées de traces de foyers et de débris de coquillages, preuves évidentes du séjour récent de sauvages. J'aurais été bien curieux d'en rencontrer, attendu qu'on les dit plus nombreux, mieux faits et plus civilisés que ceux d'autres cantons. Ils reconnaissent l'autorité de chefs qui s'ornent la tête de plumes de cygnes noirs, se peignent en rouge, blanc ou jaune, et se font porter sur les épaules de leurs sujets. Du reste, cette peuplade, fière de sa supériorité, déploie un caractère féroce et inhospitalier. Sa malpropreté dépasse tout ce qu'on peut imaginer en ce genre.

Trois jours après, *le Casoar* quittait le port Western. Il passa d'abord, le lendemain du départ, entre le promontoire Wilson, masse énorme de granit, qui termine l'Australie vers le sud, et l'île Redondo, cône imposant par sa forme, sa hauteur et son isolement, escarpé à sa base et couvert d'une riche végétation.

Nous vîmes, à vingt lieues de distance, les monts Warragongs, dont la chaîne domine toute cette partie de la côte, et que les Anglais nomment Alpes australiennes ou montagnes Blanches.

On rangea ensuite, d'assez près, le cap Howe, plage de sable sans verdure et sans eau; puis, plus loin, le mont Dromadaire, plus remarquable par sa forme que par sa hauteur, et dont la plage est une montueuse bande de sable : mais, à l'intérieur, l'œil découvrait des océans de verdure ombragés par des arbres magnifiques.

Il était rare, toutefois, que nous pussions voir nettement la terre. Le plus souvent, des brumes intenses ou des tourbillons de fumée, provenant des incendies habituels à tous les Australiens, qui brûlent les fougères de leurs plages, nous en dérobaient totalement l'aspect et la configuration.

Le 30 juillet, au matin, en montant sur le pont, je fus surpris de trouver notre brick à l'entrée d'une passe assez étroite, bordée de chaque côté par des falaises escarpées, noirâtres et tristes au regard Sur la gauche, se dressait un phare élégant et élevé, qui aurait trahi à l'instant même la civilisation anglaise, quand même un pilote monté à bord et dirigeant le navire n'eût pas mieux encore rappelé les coutumes d'Europe. Quand nous eûmes dépassé ce chenal, nous vîmes s'ouvrir et s'agrandir devant nous un immense bassin, capable de contenir à la fois toutes les flottes du monde. Ces bords sont agréablement accidentés de criques, de calangues et de pointes. C'est un magnifique lac salé. Sur la droite, le sol est en majeure partie sans cultures : il offre quelques bouquets d'arbres et un vêtement de fougères arborescentes. Mais, sur la gauche, se déroule toute une colonisation agricole : des villages, des maisons de plaisance, des métairies, le tout avec un aspect d'aisance et de richesse.

On arrive à Sydney-Cove, la grande cité anglaise de l'Australie.

Rien d'étonnant désormais de la part de cet immense et merveilleux panorama d'art et de nature.

Sydney, ai-je besoin de le dire, est une ville européenne, plus européenne que tout ce que j'avais pu voir dans les mers de l'Inde. Vaisseaux, forts, magasins, ville, rues, maisons, tout rappelle l'Angleterre.

On croirait être mouillé dans un port de la Manche.

Nous étions donc à Port-Jackson, et il s'agissait de me trouver un logement dans la ville de Sydney.

Cela ne fut pas long. Deux heures après, j'étais installé dans George-Street, et l'hôtel qui me donnait asile n'était pas plus exagéré dans ses prix que ceux du second ordre, à Londres.

Voici que j'apprends que les domestiques qui me servent et les hommes de peine qui font mes commissions sont tous des repris de justice... en Angleterre : et pourtant, je suis mis à même de m'assurer que les délits ne sont pas plus fréquents à Port-Jackson que dans nos contrées les plus civilisées de l'Europe.

Quelques heures de promenade dans Sydney m'eurent bientôt fait connaître cette ville, dont la plus grande merveille est son existence. Comme la plupart des maisons y sont éparpillées, isolées entre cour et jardin, elle occupe un immense espace. Les maisons n'y ont guère plus d'un ou deux étages. Les rues sont, pour la plupart, bien alignées, d'une belle largeur et assez bien tenues. Comme elles ne sont point pavées, la poussière y est quelquefois incommode. La boue y est rare, grâce à la sécheresse presque constante du climat. La principale rue est George-Street : elle ne compte pas moins d'un mille de longueur. Elle est coupée par intervalles à angles droits par des rues transversales, tandis que d'autres rues courent dans un sens parallèle. L'eau dont usent les habitants provient de puits ou de citernes creusés dans le roc. La ville n'est traversée que par un mince ruisseau, qui prend sa source dans un marais voisin, et dont les eaux sont bientôt infectées par des immondices de toute sorte.

La partie de Sydney située sur la bande orientale du Port-Jackson renferme la plupart des édifices publics et des habitations des riches particuliers. Dans le nombre, on distingue le palais du gouverneur, résidence agréable et commode entourée d'un vaste parc, de jolies promenades et de bosquets délicieux.

Je ne me contentai pas de connaître Sydney : je tenais à pousser mes excursions vers les points les plus remarquables de la Nouvelle-Galles du Sud. Je visitai tout d'abord Parramatta. Deux chemins y conduisaient, l'un par mer, l'autre par terre. J'usai de l'un et de l'autre, de l'un pour aller, de l'autre pour revenir.

Partis de bonne heure, avec le flot, nous doublâmes la pointe Dawer, au-delà de laquelle se déroulèrent entièrement devant nous le quartier des Rocks, le havre Derbing, et puis de délicieux cottages disséminés sur la côte. Quand nous fûmes en face de l'un d'eux, le batelier, jusque-là taciturne, s'écria en poussant un soupir :

— Ici était le cottage du pauvre William Bardley...

Au ton de cette exclamation, je jugeai qu'il y avait là-dessous quelque drame. J'interrogeai mon homme.

— William Bardley n'était ni un capitaine, ni un lord, ni un gouverneur, me dit le batelier, c'était tout bonnement un pauvre vieillard qui gagnait sa vie à l'aide de son travail. Des gentilshommes de Sydney s'arrêtaient de temps à autre pour causer avec lui, car le vieux Bardley était gai, spirituel et bavard. Un jour, on remarqua l'absence de Bardley et on s'aperçut que sa maison était fermée. Au bout de quelques jours, le cottage restant clos, on pénétra dans l'intérieur. Que vit-on? Une porte forcée, une maisonnette vide de meubles, tout était dévasté. Un chien seul restait, étendu sur le plancher et rongeant un os. Hélas! c'était un os humain, car William Bardley avait été assassiné, et son chien se nourrissait de ses membres. Mais où était le cadavre? On affama le chien, qui, pressé par la faim, se rendit au lieu où l'infortuné vieillard avait été enterré. On l'exhuma, mais cela n'avança pas la justice. On ne put rien découvrir, et l'assassin se promène certainement dans Sydney, pendant que nous pleurons la mort de sa victime.

Après Parramatta, situé dans une plaine fertile et verte à ravir, mais entourée de coteaux qui concentrent les rayons du soleil et y produisent une excessive chaleur, par laquelle sont bientôt dévorés tapis verts, bosquets en fleurs, coteaux riants, je quittai les casernes de cette ville, ses deux églises, et l'hôtel de la Toison-d'Or, pour aller étudier et visiter Windsor.

Après Windsor, ce fut le tour de Liverpool, dans le district de Bringelly, que borde à l'ouest la chaîne des montagnes Bleues.

Pour la grandeur, Liverpool vient immédiatement après Windsor. Elle est située sur le George-River, qui va se jeter à la mer à Botany-Bay.

A notre retour à Sydney, comme nous approchions de l'hôtel, nous vîmes la porte assiégée par une demi-douzaine d'individus, dont l'un était remarquable par son chapeau garni de torsades et surmonté d'une longue plume noire, par une longue redingote bleue à brandebourgs, etc., le tout en haillons. Sur la poitrine du personnage brillait une large plaque en cuivre. Les compagnons de cet homme n'avaient pour vêtements qu'une chemise déchirée ou un caleçon troué.

— Que font là ces mendiants, dis-je à mon guide, et quel est le grand estafier qui semble leur chef?

Le guide éclata de rire.

— Quoi! dit-il, vous ne connaissez pas notre roi Boungari?

Je fis un signe de tête négatif.

— Boungari est le chef de la tribu à qui appartient le territoire de Sydney. C'est vous, sans doute, qu'il vient voir. Un étranger n'arrive pas à Sydney qu'il ne se croie tenu à le saluer pour en recevoir un présent. C'est une charge pour l'étranger, mais elle a son côté curieux, et d'ailleurs elle est peu coûteuse. On contente Boungari avec un peu de brandy. Regardez : dans cette robe en loques, voici à ses côtés sa majestueuse et noble épouse, et derrière eux cinq ou six gentlemen qui constituent les principaux officiers et les chefs les plus vaillants de la tribu de Gouïa-Gal. Sans doute, à l'arrivée du *Casoar*, Boungari était absent; mais aujourd'hui le voilà qui se rend à son devoir...

En effet, à peine avions-nous mis pied à terre, que l'illustre Boungari s'avança vers moi, me tira son chapeau et me fit de profondes salutations que je lui rendis gravement. Ensuite il me félicita sur ma bienvenue, insinuant avec assez d'adresse que, comme roi du pays, il avait lieu de compter sur ma générosité.

Le guide m'ayant soufflé ma leçon, je fis la sourde oreille. Alors S. M. précisa sa demande et borna ses prétentions à une bouteille de brandy, sa chère eau-de-vie.

— Demain, lui dis-je.

— Non, tout de suite; eau-de-vie tout de suite!

Et en parlant ainsi, quelle bouderie noire sur son visage!

Alors, je lui tendis une piastre. Coup de théâtre! Rayonnant de joie, Boungari se mit à gambader seul d'abord; puis, donnant le signal à la moricaude, sa femme, et à sa troupe, il exécuta une danse en grand, qui formait le plus singulier tableau.

Cette danse consistait en une sorte de marche qui procédait par sauts et par bonds, brusques et pesants, de manière à imiter la course du kangourou. Ensuite, s'approchant de moi et me serrant la main avec la plus grande cordialité, il me déclara qu'il était, lui et son épouse, tout-à-fait à mon service.

Nous montâmes dans mon appartement, où je lui fis apporter un verre d'eau-de-vie, qu'il avala sans sourciller, mais non sans nous avoir fait à l'un et à l'autre un profond salut, en inclinant sa tête presque jusqu'à terre. Malgré son avidité pour le liquide brûlant, il eut l'attention d'en laisser un doigt environ au fond du verre, destiné à son auguste moitié, qui l'avala aussi tranquillement que si c'eût été du lait.

Boungari m'apprit alors que, prochainement, devait avoir lieu la cérémonie du *gna-loung*, en même temps que celle des *kerredais*, parmi les tribus qu'il commande, et il m'offrit de me faire assister à ces fêtes, dont l'importance qu'il se donnait était doublée à ses yeux par les préparatifs.

Quand les Australiens furent partis, je regardai le guide, qui me dit aussitôt :

— Ces êtres tiennent de la brute autant et plus que de l'homme. Voilà quarante ans qu'ils vivent en face de la civilisation européenne, et ni les intentions philanthropiques des colons ni les prédications des missionnaires ne peuvent les amener à bien.

Boungari tint parole et vint me chercher au jour dit. Vers neuf heures du matin, des cris perçants et bizarres m'annoncèrent l'arrivée de sa bande. Je me mis à la croisée, et je vis se présenter une douzaine de sauvages, peints de blanc, de noir et de rouge, à la tête desquels marchait gravement Boungari. Ce dernier monta seul chez moi : il renouvela ses salutations, mais d'un air bien plus leste et plus dégagé que précédemment. Il paraissait pénétré de sa dignité de chef de tribu. Il n'y avait plus rien chez lui de l'humble mendiant sollicitant du gin. Décrassé, le visage et le corps barbouillés d'ocre rouge, il avait meilleure façon et semblait rajeuni de vingt ans. Je lui offris un verre de rhum, mais il n'en but que la moitié, me faisant signe qu'il devait ménager sa tête pour les combats qu'il allait avoir à soutenir. Puis il m'engagea à me hâter, car ses guerriers l'attendaient et semblaient s'impatienter à l'idée d'entrer les derniers dans la lice.

Nous suivîmes donc, le guide et moi, la troupe sauvage à quelques pas de distance. Elle se composait d'à peu près vingt hommes, qui marchèrent assez paisiblement tant qu'ils se trouvèrent dans l'enceinte de la ville. Mais une fois dans la campagne, ils commencèrent leurs parades, tantôt courant avec précipitation et serpentant à travers les broussailles, tantôt s'arrêtant tout-à-coup pour exécuter une danse nationale. Ainsi gambadant et bondissant, ils arrivèrent sur un petit plateau qui domine les rades de Port-Jackson et de Botany-Bay. C'était un vaste espace dégagé de buissons, qui semblait parfaitement disposé pour les joutes des Australiens. Déjà nombre de tribus se trouvaient campées dans les bois environnants. Quand nous arrivâmes sur le champ clos, la troupe de Boungari exécuta certaines parades, dont le but semblait être de défier leurs ennemis et de s'exciter au combat. Ce préliminaire accompli, elle se retira pour céder la place à d'autres, qui en firent autant.

Bientôt, à un signal, toutes les tribus sortirent des broussailles, et cheminèrent vers l'arène par bandes de quinze à vingt hommes, chacun d'eux armé de lances, boucliers, casse-têtes et *womerangs*. Pour nous servir de cicerone, Boungari avait placé à nos côtés un de ses sujets, qu'une blessure grave empêchait de prendre part à l'affaire. Ce fut lui qui tour à tour nous signala les noms des tribus qui entraient en lice : Sydna, Parramatta, Emu, Botany-Bay, Windsor, Illawara, Marrigong, Morrumbidji, et une foule d'autres. Tous les guerriers étaient ornés de dessins rouges, blancs et noirs. Chaque tribu se distinguait par la forme et la disposition de ces peintures.

Parmi tous ces guerriers, je distinguai particulièrement ceux de Marrigong, qui étaient presque tous des hommes petits, il est vrai, mais agiles, vigoureux, dont les membres charnus et bien proportionnés contrastaient avec les formes émaciées et grêles des naturels du littoral. Les peintures figuraient sur leurs poitrines des espèces de cottes de mailles, et n'ajoutaient pas peu à leur attitude martiale.

Les scènes commencèrent vers midi.

Un jeune homme, d'une figure farouche, vint se placer au milieu de l'arène. Seul et nu, son arme unique était un bouclier en bois, étroit et long. Ce champion était connu. Dans un combat singulier qui avait eu lieu quelque temps auparavant, entre lui et un membre d'une tribu voisine, il avait lâchement assassiné son antagoniste, au moment où il ramassait son casse-tête.

C'était un acte qui criait vengeance. Le vainqueur ne l'attendit pas; il s'enfuit vers les bois. Mais fatigué de sa vie misérable, il reparaissait cette fois, et venait s'offrir à une punition publique. Cinq amis du défunt devaient, tour à tour, lui décocher six lances, à quinze pas de distance. C'était la première épreuve. Il s'en tira admirablement : avec son bouclier, et un léger mouvement de corps, il para tous les coups. La seconde épreuve était d'éviter les sagaies lancées toutes à la fois et à diverses reprises. Deux volées furent évitées par le patient, mais, à la troisième, une lance le toucha à la cuisse. Un cri général suivit cet accident. Les amis du blessé intervinrent, et quoique les champions du mort voulussent pousser plus loin la vengeance, il fut décidé que la réparation était suffisante. Alors, le blessé se retira parmi les siens et y fit panser ses blessures.

Après cette première scène, cinq femmes parurent et furent placées en demi-cercle, munies chacune d'un bâton court; puis survinrent et se mirent un peu à l'écart trois hommes ayant chacun un bouclier. Tous ces individus étaient collectivement accusés d'un meurtre commis sur un naturel d'une tribu voisine. La punition des femmes consistait à recevoir un certain nombre de coups de bâton sur la tête. Mais, pour quatre d'entre elles, les exécuteurs se contentèrent du simulacre, car elles présentaient leur bâton en travers de leur front, et les hommes déchargeaient là-dessus leur casse-tête.

La cinquième n'en fut pas quitte à si bon marché. Elle tendait bien son bâton, comme les autres : mais, esquivant la parade, l'exécuteur lui portait sur la poitrine un coup si violent que, chaque fois, elle était renversée. Cette femme, paraît-il, était plus sérieusement incriminée que ses compagnes.

On passa ensuite aux hommes. Une douzaine de naturels se placèrent à quinze ou vingt pas d'eux, et leur décochèrent successivement des sagaies qui furent parées avec la plus grande habileté. Ces traits étaient pourtant ajustés avec une précision remarquable. Plus d'un s'enfonça d'un pouce ou deux dans les boucliers d'écorce, et les autres allaient se ficher sur le sol à trente pas plus loin. Un naturel, posté près des accusés, renvoyait ces lances à leurs propriétaires. D'autres fois, les coupables les renvoyaient eux-mêmes, et ils y ajoutaient quelques railleries sur la maladresse des tireurs. Ces hommes subirent ainsi, sans accident, la décharge d'une cinquantaine de sagaies : après quoi, on les renvoya absous de l'accusation portée contre eux.

Tout-à-coup les Australiens, divisés en deux bandes, chacune de vingt-cinq hommes armés de lances et de boucliers, s'élancèrent les uns contre les autres. Ces deux bandes se portèrent des coups terribles. Quoique confus en apparence, ce combat avait un ordre et une précision étranges. Les combattants déployaient un sang-froid et une dignité vraiment admirables.

Boungari faisait partie de ce tournoi et y figurait avec la plus grande distinction. Il n'était pas un des moins agiles à décocher ses lances et à parer celles de ses adversaires. Seulement il fallait que les spectateurs, qui se trouvaient en nombre considérable, veillassent avec soin à leur sûreté, car, dans leurs évolutions, les deux troupes changeaient souvent de direction et semblaient s'inquiéter fort peu si leurs lances allaient ou non inquiéter les témoins de leurs prouesses. Il n'en résulta pourtant rien de fâcheux, quoique plusieurs sagaies fussent venues tomber à nos pieds.

L'engagement se prolongea ainsi pendant plusieurs heures. Mais nous n'en attendîmes point la fin.

Je préférai me faire conduire par mon guide, pour connaître les environs de la scène et toute la partie des bois où campaient les diverses tribus réunies sur ce plateau.

Je vis alors les cases qu'habitaient les femmes et les enfants. Ces femmes semblaient inquiètes du résultat de cette passe-d'armes ; elles désiraient retourner dans leurs solitudes, et craignaient que les chefs de ménage ne revinssent blessés. Toute cette belle moitié de l'espèce humaine d'Australie n'offrait que des physionomies désagréables. Les plus jeunes avaient toutefois des formes plus gracieuses, et leurs grands yeux noirs avaient quelque chose de touchant, malgré leur expression sauvage.

Dans la tournée que nous fîmes ainsi, je calculai qu'il pouvait y avoir, réunis sur ce point, cinq à six cents Australiens des deux sexes et de tout âge.

Le premier acte de cette fête était terminé, et la plupart des assistants faisaient leurs préparatifs de départ, quand un événement inattendu surgit tout-à-coup. De l'un des coins de l'arène partaient des cris aigus et déchirants. C'était une jeune femme que deux guerriers entraînaient de force vers le milieu du champ de bataille. La malheureuse résistait à tous leurs efforts. Elle se cramponnait aux arbustes et aux troncs d'arbres ; mais les deux sauvages, sans s'inquiéter de ses cris ni de la lutte, continuaient à l'entraîner violemment. Sa tête se heurtait aux cailloux et aux branches ; et le sang mêlé à ses larmes en faisait un objet digne de pitié. Un instant je voulus aller au secours de la pauvre créature.

— Gardez-vous-en bien ! me dit mon guide. C'est un mariage qui s'accomplit. La femme est peut-être d'accord avec ses ravisseurs, et l'un d'eux doit sans doute devenir son mari.

Mon guide n'avait qu'à moitié raison : des tiers allaient survenir.

Quand les deux ravisseurs se trouvèrent au milieu du champ clos, un troisième sauvage, proche parent de la femme, s'avança avec un air martial, comme pour disputer leur proie aux deux premiers. Ils s'arrêtèrent pour lui répondre, et déjà on se mesurait de l'œil, quand accoururent des sauvages des autres tribus pour arranger l'affaire.

Profitant de ce pêle-mêle, un Anglais, spectateur de la lutte, fond sur la femme, la saisit, l'entraîne, et écarte avec son bâton les insulaires qui la lui disputent. La jeune victime, de son côté, semble se prêter avec reconnaissance à l'intervention de l'Européen. Elle s'attache à son libérateur, et paraît fort heureuse d'échapper aux poursuites de ses ravisseurs. Ce fut à ce moment que la chose se compliqua. Forts de leur droit, les sauvages entourèrent en foule l'Anglais, et allaient peut-être lui faire un mauvais parti, si d'autres Anglais n'étaient venus à bout de le faire renoncer à sa folle entreprise. Le chevaleresque champion lâcha enfin la femme, mais à contre cœur, et celle-ci, ressaisie par les deux ravisseurs, fut remise sous la garde des guerriers de leur tribu, après quoi ils se postèrent de nouveau sur l'arène, dans une attitude de défi, ce qui amena encore quelques coups de lances.

Cette scène, inexplicable alors, ne s'éclaircit que plus tard pour moi. Voici le mot de l'énigme :

La tribu de Marrigong avait eu deux de ses jeunes filles enlevées par des guerriers de la tribu des environs de Sydney, et son honneur exigeait qu'elle prît à son tour deux filles appartenant à la tribu des ravisseurs.

C'était donc un incident préparé à l'avance. On avait désigné les filles à enlever, et le rapt devait être accompli en assemblée générale, afin que son authenticité lavât pleinement l'honneur de la tribu des Marrigong. Mais un artisan de Sydney, celui qui était intervenu dans la scène, avait déjà retiré chez lui l'une des deux jeunes filles,

Non content de cela, il prétendait prendre l'autre également. Or, c'était un outrage trop direct aux coutumes des sauvages, pour qu'il pût en venir à bout sans danger. Aussi l'opiniâtre fils d'Albion fut-il obligé de céder, et la belle dut-elle aller donner son cœur et sa main à l'homme que lui destinaient les lois de son pays.

Le plateau que nous occupions n'était pas éloigné de South-Head, distant lui-même de cinq à six milles de Sydney. On s'y rend par une belle route, bien battue, qui aboutit à un phare élégant, perché au sommet d'une haute falaise de grès, ce phare que j'avais aperçu, à mon arrivée, de la pleine mer.

Ce district n'a guère que des plantations insignifiantes. Çà et là se montrent quelques maisons de plaisance : mais le sol y est peu fertile et en grande partie couvert par les végétaux que la seule nature y a plantés. Grand nombre d'entre eux forment des bosquets d'une verdure agréable et offrent des fleurs élégantes et variées. Vers le milieu de la route, un sentier conduit à un plateau nommé Bellevue, d'où l'on découvre d'un côté la mer, de l'autre la contrée, à une grande distance.

Cette route de South-Head est pour les élégants de Sydney une promenade favorite. Le dimanche, elle se couvre de cavaliers et d'équipages qui poussent leur course jusqu'au pied du phare. C'est un bruit, un mouvement, une gaîté, un air de civilisation et d'opulence qui rappellent nos plus riches cités de l'Europe.

Le ponctuel Boungari m'avait promis le spectacle du *gna-loung* : il ne faillit point à sa parole. Nous allâmes, à deux milles de distance, assister à cette cérémonie bizarre.

Sur un terrain préparé à l'avance, les sauvages vinrent d'abord, dans leurs plus beaux atours, exécuter des danses et des joutes, par exemple, faire pirouetter leurs *womerangs*, singuliers projectiles qu'ils lancent à une hauteur considérable, lesquels womerangs, tournant et oscillant sans cesse, reviennent tomber auprès de ceux qui les ont décochés. Ce terrain, de vingt-cinq pieds de long sur seize de large, se nomme *you-lang*. Les préludes accomplis, parurent les *kerredais*, ou prêtres, auxquels est dévolu le privilége d'arracher les dents, car tel est le but de la cérémonie.

Ces kerredais appartiennent à la tribu de Kemmiraï. Arrivés sur le lieu de la fête, ils se placèrent debout et armés à l'un des coins de l'emplacement, tandis que les pauvres enfants destinés à subir l'opération se tenaient à l'autre extrémité, avec parents et amis.

La fête commença par l'entrée en scène d'une troupe d'hommes armés qui poussaient un cri particulier, et frappaient leurs boucliers et leurs lances, en soulevant autour d'eux des tourbillons de poussière. L'un d'eux, en arrivant auprès des enfants, se détacha de la troupe, enleva un des garçons, puis retourna près de ses compagnons, qui l'accueillirent par un cri, en faisant semblant de prendre l'enfant sous leur protection. Tous les bambins présents, au nombre de quinze, furent ainsi enlevés tour à tour et transportés à l'autre extrémité du you-lang, où ils demeurèrent assis, les jambes croisées, la tête basse et les mains jointes. Ils devaient passer la nuit dans cette position et sans prendre aucune nourriture.

Après avoir ainsi disposé leurs victimes, les kerredais accomplirent quelques rites mystiques. L'un d'eux s'étendit par terre et s'y roula, comme un forcené, jusqu'au moment où il fut délivré d'un certain os. Une foule de sauvages l'entouraient en poussant des cris et en le frappant sur le dos, comme pour l'aider à se débarrasser de cet os fâcheux. Après une suite d'efforts et de cris, le maniaque se retira épuisé de fatigue et baigné de sueur, mais feignant d'être délivré de toute souffrance. Cette jonglerie se répéta plusieurs fois, et, chaque fois, le kerredai montrait un os dont il s'était muni à l'avance. Cette parade n'avait lieu que pour persuader aux enfants qu'ils n'auraient pas beaucoup à souffrir, la douleur des kerredais, dans l'extraction de ces os, étant à déduire de leurs propres souffrances.

Le second jour, au lever du soleil, les enfants étant encore dans la posture qu'on leur avait imposée la veille, les kerredais se levèrent, et, au nombre de quinze ou seize, défilèrent plusieurs fois de suite autour du you-lang, en marchant à quatre pattes et imitant l'allure d'un chien. Un sabre de bois, passé derrière eux, et retenu par une ceinture, figurait assez bien la queue de l'animal. Chaque fois qu'ils défilaient devant les enfants, ils faisaient sauter sur eux la poussière avec les pieds et les mains. Cette figure avait pour but d'accorder aux petits êtres le pouvoir et la prééminence sur le chien, dont les qualités utiles se trouvaient ainsi signalées.

Peu après, arrivèrent deux sauvages, dont l'un portait un kangurou façonné avec des joncs et des herbes, et l'autre un paquet de broussailles. Malgré la légèreté du fardeau, l'un et l'autre semblaient en être accablés. Tous les deux se traînaient et s'arrêtaient de temps à autre, comme pour prendre du repos. Enfin, ils déposèrent leur charge auprès des jeunes garçons, et se retirèrent avec l'air d'hommes exténués de fatigue. Par cette nouvelle figure, on accordait aux enfants le droit de tuer les kangurous, dont la retraite était indiquée par les broussailles.

Cette scène fut suivie d'un long entr'acte, durant lequel les enfants restèrent toujours immobiles dans la même position. De leur côté, les kerredais s'étaient retirés à l'écart, pour s'ajuster derrière le dos une longue queue en touffes d'arbres. Puis, ils se rapprochèrent du lieu de la scène, en imitant la marche du kangurou, tantôt bondissant sur leurs pattes de derrière, tantôt s'arrêtant pour se gratter avec leurs pattes de devant. Deux indigènes armés les suivaient dans les broussailles, et semblaient épier le moment de les frapper avec leurs lances, tandis qu'un autre sauvage battait la mesure sur un bouclier à l'aide d'un casse-tête. Cette pantomime figurait la chasse au kangurou, et les acteurs chargés de représenter ces animaux remplissaient leur rôle avec un talent vraiment merveilleux.

Arrivée sur la place du you-lang, cette troupe grotesque défila devant les enfants, en continuant ses bonds et ses gambades. Après quoi, jetant au loin la queue d'herbes, chacun se saisit d'un garçon, le chargea sur ses épaules, et l'emporta au lieu où devait se jouer le dernier acte du drame.

A peu de distance, les enfants furent déposés à terre et réunis en un groupe qui devait se tenir debout, la tête basse et les mains jointes, dans l'attitude du plus profond recueillement. Derrière eux se placèrent plusieurs kerredais, la lance à la main. Devant, étaient deux troncs d'arbres, à douze ou quinze pas de distance l'un de l'autre. Sur chacun de ces troncs, s'assit un sauvage, tenant un autre homme sur ses épaules, et tous les quatre avaient les bras tendus en avant. Entre ces deux groupes assis, étaient plusieurs naturels couchés la face contre terre.

On fit marcher les enfants près de ces groupes, et comme ils approchaient, ceux qui étaient assis sur les troncs commencèrent à faire, avec les yeux, la bouche et toute la figure, les grimaces les plus hideuses. Les enfants furent ensuite promenés par-dessus les corps étendus à terre, et ces corps se tordirent comme des agonisants, en rendant un bruit sourd et lugubre. Cette scène avait pour objet d'aguerrir les enfants, et de les endurcir au spectacle des batailles.

Après ce nouvel épisode, la troupe entière, karredais et enfants, fit encore quelques pas : puis elle s'arrêta dans un endroit où les enfants furent de nouveau placés et assis l'un près de l'autre.

Munis de leurs lances et de leurs boucliers, les kerredais se rangèrent en demi-cercle devant eux. Au milieu et faisant face aux autres, se tenait le kerredai qui avait joué le rôle principal. D'une main il tenait un bouclier, et de l'autre un casse-tête avec lequel il battait la mesure. Au troisième coup, frappé par cette sorte de pontife, tous les kerredais agitaient leurs lances, les baissaient, et venaient en même temps toucher le centre de son bouclier, manœuvre qui produisait un effet assez curieux par sa précision. Elle était, pour les enfants, le symbole de l'usage de la lance.

Quand cela eut duré quelques minutes, les kerredais procédèrent à l'extraction de la dent, but principal de la réunion.

On débuta par un jeune garçon qui n'avait que dix ou douze ans, et qu'on plaça sur les épaules d'un naturel. Le kerredai qui devait opérer représenta un des os qui était censé avoir été extrait, la veille, du corps de l'un des prêtres. C'était une sorte d'instrument taillé en biseau, de manière à pouvoir couper la gencive à la racine de la dent. On coupe ensuite un *womara*, c'est-à-dire un bâton à jeter la lance, à huit ou dix pouces de son extrémité. On appliqua l'un de ses bouts sur la base de la dent, puis on la fit tomber en frappant avec une grosse pierre sur l'autre bout du petit bâton.

La dent partie, on emmena l'enfant à l'écart, où l'on travailla à raffermir la gencive avec des compresses : puis, on le revêtit du costume qu'il devait porter pendant plusieurs jours de suite. C'est une espèce de toge d'adulte, consistant en une ceinture à laquelle est suspendue une épée en bois. Sa tête est enveloppée d'un bandeau surmonté de bandelettes de xanthorrea, dont la blancheur tranche sur la couleur fuligineuse de l'enfant. La main gauche est appliquée sur la bouche, qui doit rester fermée tout le jour, sans que le petit sauvage puisse ni parler, ni manger.

Toutes ces petites victimes furent ainsi opérées tour à tour, pendant que les spectateurs criaient sans relâche à leurs oreilles :

— *Wah-wah!... Gaga!... Gaga!*

L'intention était de distraire de leur douleur et d'étouffer les plaintes de ces garçons. Mais cette précaution était inutile. Ils supportèrent tous l'opération avec un courage stoïque.

Le sang qui coulait des mâchoires ne fut point essuyé : on le laissa couler sur l'enfant et sur la tête de l'homme qui le portait sur ses épaules. Le nom de ce porteur s'ajoute ensuite à celui de l'enfant, ce qui établit entre eux une sorte de *parrainage*.

A la suite de ces épreuves, les enfants sont admis à tous les droits de la virilité, comme ils sont obligés d'en porter toutes les charges. Ainsi peuvent-ils user de la lance et du casse-tête, figurer de leur personne dans les combats, et enlever les filles dont ils feront choix pour leur femme.

Le gna-lang est donc une véritable initiation marquant le passage de l'enfance à l'âge adulte, institution qui ne s'est rencontrée jusqu'ici que chez des peuples avancés dans la civilisation.

Mes excursions aux environs de Sydney me fournirent aussi l'étude des mœurs des Australiens, et de leurs usages dans les inhumations.

La veille du tournoi que j'ai mis sous vos yeux, lecteur, Ourou-Mare, un guerrier blessé, était mort à la suite du coup de lance qu'il avait reçu.

Le brave Boungari vint me prier d'assister à ses funérailles. Je m'y rendis. Le corps du défunt reposait sous une petite hutte en ramée, caché sous une méchante couverture de laine qui lui servait de manteau, quand il vivait. Tout autour étaient assis ses parents et ses amis, dans l'attitude de la douleur. Les enfants et les femmes se lamentaient et poussaient des cris plaintifs et continuels.

De temps en temps, sans aucun motif apparent, des hommes se levaient deux à deux, et se portaient, en l'honneur du défunt, de vigoureux coups de lance et de casse-tête.

Après quelques heures d'un pareil manége, deux sauvages apportèrent une petite pirogue en écorce, de longueur convenable, et le cadavre y fut placé, avec ses armes et ses instruments de pêche. Durant ces apprêts, les hommes gardaient le plus religieux silence, mais les femmes poussaient plus fort leurs sinistres lamentations. La pirogue fut alors placée sur la tête de deux naturels, et pendant qu'on la soulevait, les assistants agitaient au-dessus des paquets d'herbe qui sont supposées avoir la vertu de chasser le mauvais esprit. Puis le cortége se mit en marche, Boungari en tête, et un autre indigène qui précipitaient le pas, agitant par moments des touffes d'herbes, tantôt en se retournant vers le corps, tantôt en ayant l'air de fureter du côté des broussailles. Quand ils faisaient face au cadavre, les porteurs détournaient la tête, en évitant de le regarder.

Pendant quelque temps, la marche eut lieu dans le sentier battu : mais, à un instant donné, Boungari et son compagnon entrèrent dans le bois, en faisant semblant d'y chercher quelque chose et en agitant toujours leurs herbes. Après cette excursion, ils rejoignirent le cortége, qui atteignait le lieu de la sépulture, où se trouvaient déjà les femmes et les enfants éplorés. Un sauvage décocha deux sagaies sur cette foule, mais avec l'intention évidente de n'atteindre personne. Presque en même temps, Boungari, ayant saisi deux petits enfants proches parents du mort, les présenta devant le cadavre, malgré les cris de ces pauvres créatures, qui ne se prêtaient à la cérémonie qu'avec une extrême répugnance.

Le moment de l'inhumation était arrivé. Une fosse peu profonde avait été creusée à l'avance dans un endroit solitaire et sous un grand encalyptus. Un des sauvages nivela le fond de la fosse, y sema de l'herbe, puis s'y étendit de tout son long, s'y retourna dans tous les sens comme pour essayer si le trépassé s'y trouverait à l'aise et pourrait s'y mouvoir. Ensuite on déposa le corps avec précaution dans la fosse : on le couvrit de terre, on disposa des rameaux, de l'herbe et des fougères en demi-cercle du côté de la tête et des pieds, et on assujétit le tout à l'aide d'une planche. Tout cela fut accompagné d'une foule de formalités minutieuses inutiles à décrire.

Tout étant terminé, les hommes adressèrent aux femmes quelques paroles menaçantes, puis chacun se retira en silence.

Du reste, les services funèbres, en Australie, ne sont pas tous les mêmes. D'autres voyageurs ont vu les sauvages brûler leurs morts, pour recueillir leurs cendres, et les inhumer ensuite.

En tout cas il est évident que, comme tous les peuples du monde, les Australiens croient à une autre vie, et qu'ils reconnaissent l'existence des esprits.

Dans une querelle qui s'éleva entre deux tribus sur les bords du Wollombi, quatre hommes et deux femmes furent tués, puis on les enterra au milieu d'un site charmant. Les corps des hommes furent placés en croix, étendus sur le dos, tête contre tête, chacun d'eux étant lié à une perche par derrière le corps. Les deux femmes eurent les genoux recourbés et attachés au cou, tandis que les mains étaient fixées aux genoux, puis elles furent placées le visage en bas. Leurs tombes formaient ainsi deux petits tertres, un peu éloignés de la croix formée par la tombe des hommes...

Après avoir visité la colonie de Sydney, et étudié ainsi les mœurs et les usages des Australiens, je reçus avis que *le Casoar* était à la veille de mettre à la voile. En effet, peu d'heures après, le brick avait le cap au sud et prolongeait la côte australienne.

Aucune mer n'est plus tourmentée que les mers Australes.

Les parages du cap de Bonne-Espérance, jadis le cap des Tempêtes, si célèbres par leurs sinistres, sont calmes et cléments, comparés à l'espace de mer qui s'étend entre l'Australie et la Nouvelle-Zélande. Il est rare que les eaux y retrouvent leur équilibre.

Notre brick bondissait sur les flots avec une violence inouïe. On eût dit, à chaque minute, qu'il allait se briser et s'entr'ouvrir. Il se comporta néanmoins le mieux du monde sur cet océan tempêtueux. Pendant trois jours, il soutint la cape avec une constance opiniâtre, et en fut quitte pour un foc et un hunier emportés. Quant à nous, passagers ou marins, le pont fut à peine tenable pendant ces bourrasques : il fallait, sous peine d'être saisi par la lame et lancé à la mer, se tenir accroché à une corde ou ramper sur le pont.

Enfin, le cinquième jour, au lever de l'aube, *le Casoar* rangeait les îles Solander, deux rochers stériles et escarpés, séparés l'un de l'autre par un canal fort étroit.

La grande terre s'offrit ensuite à nos regards : montagnes d'une grande altitude, dont quelques-unes étaient blanches de neige; plaines âpres, mais non stériles. L'œil distinguait, à travers les déclivités des terrains, de vastes espaces boisés, vallons ou plateaux.

Enfin nous donnâmes dans la grande baie de Dusky, et vers midi notre navire se trouva mouillé, à l'abri de la houle et du vent, dans la jolie petite anse de la Cascade.

On ne peut se faire une idée de l'aspect solitaire et silencieux de ce rivage. Le brick seul semblait, dans toute cette enceinte, contenir des êtres animés. A peine quelques oiseaux se faisaient-ils entendre sous ces voûtes muettes, et, si l'on n'eût aperçu, çà et là, quelques arbres entaillés ou abattus, on eût pu croire que jamais l'homme n'avait mis le pied sur cette terre.

La végétation de la grève avait aussi une physionomie inaccoutumée. Ce n'était plus ces merveilleux paysages de la Polynésie, où les palmiers, les bananiers, les pandanus déploient leurs formes élégantes; ce n'était pas non plus la flore de l'Australie, si riche et si variée. Sur les bords de la baie de Dusky, la nature végétale reprenait un aspect sombre et sévère, tel que l'affectent les contrées les plus septentrionales de notre Europe.

A peine le brick fut-il au mouillage que je sollicitai la faveur d'être débarqué sur cette terre de la Nouvelle-Zélande. Un canot me conduisit au rivage, avec le chirurgien du bord, et bientôt, l'un et l'autre, armés d'un fusil, nous foulâmes la plage.

Pendant quelque temps, nous suivîmes le cours d'un charmant ruisseau encaissé au fond d'un ravin et dont les rives étaient ombragées de magnifiques fougères arborescentes. Cette végétation se prolongeait pendant quelque temps : mais ensuite elle disparut. Plus d'arbres ni de fougères. Le sol, devenu très-sec, ne produisait que des buissons et des arbrisseaux rabougris.

Nous nous trouvions dans cette zone ingrate, quand nous aperçûmes, dans la baie, une grande pirogue qui semblait se diriger vers notre mouillage de toute la force de ses pagaies. Désireux de voir ces insulaires, nous rebroussâmes chemin. Mais ayant mal pris notre direction, nous n'arrivâmes sur la plage que le soir au coucher du soleil.

La pirogue avait quitté le bord, mais elle venait d'accoster la grève au lieu même où nous retrouvions notre chemin, et les sauvages venaient de s'installer dans deux cases en ruines pour y passer la nuit. Ils prenaient alors leur repas, composé de racines de fougères rôties et de poisson desséché. Aussitôt qu'ils nous aperçurent, ils vinrent à nous en poussant des cris de joie et en exécutant une sorte de parade militaire, accompagnée de gestes menaçants, avec leurs lances et leurs casse-tête. Cette démonstration martiale aurait pu nous effrayer, si mon compagnon, au courant des habitudes indigènes, ne m'eût dit de rester tranquille, attendu que ce n'était là qu'un témoignage d'honneur et une simple formalité de réception. En effet, après cinq ou six minutes d'évolutions guerrières, ces sauvages nous tendirent amicalement la main. Les chefs frottèrent gravement leurs nez contre les nôtres, puis nous conduisirent autour de leurs foyers.

Ce fut donc à la lueur des flammes et aux clartés douteuses du crépuscule que j'examinai ces nouveaux insulaires.

Je ne pouvais m'y méprendre : c'était bien le type polynésien que je revoyais, mais plus mâle, plus énergique qu'à Tonga, qu'à Hamoa. Quelques hommes surtout, qu'à leur air de supériorité naturelle et à leurs nattes plus fines et mieux ornées, on pouvait reconnaître pour les chefs, se faisaient remarquer par leur bonne mine.

La figure de ces sauvages était presque entièrement couverte d'un tatouage composé de dessins symboliques et réguliers, profondément gravés dans la peau. Il en résultait que leur figure, qui, sans cela, eût été simplement d'un jaune cuivré, affectait une couleur presque noire. A part cette sorte de difformité, leurs traits ne manquaient pas de distinction. Grands et bien faits, leurs mouvements accusaient en général la vigueur et l'agilité.

Ceux qui semblaient les chefs portaient d'élégantes nattes de phormium-tenax, qui leur couvraient presque entièrement le corps jusqu'à mi-jambe et se rattachaient devant la poitrine. Un petit nombre portait en outre une seconde natte rattachée aux reins. Leurs cheveux étaient relevés et noués au sommet de la tête, et, chez quelques-uns, surmontés de plumes flottantes d'oiseaux de mer. Les autres n'avaient que des nattes en jonc, ou en tissu très-grossier de phormium, avec un simple pagne autour des reins. Leurs cheveux en désordre, leurs figures sans tatouage, leur constitution maigre et chétive, tout signalait leur état d'infériorité et de misère.

Ces naturels de la Nouvelle-Zélande nous offrirent de bon cœur de partager les vivres qu'ils avaient devant eux. Ils nous répétaient d'un air amical : *Ka-paï! ka-paï!* C'est bon! c'est bon! Aussi je mangeai du poisson; quant à la racine de fougère, quel que fût alors mon appétit, je ne fis qu'y goûter et la rejeter aussitôt, la trouvant coriace et sans aucune saveur agréable. Le poisson lui-même n'était pas mangeable, quoiqu'il eût assez bonne mine. Les sauvages mangèrent de tous les mets avec un air de satisfaction indicible.

Afin de rendre à nos hôtes politesse pour politesse, je voulus offrir à deux chefs quelques gouttes de rhum. Chacun d'eux porta la liqueur à ses lèvres : mais à peine l'eurent-ils dégustée, qu'ils la rejetèrent avec une horrible grimace, en s'écriant : *Kawa! kawa!* Fort! fort! en un mot, mauvais! C'était la première fois que je voyais des Polynésiens dédaigner une boisson spiritueuse.

Après une demi-heure passée parmi ces sauvages, nous nous étions levés pour aller attendre le canot, lorsqu'un des chefs vint me prendre mystérieusement par le bras pour me conduire derrière un des rochers du voisinage. Je cherchais à comprendre ce que cela voulait dire. C'était tout simplement le don d'un couteau qu'il me demanda.

Une fois à bord, on nous raconta les événements de la journée.

Deux pirogues y étaient venues, l'une grande, l'autre petite, mais toutes les deux à peu près vides, n'apportant que quelques coquillages, des armes, et du chanvre.

Le lendemain, de bonne heure, parurent quatre autres pirogues, qui pouvaient contenir ensemble quatre-vingts insulaires, parmi lesquels se trouvaient une douzaine de femmes et autant d'enfants. Deux ou trois de ces femmes seulement pouvaient passer pour jolies, a cause de leur fraîcheur et de leur jeunesse. Mais elles laissaient bien à désirer au point de vue de la propreté.

On leur acheta tout le chanvre que contenaient ces pirogues, moyennant un vieux mousquet et quatre livres de plomb. C'étaient les sauvages eux-mêmes qui préféraient ces objets aux haches, aux bêches, et même aux étoffes de laine, qu'ils apprécient beaucoup cependant.

Vers midi, un canot de pêche de notre bord s'étant dirigé vers une grande plage de sable, au sud de notre mouillage, j'en profitai pour me faire débarquer de nouveau. Une lisière d'un terrain uni et couvert de quelques herbes occupe le bord de la grève; puis, audelà, règne une forêt majestueuse d'un abord facile. Au milieu, coule un large torrent à travers de gros blocs de granit, et ces blocs forment, ici et là, sur la pente du sol, des cascades charmantes surmontées par des voûtes d'une admirable verdure. Sous ces ombrages, s'ébattaient une foule d'oiseaux dont le chant animait cette scène, aussi vivante, aussi gaie que celle de la veille s'était montrée triste et morne. Ma chasse fut abondante. Parmi ces oiseaux, je remarquai plus particulièrement une colombe à reflets métalliques, le glancope cendré et un étourneau, etc.

Revenu sur le rivage, j'assistai à la levée de nos filets de pêche qui, pour la troisième fois, revenaient chargés de superbes poissons. Ce fut là notre adieu à cette baie.

Un coup de canon parti du brick nous avertit que le navire allait virer sur l'ancre et qu'il était temps de rallier. A peine étions-nous à bord que le navire s'ébranla et cingla vers la côte sauvage et rocailleuse de l'île d'Urville.

Le jour suivant, il doublait les îles Stéphen, passait devant la baie de l'Amirauté et allait mouiller sous l'île Motou-Aro, dans le canal de l'île Charlotte.

A peine étions-nous à poste fixe sur cette baie, que nous vîmes cinq grandes pirogues déborder l'anse des Cannibales, qui nous faisait face, et s'avancer vers le *Casoar*. A la lunette, il était aisé de reconnaître que des guerriers armés et parés encombraient ces embarcations.

— Ce ne sont plus là des marchands de chanvre, il faut se défier de ces visiteurs... disait-on en riant.

Et, en un clin d'œil, les filets d'abordage furent tendus, les canons mis en état de faire feu, et les armes préparées.

Les pirogues accostèrent hardiment : nous les tenions pour ainsi dire en arrêt. Pas une femme, pas un enfant n'étaient mêlés à cette troupe : mais en revanche, on y comptait cent cinquante guerriers bien tatoués, vigoureux et portant des casse-tête, des lances, voire même des fusils.

C'étaient évidemment des aventuriers qui cherchaient fortune.

On les héla, et il fut signifié à leurs chefs que, seuls, ils monteraient à bord du brick, et sans armes. Il fut ajouté que s'ils faisaient le moindre mouvement suspect, les canons et les grenades leur apprendraient à se soumettre. A cette ferme déclaration, un sourd murmure éclata d'abord parmi les sauvages : mais alors le chef de la grande pirogue se leva et imposa silence à ses compagnons. C'était un homme d'une trentaine d'années, d'une taille majestueuse et d'une physionomie imposante, se drapant dans une fort belle natte de phormium marquetée de raies rouges et bordée d'une belle frange bigarrée. Ce sauvage prit la parole au nom des siens. Il déclara qu'ils venaient visiter les *Yaropi* avec des intentions amicales, et qu'ainsi il ne voyait aucun motif qui pût s'opposer à ce qu'on satisfît les défiances du capitaine. Alors il donna l'exemple lui-même, remit entre les mains de l'un de ses gens son fusil et ses casse-tête de jade, après quoi il monta hardiment à bord.

Deux de ses compagnons le suivirent, mais les chefs des deux autres pirogues, sauvages à figure farouche, ne voulurent point se dessaisir de leurs armes et restèrent dans leurs embarcations.

Lorsque le chef principal fut sur le pont, il tendit la main au capitaine, en lui disant qu'il se nommait Matangui, qu'il était le premier ariki de l'île Entey, et lui demanda un entretien particulier.

Descendu dans la chambre du capitaine, Matangui déclara franchement que ses compagnons avaient formé le dessein de s'emparer du navire. On devait aborder le brick, et tuer tout son monde. Comme preuve de ses bonnes intentions à lui, le sauvage tira de dessous sa natte deux beaux casse-tête en serpentine et les remit au capitaine en lui disant qu'il les lui offrait en présent, loin de vouloir s'en servir. Enfin il l'engagea à feindre de n'avoir rien appris, à lui permettre, ainsi qu'à ses deux compagnons, de passer la nuit à bord du navire, ajoutant que, lorsque les sauvages des pirogues viendraient pour accomplir leur guet-apens, il suffirait de deux ou trois coups de canon pour les mettre en fuite.

A cette étrange déclaration, nette et précise, le capitaine demeura un instant étonné et indécis. Il ne doutait pas de la réalité du complot, mais il connaissait l'astuce de ces insulaires, et il craignait même que les confidences de Matangui ne fussent combinées pour le faire tomber dans quelque piége.

Quel parti prendre? Appareiller?... Il était trop tard : d'ailleurs la mer était presque calme. Force était donc de s'en tenir au parti indiqué par l'ariki. Aussi le capitaine se mit-il en face du sauvage, pour le regarder. L'attitude du Nouveau-Zélandais était digne, calme, grave, assurée, confiante. Il n'y avait pas à s'y méprendre : Matangui **avait** dit la vérité...

Pour toute réponse, le capitaine lui tendit la main, et dit :

— Votre conseil sera suivi...

Cette conférence avait duré à peine dix minutes.

Quand les deux interlocuteurs remontèrent sur le pont, les deux autres chefs étaient occupés à examiner les armes, ne se défiant nullement de cette absence.

Cependant quelques échanges avaient lieu entre les matelots et les naturels des pirogues. Ces derniers avaient vendu des corbeilles de pommes de terre, et quatre ou cinq de leurs lances, dont ils ne paraissaient se défaire qu'avec une extrême répugnance.

Cependant la nuit approchait, et tout avait été fait ainsi que Matangui l'avait prescrit. Les trois chefs seuls avaient obtenu l'autorisation de passer la nuit à bord. Quand le jour fut à sa fin, Matangui monta sur le bastingage, et, d'une voix forte, il ordonna à ses camarades de se retirer. Il ajouta que ses deux compagnons et lui allaient rester à bord et qu'ils attendraient leur retour pour l'heure convenue.

A ces paroles, les pirogues répondirent par un hurrah sauvage qui fit retentir les échos de l'île Motou-Aro. Quelques coups de fusil, tirés en signe de réjouissance, accompagnèrent cette retraite, et les pirogues, se dirigeant vers l'anse des Cannibales, ne tardèrent pas à se dérober aux regards.

A peine ces ennemis furent-ils éloignés, que le capitaine donna l'ordre au maître d'hôtel du *Casoar* de faire servir à souper aux trois chefs : après quoi nous fûmes réunis en conseil dans la chambre.

Quand j'appris les ouvertures de Matangui, et le sort qui nous menaçait, un frisson involontaire me saisit. Je me rappelai la figure atroce du chef de la pirogue. Cependant il n'y avait plus à reculer. Le plan de défense fut approuvé. On chargea les canons : on mit sur pied tout l'équipage. Les chefs sauvages, de leur côté, ne dormaient pas : ils semblaient épier la mer et attendre la coopération promise ; on s'observa ainsi jusqu'à minuit.

A cette heure-là, nous regardions avec attention l'anse des Cannibales, par où les sauvages avaient disparu, quand Matangui tira brusquement à l'écart le capitaine, et, lui montrant la pointe sud de l'île de Motou-Aro, exactement à l'opposite du point que nous surveillions, lui dit :

— C'est là qu'il faut regarder...

Puis, après un coup d'œil jeté sur la mer, il ajouta :

— Les voici...

Et il rejoignit ses deux compagnons.

Deux minutes après, on pouvait voir les pirogues s'approcher doucement du bord, au milieu du plus profond silence. Elles arrivèrent ainsi, perceptibles à peine, jusqu'à une distance de cent mètres, et elles auraient pu s'avancer plus près encore, sans être vues, si on n'eût déchargé à temps les canons sur la petite flottille.

Trois coups suffirent pour arrêter les assaillants et les décider à la retraite.

En même temps que l'on faisait ainsi justice de l'agression extérieure, on se précipitait sur les deux chefs restés à bord avec des intentions hostiles. Chacun d'eux était saisi, lié, garrotté et mis aux fers séparément.

En présence des autres, Matangui fut traité de même. Puis le capitaine s'empressa de le délivrer, l'appela dans sa cabine et le combla d'amitiés.

Alors, pour compléter cette espèce de victoire, des salves de mousqueterie furent tirées de temps à autre, durant la nuit, afin de tenir les pirogues constamment éloignées des alentours du brick.

Cependant Matangui était toujours auprès de nous. Comme marque de reconnaissance, le capitaine voulut lui faire accepter un fusil de chasse à deux coups. Mais le chef sauvage, tout en disant qu'il sentait le prix d'un pareil cadeau, ajouta qu'il ne pouvait l'accepter sans se rendre suspect à ses compagnons. Refusant donc obstinément l'arme à feu, l'ariki pria le capitaine de lui donner un certificat attestant ce qu'il venait de faire pour le *Casoar*, afin qu'il pût, à l'aide de cetite pièce, obtenir la confiance des navigateurs anglais qui visiteraient ces parages.

Il n'est pas besoin de dire que le certificat demandé fut rédigé dans les meilleurs termes que l'on put trouver.

Cependant, comme le jour approchait, Matangui fut le premier à nous prier de le remettre aux fers, afin de détruire tout soupçon dans l'esprit des deux autres chefs.

La brise venait alors de s'élever du fond de la baie, et le capitaine avait fait orienter le brick de manière à gagner le large. A la vue de l'appareillage, les pirogues se rapprochèrent de nouveau du bord, mais cette fois avec des allures toutes pacifiques. Leurs armes mêmes avaient été cachées.

Alors, les trois chefs furent remis en liberté. Les deux compagnons de Matangui n'avaient cessé, avant ce moment, de protester de leur innocence. Bien que le capitaine sût à quoi s'en tenir, il fit semblant d'ajouter foi à leurs paroles et à celles des autres chefs, qui avaient dirigé l'attaque nocturne. Pour faire oublier aux deux chefs la mauvaise nuit qu'ils avaient passée, ou plutôt pour trouver l'occasion d'offrir quelque chose au généreux Matangui, le capitaine fit présent à chacun d'eux d'une large pièce d'étoffe, et au chef, notre ami, d'un bel uniforme, qu'il accompagna en secret d'un serrement de mains expressif, dont l'ariki sembla parfaitement heureux.

A la vue des cadeaux faits à leurs chefs, les guerriers poussèrent de bruyantes acclamations de joie, et s'éloignèrent en faisant jaillir l'eau sous leurs pagaies.

Matangui nous adressa aussi, de loin, des saluts de la main, jusqu'à ce que la lame le dérobât à notre vue.

— Adieu, digne chef... lui répondait le capitaine par des gestes semblables : sans toi, le pauvre *Casoar* pouvait bien laisser ses membres sur cette grève...

Comme nous doublions le cap Koamaro, près des arides îlots des deux Frères, un courant violent nous saisit et nous emporta, malgré toutes nos manœuvres. Heureusement, le brick put profiter d'une brise du sud, prolongea ensuite la côte sud-est de Ika-na-Mawi, terre haute, boisée et bordée d'une étroite lisière de terrain. De nombreuses fumées indiquaient que cette plage est habitée dans toute son étendue.

Le jour suivant, comme nous rangions l'îlot stérile de Motou-Okoura, dont les cases s'échelonnent le long de la pente d'un coteau, le capitaine fit mettre en panne, tirer un coup de canon, et arborer un pavillon rouge en tête du grand mât. C'était un signal convenu, dans son voyage précédent, avec les insulaires. En effet, une heure après, trois pirogues étaient amarrées le long du bord, apportant environ six quintaux de chanvre, dix cochons et une quarantaine de corbeilles de pommes de terre.

Ces naturels avaient l'air paisible et doux. Mais ils étaient inférieurs, sous le rapport physique, à ceux du détroit de Cook. Leur costume était aussi plus négligé. Il est vrai qu'ils n'étaient point parés comme ils le sont pour une expédition guerrière.

Dans ce moment, certaines côtes de la Nouvelle-Zemble étaient en guerre, tribus contre tribus. Quand nous allâmes au mouillage de Tauranga, baie assez étroite qui n'est praticable que pour des navires de moindre tonnage, un petit schooner s'y balançait à l'ancre, bâtiment appartenant à des missionnaires anglais. Ces prédicateurs de l'Evangile s'enhardissent et accompagnent souvent les naturels dans leurs expéditions militaires.

Quant à moi, l'occasion était trop belle pour observer la manière dont les Nouveaux-Zélandais font la guerre, pour que je la laissasse échapper. Je fis part de mon projet au capitaine, qui me promit de me présenter à un chef indigène, ce qui eut lieu à ma grande satisfaction.

Durant la nuit, quelques décharges de canon nous apprirent, mieux que toute autre chose, que nous étions sur le théâtre de la guerre. Au jour, la yole du bord était prête. Le capitaine m'accompagna sur le rivage, pour me présenter au chef son ami. Nous eûmes à traverser une immense flottille de pirogues, parmi lesquelles régnait la plus grande activité. Tous les sauvages étaient en mouvement. Les uns mettaient leurs barques à flot ; les autres préparaient leurs armes. Au milieu de cette agitation, nous vîmes le chef en question, donnant des ordres à ses officiers, d'un air calme et grave.

Une belle natte de guerre le couvrait. Il tenait à la main un mousquet étincelant, tandis que des pistolets étaient passés à sa ceinture. Trois longues plumes blanches, insignes de son rang, flottaient au-dessus de ses cheveux rattachés au sommet de la tête, et son visage était entièrement tatoué.

Le capitaine s'avança vers lui, lui donna le salut nasal avec toute la gravité possible, lui offrit un paquet de poudre d'environ dix livres, lui exprima mon désir, et ajouta qu'il lui saurait gré de tout ce qu'il ferait pour moi. A cette ouverture, le chef sourit, soupesa avec un sourire de satisfaction le paquet de poudre, pour s'assurer de la valeur du cadeau, puis répondit gracieusement que le capitaine savait bien qu'il était son ami, que cela devait suffire entre eux, et que, en conséquence, il me traiterait comme le propre enfant de son ami.

Je ne vais pas vous raconter ce long et curieux épisode de mon voyage, chers lecteurs : l'espace me fait défaut. Je ne puis que vous dire adieu, en vous priant de leur faire bon accueil, si vous rencontrez encore, quelque part, dans des récits de voyages, des pages signées de mon nom.

FIN.

# TABLE.

Voyage au Pôle Arctique du commandant docteur J. Hayes, sur la goëlette américaine *les États-Unis*, en 1860 et 1861.     9

Excursions dans l'Asie-Mineure, à travers la Bithynie, la Lydie, l'Ionie, etc., à la suite de M. le comte de Moustier, en 1862.     43

L'Afrique inconnue. Exploration du docteur écossais D. Livingstone, en 1862, dans le bassin du Zambèze.     79

Les sources du Nil recherchées sous l'équateur par les Anglais Bruce, Burton, Speke et Grant, en 1768, 1860 et 1863.     119

Les voyages de madame Ida Pfeiffer dans les deux Amériques, de 1825 à 1852.     159

Aventures d'un Français, M. Guinnard, chez les Patagons, dans l'Amérique du Sud, de 1856 à 1861.     195

Voyage a la Nouvelle-Calédonie, de l'artiste Alexis Morain, à travers l'Atlantique et les îles de l'Océanie, de 1873 à 1874.     232

Les découvertes des Terres-Polaires, Sixième Partie du Monde, et aventure sinistre du *Cosspatrick* et de ses quatre cents passagers en destination de la Nouvelle-Zélande et de l'Australie, 17 novembre 1874.     277

Explorations de M. Dutrieux, sur le *Casoar*, en 1867, des côtes de l'Australie ou Nouvelle-Hollande, et de la Nouvelle-Zélande.     298

FIN DE LA TABLE.

LIMOGES. — Imp. E. ARDANT et C°.

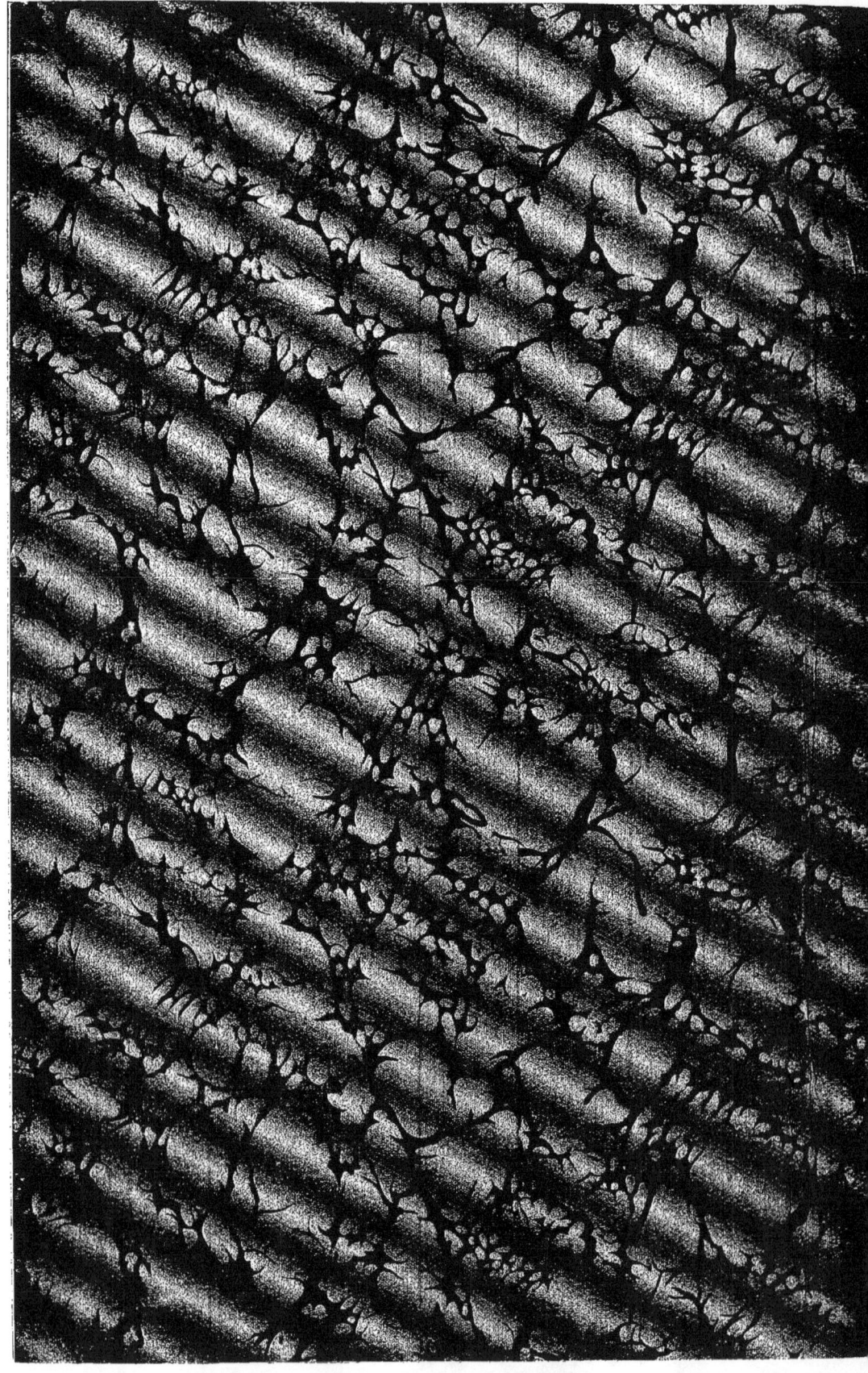

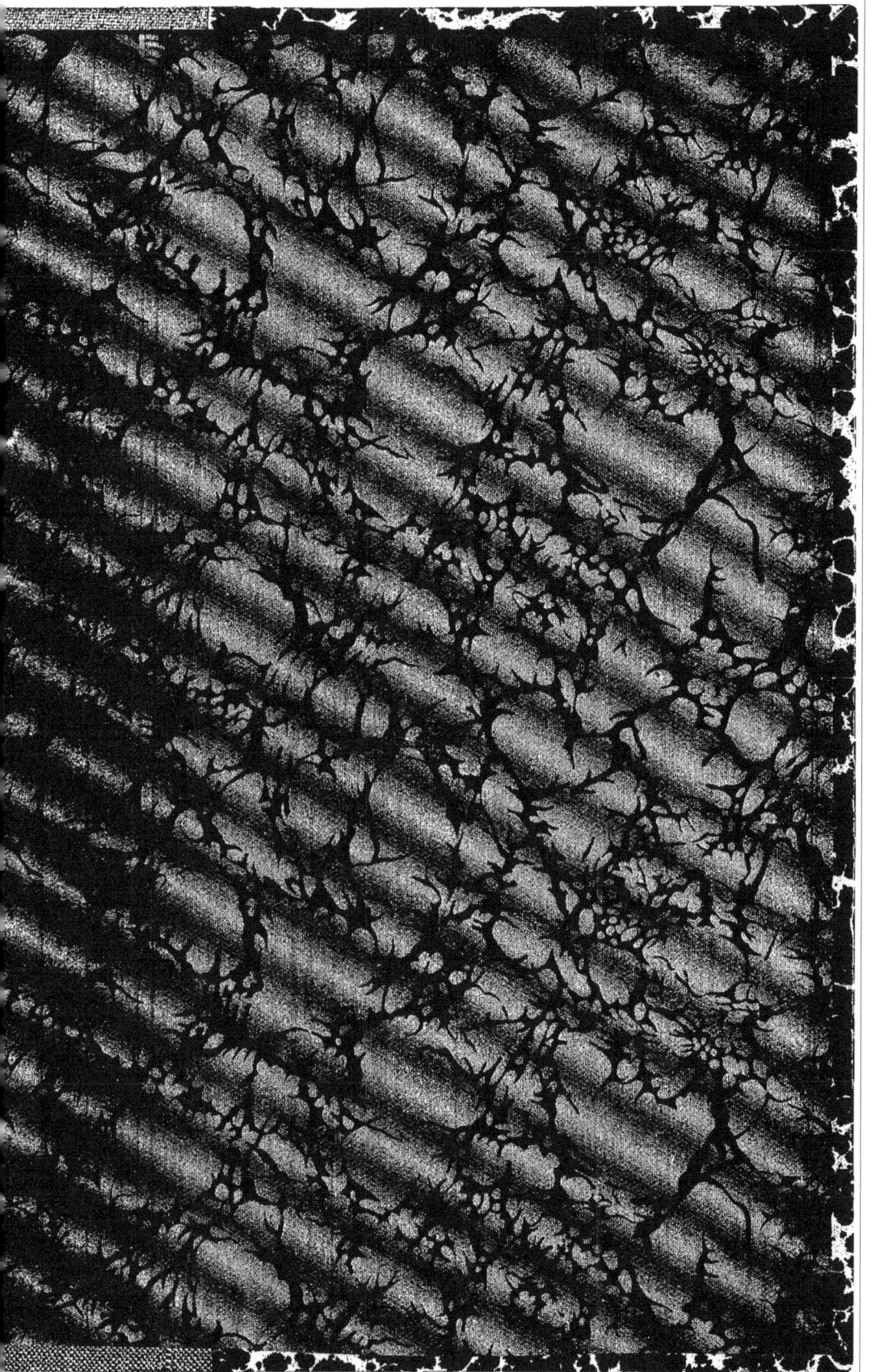

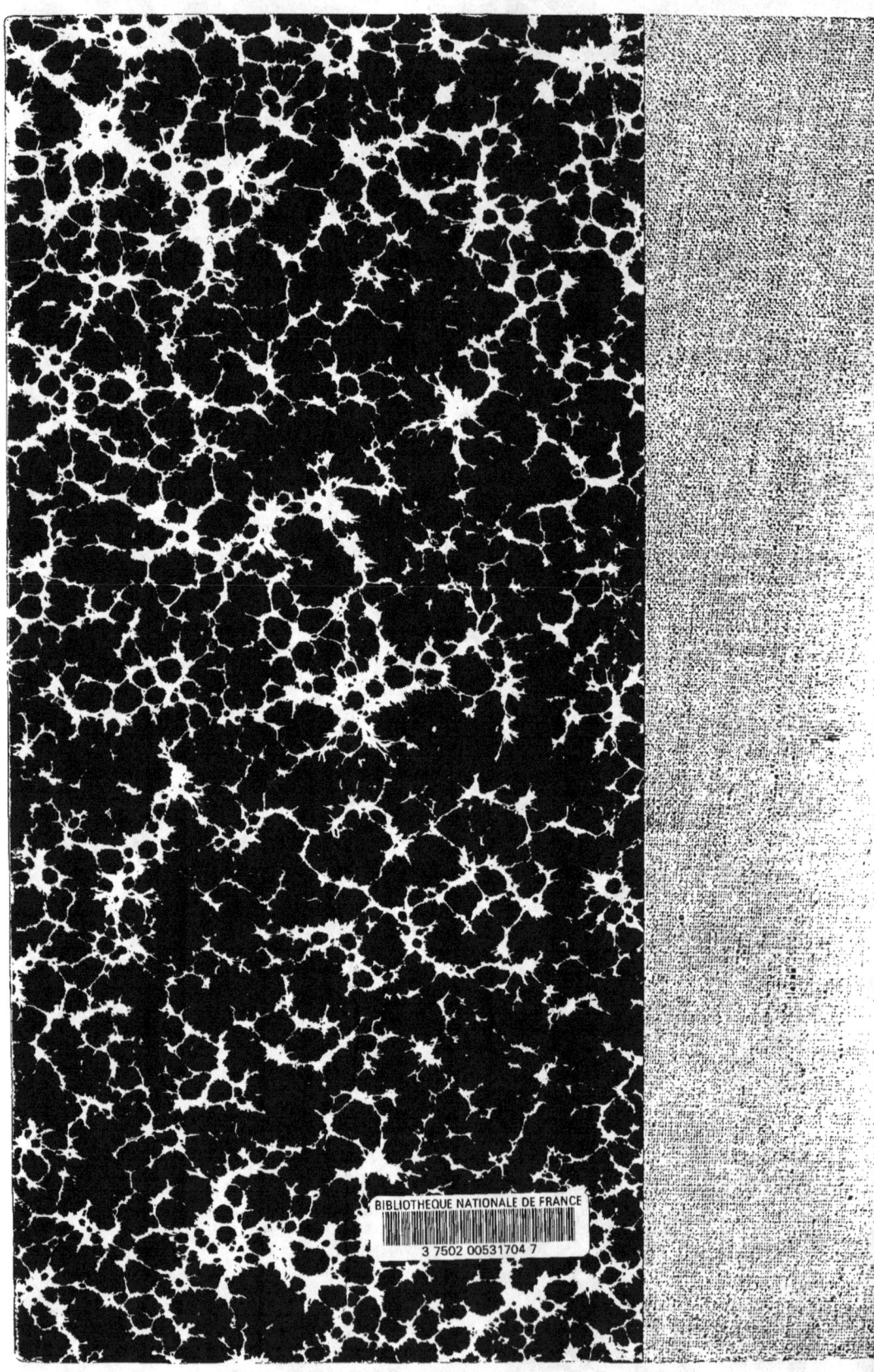

www.ingramcontent.com/pod-product-compliance
Lightning Source LLC
Chambersburg PA
CBHW060319170426
43202CB00014B/2599